济南城市软实力研究报告

（2023）

研创　济南社会科学院

主编　张　伟　闫　平

山东城市出版传媒集团·济南出版社

图书在版编目(CIP)数据

济南城市软实力研究报告. 2023 / 张伟, 闫平主编
. —济南:济南出版社,2023. 10
ISBN 978 - 7 - 5488 - 5531 - 6

Ⅰ. ①济… Ⅱ. ①张… ②闫… Ⅲ. ①城市文化 - 文化事业 - 研究报告 - 济南 - 2023 Ⅳ. ①G127. 521

中国国家版本馆 CIP 数据核字(2023)第 200531 号

济南城市软实力研究报告（2023）
JINAN CHENGSHI RUANSHILI YANJIU BAOGAO 2023
张 伟 闫 平 主编

出 版 人 田俊林
责任编辑 丁洪玉 陈玉凤
装帧设计 刘梦诗

出版发行 济南出版社
地　　址 济南市市中区二环南路 1 号（250002）
总 编 室 （0531）86131715
印　　刷 山东天马旅游印务有限公司
版　　次 2023 年 10 月第 1 版
印　　次 2023 年 10 月第 1 次印刷
成品尺寸 165mm × 237mm 16 开
印　　张 20. 5
字　　数 280 千
定　　价 68. 00 元

济南城市软实力研究报告（2023）编委会

让城市软实力擦亮“泉城”底色、构筑“诗城”底基、托举“善城”底气

（代序）

济南市委宣传部分管日常工作的副部长、市文明办主任

北京大学城市软实力研究院执行院长　孙世会

党的二十大报告指出，“中国式现代化是物质文明和精神文明相协调的现代化”。在中国式现代化背景下，品牌之于企业是竞争力的重要体现，是赢得市场的重要资源。同样，品牌之于城市，是精神、品格和底蕴，体现在城市软实力的方方面面。城市软实力是城市在高质量发展进程中，以做强城市功能和提升城市能级为引领，以经济、科技等硬实力为支撑，以城市内生资源为依托而形成的一种包括价值观、文化、制度、政策、治理等在内的软性优势和独特魅力。一座城市只有拥有了强大的软实力，才能有可持续发展的后劲。提升城市软实力是壮大城市品牌、增强城市综合实力的必然选择。

围绕中国式现代化背景下的品牌发展这个主题，就城市品牌和城市软实力，我想用一副对联来表达感受和体会，上联是“厚酿历史传承之品味”，下联是“重塑时代创新之品牌”，横批是“软实力让城市更伟大”。

上联：厚酿历史传承之品味

济南，拥有2600多年建城史、4700多年文明史，是史前“龙山文化”的发祥地，自古便是海右名郡、齐鲁雄都。自然、文化和人文是济南最深沉的禀赋，也是济南最独到的品位。细细品味济南的历史，你会发现“山泉湖河城”最能体现济南的生态之美，整个城市宛如一幅现实版的《鹊华秋色图》；你会发现“诗城词都”对济南来说当之无愧、实至名归，万涓汇流中到处流淌着中华诗词的文脉；你会发现仁爱诚信、善良包容等优良品质早已融入济南人的血脉，可谓上善若水，仁者善城，泉城之道，止于至善。

——泉城　济南素有泉城美誉，依泉而建、伴泉而生、因泉而名，泉水是济南的灵魂，更是济南闻名于世界的独特标识。早在宋代，文学家曾巩就评价道：“齐多甘泉，冠于天下。”元代地理学家于钦亦称赞说：“济南山水甲齐鲁，泉甲天下。”1275年，意大利著名旅行家马可·波罗曾到访济南，在游记中写道：“这个地方四周都是花园，围绕着美丽的丛林和丰茂的果园，真是居住的胜地。”90多年前，印度著名诗人泰戈尔游历济南后写道：“我怀念满城的泉池，它们在光芒下大声地说着光芒。”

——诗城　济南文化底蕴丰厚，是南北文化、东西文化、齐鲁文化、泰山与黄河文化的交汇地。在历史长河里，济南一直是一座名士云集、书香萦绕的城市。徐北文先生诗云“多少诗人生历下，泉城自古是诗城”。自大舜至今，在济南诞生或留有史迹的历史文化名人，堪称一流的就可列出三位数的名单。“海右此亭古，济南名士多”，济南形成了诗词文化蓬勃发展的人文沃土，唐、宋、元、明、清等诗词名家巨擘在济南生长、为官、旅居，留下数以千计的传世诗篇，如李白、杜甫、李邕、欧阳修、曾巩、王安石、苏轼、苏辙、黄庭坚、元好问、赵孟頫、张养浩、顾炎武、李攀龙、蒲松龄、孔尚任、郑燮、王士禛、康有为、梁启超等都曾留下了赞美济南的诗文。济南人李清照和辛弃疾更是在宋代词坛如日月同辉，“婉约以易安为宗，豪放惟幼安称首”。“腹有诗书气自华”，文化同样能塑造一座城市的气质，营造宜居、宜业、宜游的环境和氛围。

——善城　上善若水，水善利万物而不争。济南的泉水纳百川之水，容天地之精，有能容天下的胸襟和气度。先圣大舜耕于历山、渔雷泽、陶河滨，孝友仁爱、百姓攸归，被儒家誉为“德宗”。《史记》载：“天下明德，皆自虞舜始。”舜文化承载了孝文化、德文化的基本内涵。济南人闵子骞以孝闻名，孔子曾夸赞他：“孝哉，闵子骞!”在济南，很多街巷以道德、仁爱、宽厚等命名，鲜活地记录了悠久的道德传承，崇德向善、见贤思齐、德行天下的良好风尚在全社会蔚然成风。全市有4人被评为“全国道德模范”，15人荣获“全国道德模范提名奖”，138人荣登“中国好人榜”。

济南的泉，千泉竞汇，水涌若轮，恒雨不涨，久旱不涸；济南的诗，文思泉涌，豪放婉约，文润古今，世代吟诵；济南的善，涌泉相报，向美而生，好人文化，源远流长。山泉湖河城融为一体、人与自然和谐共生，“泉城、诗城、善城”三城共辉，是国家历史文化名城的馈赠，是泉城市民的诗意栖居，更是这座城市品牌的根基和城市软实力的魂魄。

下联：重塑时代创新之品牌

济南，作为东部沿海经济文化大省的省会，自 2018 年以来，连续四年在全国文明城市省会、副省级城市组别测评中获得第一名。新征程、新使命、新担当，实现城市跨越发展，重塑现代城市魅力品牌，必须充分发挥软实力的强势赋能作用。为此，济南提出坚持以提升“十力”为统领，全面推进“十大之城”建设，即提升核心价值引领力，建设信仰坚定的红色之城；提升城市文化驱动力，建设底蕴深厚的文化之城；提升城市形象传播力，建设闻名中外的天下泉城；提升公益志愿感召力，建设美美与共的温暖之城；提升权威发布影响力，建设品牌荟萃的魅力之城；提升全域发展创造力，建设创新创意的活力之城；提升公共服务保障力，建设功能完善的品质之城；提升开放沟通拓展力，建设融通内外的开放之城；提升社会治理协同力，建设高效和谐的善治之城；提升宜居宜业吸引力，建设生活美好的幸福之城。2023 年 2 月，济南市与北京大学签署战略合作协议，双方在济南共建北京大学城市软实力研究院，打造引领全国提升城市软实力的核心引擎和示范样板，为探索中国特色城市软实力建设道路提供方法和路径支撑。

一是促进文旅融合，注入发展“新动力”

文旅融合不仅能推动城市文化多元化，增强城市文化的包容性，还能催生新业态和新模式，加速城市产业转型升级，为经济社会文化发展注入新的动力。近年来，济南坚定文化自信，深耕文化资源，推动优秀传统文化在创造性转化、创新性发展中不断焕发生机活力，特别是积极促进传统文化与现代时尚文化融合，在发展新业态的过程中，加快打造文旅商消费新领域。2023 山东省旅游发展大会召开后，济南市抓住文旅融合、提振消费、优化服务等关键环节，加快推进《深化新旧动能转换推动绿色低碳高质量发展三年行动计划》确定的 48 个文旅项目，年内实现投资 100 亿元。2023 年以来，“超然楼亮灯瞬间”持续火爆出圈，登上《人民日报》，成为各大社交平台的“顶流”，打卡拍照的游客络绎不绝。超然楼的出圈，以及趵突泉、解放阁等名胜打卡地，形成了深远的叠加聚合效应，济南的城市影响力、吸引力不断提高。2023 年一季度，济南全市接待游客 1960 万人次，创造了 205 亿元的旅游收入，接待游客数和旅游收入同比分别增长了 22% 和 19% 。“五一”小长假，济南成为热门旅游目的地，在携程发布的《2023 年五一出游数据报告》中，济南位列最强周边游“吸金力”榜单首位。

二是优化营商环境，焕发发展“新活力”

优化营商环境不仅是提升城市软实力的关键举措，也是推动高质量发展的必然要求。为此，济南印发《济南市“十四五”时期优化营商环境规划》，突出服务导向和效果导向，在优化营商环境方面采取了一系列措施，大力推动“放管服”改革，切实增强服务高质量发展能力。如济南推出“一号申请、一窗受理、一网通办”集成服务，通过整合多部门工作，为企业提供更加便捷、规范、高效的政务服务，“一站式”办理，提高了企业办事效率。此外，济南还积极推进减税降费，简化审批流程，加强市场监管，维护公平竞争的市场环境，增强企业的信心和投资热情。2022 年，济南经济总量突破 1. 2 万亿元，按不变价格计算，比2021年增长3.1%。与此同时，济南获评中国“国际化营商环境建设标杆城市”，为推动城市经济社会高质量发展打下良好基础。

三是打造人才高地，培育发展“新优势”

人才是城市软实力提升的重要因素之一。随着知识经济的发展，人才成为城市经济社会发展的核心资源和竞争力。近年来，济南高度重视人才工作，在全国副省级城市中率先出台“零门槛落户”政策。通过“一事一议”和“人才特事特办”等灵活多样的引才方式引进高层次人才，为人才提供优厚的薪酬待遇和科研经费支持。同时，济南实施“头雁工程”“火炬工程”“摇篮工程”三项人才引育工程，发布“人才政策双30条”“就业创业40条”等政策措施，聚焦人才所急所需，提供住房保障、子女入学、配偶随迁安置、医疗保健等暖心服务，为人才提供全方位的保障和支持。除了引进高层次人才，济南还注重培育本土人才，通过建立人才培训基地、开展人才评选等活动，提高本土人才的技能水平和创新能力。济南在招才引智方面的努力得到了广泛的认可和好评，2022年，全市人才总量达249万，城市吸引力指数位居山东省首位、全国第八位。目前，越来越多的优秀人才选择来到济南工作和生活，不仅提升了济南的城市软实力，也为济南的高质量发展汇聚了磅礴力量。

四是推动科技创新，塑造发展“新支撑”

科技创新作为一种重要的发展动力和经济增长点，可以提高城市的智能化水平，优化城市管理和服务，改善城市环境和生态，增强城市的可持续发展能力。近年来，济南积极推进科技创新，通过一系列举措提高城市的科技创新能力。首先，济南加强产学研用合作，推动科技成果转化和产业化。通过建立科技成果转化中心和技术转移服务机构，积极推动科技成果的转化和应用，促进产业转型和升级。其次，济南鼓励企业加大研发投入，提高自主创新能力，通过科技创新带动产业发展和城市经济增长。此外，济南加强科技创新政策支持，建立了一系列科技创新扶持基金和优惠政策，为科技创新提供了重要的支持和保障，推动了城市的高质量发展。2022 年，济南全市技术合同成交额达 614.52 亿元，同比增长 28%，研发投入 306.7 亿元，同比增长 15.5%，8 项创新指标稳居全省第一，为建设强省会提供了坚实的科技支撑。

五是提升治理能力，彰显发展“新风貌”

城市治理能力高，能够有效地解决各种社会问题和经济难题，提升城市的公共服务水平和市民幸福感。同时，良好的城市治理能力还可以吸引外来投资，促进城市经济发展，提高城市的国际竞争力和形象。近年来，济南推出了一系列措施以提升城市治理能力。其中，为实现城市治理体系和治理能力现代化，济南大力推进智慧城市建设，采用物联网、云计算等新技术，提高城市治理的智能化水平。同时，针对市民关注的环境问题，济南深化垃圾分类、水环境治理等工作，加强环境保护和资源利用。此外，济南还创新推行“综治中心 + 网格化 + 数字化”模式，不断提高基层治理水平，让群众充分享受到城市发展红利。党的十八大以来的十年，济南交出了一份优异的城市治理成绩单，入选“全国首批法治城市创建先进市”，勇夺全国文明城市测评“四连冠”，获评“全国最安全城市”，正以“善治之力”推动城市加快高质量发展。

“硬实力让城市强大，软实力让城市伟大。城市既要有筋骨肉，更要有精气神。”以泉城闻名的济南，将始终秉承泉水喷薄奋涌、泽被万物的品性，积极作为，充分发挥软实力的“助推器”作用，让“软实力”成为助力济南高质量发展的“硬支撑”。

［本文选自孙世会在中国式现代化背景下的品牌发展论坛上的发言（略有删减）。原题为《厚酿历史传承之品味　重塑时代创新之品牌》］

目　录

Ⅱ　理论视野

Ⅲ　专题研究

Ⅳ　济南实践

附录 1

附录 2

专 家 观 点

深化城市软实力的内涵理解和评价指标体系构建

许云霄*

随着我国经济高质量发展的大势所趋，城市正在成为全球各国的经济枢纽与实质中心。良好的城市形象有利于吸引劳动力、高科技人才、产业投资和技术创新汇集，城市建设正在逐渐成为各国提升国家地位和竞争力的重要路径。而在城市化水平大幅提升和国际竞争日趋激烈的同时，各国也逐渐意识到，城市应当是物质、经济、文化、制度、人才的多方位结合体，城市建设也不应局限于硬实力框架，更需要在基础架构

---

*作者简介：许云霄，北京大学经济学院博士生导师、讲席教授，北京大学城市软实力研究院院长。

外大力发展城市软实力。李克强总理在2023年国务院政府工作报告中提到，要持续推进以人为核心的新型城镇化，增强城镇综合承载能力，也体现出国家对城市软实力建设的重视。

城市硬实力涉及的指标一般可以量化，且早已在各领域研究和建设过程中备受关注，包括城市的经济总量、科技实力、企业数量、城市硬件、财政收入等；而城市软实力则更偏向于一种影响力、吸引力和认同力，需要综合多方面因素来实现潜移默化的影响和建设。长期以来，对城市软实力的刻板印象往往局限于“文化软实力”，这个定义不仅过于狭隘，还将城市文化与经济、制度、治理等环节割裂，影响了大众的正确认知。软实力和硬实力并不是割裂的关系，二者聚合形成新的发展力。由于目前对城市软实力尚未形成统一的定义和结论，因此，准确把握城市软实力的内涵和评估指标构建，对于新时代城市发展具有重大意义。

一、什么是城市软实力

城市软实力建设是一项涉及经济、制度、文化、人才、科技和教育等多因素的系统性工程。英国文化协会将“城市软实力”定义为：“市民社会、居民和城市机构的工作与生活体验的总和表达。城市软实力间接表现为城市本身的特征。”结合我国国情和发展目标，在借鉴已有研究的基础上，我们可以将城市软实力定义为：利用文化、价值观、制度、民众素质等软要素形成的无形力量，软实力可以不断增强城市文化影响力、群众凝聚力和城市吸引力，从而全面提升城市经济、政治、社会发展水平，为城市全方位发展提供无形动力。

目前我国已经有众多城市开展城市软实力建设实践。2021年6月，中国共产党上海市第十一届委员会第十一次全体会议审议通过《中共上海市委关于厚植城市精神彰显城市品格全面提升上海城市软实力的意见》，率先对“城市软实力”进行了理解和定义，提出城市发展需要软实力和硬实力的完美融会和组合。2022 年 4 月，济南市第十二次党代会报告中也明确指出：“硬实力让城市强大，软实力让城市伟大。城市既要有筋骨肉，更要有精气神。”2023 年 2 月，北京大学和济南市政府签署协议，合作建设北京大学城市软实力研究院，开创全国首个城市软实力专业研究院的先河，为研究中国特色城市软实力搭建了高起点高水准平台。

立足中国国情，我国城市人口众多，第七次人口普查结果显示，2020 年我国城镇人口已超过 9 亿，占人口总数的 63. 89%，常住人口超千万的超大城市共计 7 座，是当之无愧的人口大国。在城市化深化的背景下，城市建设也应该与建设社会主义现代化国家的目标相匹配，在硬实力的基础上加大对城市软实力的建设，从而使得城市保持长期增长动力和强大的竞争力。

二、 城市软实力评估指标构建

由上文分析可知，城市软实力建设是一个系统性工程，需要各部门全方面共同发力，并且这种发力不是各部分的简单加总，而是需要系统性组合，合作优化。因此，从系统性角度出发，并借鉴国内外已有城市评价体系，可以从宜居程度、文化状况、国际化程度和管理水平四个方面对城市软实力进行指标化评估。

（一）民众宜居程度

宜居宜业是吸引人才落户工作的重要软环境，也是提高城市安全感和民众幸福感的重要指标。宜居程度的评价可以综合经济水平、公共卫生条件、社会法治秩序、环境水平、基础设施等因素。

（二）城市文化状况

城市文化是城市软实力的核心组成部分，被誉为城市的灵魂要素。城市可以通过挖掘、继承优秀传统文化，并结合社会主义先进文化进行文化资源整合和文化建设，塑造社会优秀价值观念，增强城市独特的文化感染力和辐射力，从而形成植根于城市历史根基的独特风格，吸引资金、产业和优秀人才流入和常驻，最终实现文化软实力和城市竞争力的转化。

（三）国际化程度

国际化程度体现了城市参与国际分工的程度，具体可以使用城市国际贸易和国际投融资水平进行衡量，国际化程度越高将为城市发展带来更多元和更丰富的发展机遇。

（四）政府管理水平

政府在城市发展中直接起到管理者、引导者和监督者的作用，通过对市场经济进行宏观调控、提供公共服务、制定和执行法律法规等方式进行城市管理和规划，其管理职能、管理方式、管理理念和管理成员的调整会直接影响短期内城市软实力发展的方向和效率。政府形象也在很大程度上代表了城市形象。

三、 城市软实力建设策略和未来展望

虽然不同城市的经济发展状况、自然地理条件和发展定位存在差异，在软实力建设的阶段上也存在先后之分，但是大体上说，城市软实力的建设路径可以从以下三个方面出发。

（一）人民

坚持以人为本，全面建设“人民城市”。城市归根到底是由人民构成的，因此，城市软实力建设也要以人民群众的利益为先，让每个市民对城市有高度的责任感、认同感和归属感，才能凝聚人民群众力量，齐心协力助力软实力建设。具体而言，一是要加快基础设施和公共服务建设速度，城市公共服务要能满足市民的多样化需求。在数字化时代降临的同时，城市治理也要顺应数字化转型的大趋势，运用大数据、人工智能、物联网等新技术提升公共服务质量，让新技术落实于民生，提升公共服务供给的质量和效率。二是要关注弱势群体利益（老幼病残孕、失业者、贫困者、农民工等），加强对弱势群体的帮扶保障和设施供给力度，创建全民友好型城市，做到公共服务和社会保障全面覆盖、公平对待。

（二）文化

融合当地传统文化特色，建设“文明城市”。文化是城市软实力的灵魂要素，也是一个城市区别于其他城市的核心特质之一。在文化建设过程中，一方面要注重文化产业的发展，做到文化发展和经济发展齐头并进；另一方面要加强精神文化建设，基于当地优秀传统文化，与社会

主义先进文化相结合，全面挖掘释放当地独特文化优势，营造开放包容、开拓创新、底蕴深厚的文化氛围，为城市繁荣发展提供持续的精神动力。

（三）国际化

立足全球化视野，建设“国际化都市”。在全球化已成必然趋势的当下，城市发展也不能故步自封，而应该面向世界，获取国际话语权。从全球化视野出发，首先要吸取国际大都市成功经验，学习发达国家城市化进程中的经验教训，减少“走弯路”。其次，紧跟新一代科技革命和创新变革大势，以核心技术为抓手，政策优惠为助力，吸引全球优秀人才汇聚，建设全球优秀产业和人才高地。最后，要加大对外交流和宣传力度，使城市形象“走向世界”。目前我国只有北上广三大都市有一定的国际影响力，其余大城市影响力有限，各大城市可以发挥自身优势，从文化、产业、人才等多角度加强城市软实力对外输出，综合提升我国国际话语权，讲好中国故事。

（本文选自北京大学城市软实力研究院官方账号）

聚焦沿黄省会城市软实力建设
推动黄河流域中国式现代化发展

王立胜*

摘　要： 城市软实力研究对于黄河流域保护和高质量发展战略的实施具有重大的意义。加强沿黄城市，尤其是省会城市的软实力建设，符合中国全域城市发展的客观态势，也反映出黄河流域经济社会发展阶段和历史文化禀赋的内在要求。本文阐述了黄河流域生态保护和高质量发展的意义以及面临的挑战，指出以省会为中心的城市群是黄河战略的重要支点，并提出全面提升沿黄省会城市软实力济南思路。

关键词： 沿黄城市软实力；软实力提升；济南思路

今天的黄河流域不再是数千年农耕文明居主导地位的区域。目前围绕着沿黄省会城市形成了多个现代城市群，而以省会城市为中心的城市群，无疑是实施黄河国家战略的重要着眼点，是在黄河流域开创中国式现代化发展新局面的重要抓手。

*作者简介：王立胜，中国社会科学院哲学研究所党委书记，中国社会科学院大学哲学院院长、研究员。

一、黄河流域生态保护和高质量发展的意义以及面临的挑战

大河流域是人类文明的主要发源地和人类生存繁衍的重要空间，是水、地、人交融互嵌的复合系统和生命共同体。过去数千年里，黄河流域一直是农耕文明与游牧文明交往交融的场域，这种交融形成了中华文明发展变迁的内在的动力结构，今天它是我国传统文明向现代文明转化首屈一指的重要区域，也是我国重要的生态安全屏障和打赢脱贫攻坚战的紧要区域。

回顾40余年，尤其是近10年，我们注意到，流域战略体现着鲜明的中国式现代化道路的特色。1978年之后，我国率先形成的三大经济圈，现在形成了三大经济带，分别为珠三角经济带、长三角经济带和京津冀环渤海经济带，大多是围绕着大河流域展开的。此后，我国2016年9月出台的《长江经济带发展规划纲要》，2019年2月出台的《粤港澳大湾区发展规划纲要》等，可以视为国家在国土空间领域实现了战略自觉。从“五位一体”总体布局角度对大河流域进行谋划布局，这在当今世界绝无仅有，体现了鲜明的中国式现代化的特色。

相较来看，黄河流域战略具有一个难以比拟的战略价值。我们都知道，黄河是中华民族的母亲河，它是中国绵延数千年的农耕文明的主要诞生地，也是中国传统经典文化的主要温床。仰韶文化、龙山文化、夏商周三代中心区、河洛文化、齐鲁文化，都发源繁荣于这大河流域。从这个意义上说，黄河流域就是中华文明的主要经脉。正因为如此，这一传统文明能否顺利转化为现代文明，对于我国数千年的文脉延续、对于中华民族伟大复兴具有重大象征性意义。

如果黄河流域经济社会和文化不能实现高质量发展，那么中华民族

伟大复兴就如金瓯有缺，是不完满的。古语说“黄河清，天下宁”，今天我们可以说“黄河兴，天下平”，这是黄河战略在当今展示出的天下内涵。然而，黄河流域战略虽然重要，但从实施角度看，也面临着许多其他大流域难以比拟的困难和挑战。与其他大河流域，尤其是南方的大河流域相比，黄河流域至少有三大短板或者三大难题。

第一，黄河流域的生态短板。黄河流域基底差、水资源短缺、水土流失严重，环境承载在中国主要大河中叨陪末座。首先黄河的长度虽享有中国第二大、世界第五大河流的美誉，但如今其年平均径流量不足600亿立方米，不及长江的1/16，在国内排名只占到第16位，甚至不及闽江、澜沧江、大渡河。这种情况造成黄河上中游大部分地区沙化严重，才有九曲黄河万里沙。劈开黄土高原奔流而下的黄河成为全球泥沙含量最高、治理难度最大、水害为祸最深的河流，没有之一。自大禹治水至明清两代，治黄成为国家大战略的重要组成部分。

关于治黄，从古至今都是国家非常重要的治国战略，所以治黄的水平就成为衡量各朝代清明程度的一把尺子。可以毫不夸张地说，一部治黄史就是一部治国史，展现了中华民族自强不息、不畏艰险、吃苦耐劳、百折不挠、实事求是的民族精神。

随着我们国家进入中等收入国家行列，开始朝着发达国家门槛迈进，黄河流域生态治理若得不到根本改观，不仅代表我国的绿水青山是有缺憾的，也意味着我们的中国式现代化道路是不完满的。

第二，黄河流域各地发展不均衡的短板。黄河的长度与长江相若，其流域从中国西部经西北部和中部直达中国东部，经过九省和黄土高原、东部平原几大区域，各省各地区的发展极不平衡，中国东西部地区的发展差异在这里得到充分彰显。受到诸如生态、政治、交通等因素制约，沿黄各省区产能倚能倚重、低质低效，缺乏有较强竞争力的新兴产业集群，各区域间经济联系度不高，区域分工协作意识不强，高度协同发展机制不完善，民生发展不足，沿黄各省区基础服务不足，重要商品和物资储备规模、品种、布局急需完善，城乡居民收入水平尚低于全国平均水平。由此可以说，无法实现黄河流域的高质量发展，也就无法完成我国全面建设社会主义现代化国家高质量发展的任务。这一点说明，黄河流域的高质量发展，关系到我国社会主义现代化强国的建设。

第三，黄河流域文化遗产系统保护和精神内涵挖掘不足的短板。黄河文化是中华民族的根与魂，从先秦时代的满天星斗、百家争鸣，到大一统的国家形成，再到汉唐之盛世、宋元明清之稳定，经过近代以来中华儿女的抗争，建立中华人民共和国，走进改革开放的时代，进而迈入中国式现代化发展的新时代，黄河始终是我们理解中国的基本路径之一。每到重大历史转折时期，我们都在思考什么叫中国；思考什么叫中国，一定会思考什么叫黄河。九曲连环的黄河从昆仑山下奔赴黄海之滨，滋长并串联着河湟文化、关中文化、河洛文化、齐鲁文化等特色鲜明的地域文化，从中原出发，黄河流域向北可延伸至燕辽之地，向南与长江中下游地区，乃至以鄱阳湖、珠江三角洲为轴的南方地区保持长期文化交流互动。历史上黄河流域诸多区域和族群的交往交流交融从未间断，对周边文化的吸引力和感召力也经久不衰，黄河文化始终保持包容性，为形成多元一体、和合共生的中华文明体系奠定了坚实之基，中华民族的向心力和凝聚力也由此生成。黄河文化如果不能有效地实现创造性转化、创新性发展，我国的人类文明新形态的建构便是不完满的。

因此，黄河流域的一个很重要的灵魂，就是黄河文化。我在新疆喀什工作过五年多，在汉代汉武帝定昆仑夷帕米尔，我们古典文献中就认为黄河的源头其实是在帕米尔高原。他们认为黄河是从塔里木河发源，然后在青藏高原变成地下河，过了青藏高原又出来。这是从文化的角度来讲的，中华文化在西部的边界应该是昆仑山。以上是从国、从家、从中华文化的角度来讲的黄河。

总之，查问题、补短板，是黄河治理、保护和发展的关键，也是促进我国区域均衡发展的关键。坚持问题导向和系统观念，实施黄河流域生态保护和高质量发展战略，构建黄河流域生态保护“一带五区多点”空间布局，黄河流域“一轴两区五极”发展动力格局和多元纷呈、和谐相融的黄河文化彰显区，是促进沿黄地区经济高质量发展、强化全流域协同合作、缩小南北方发展差距的战略需要，也是保护传承黄河文化、展现中华民族伟大复兴的生命力、塑造人类文明新形态的时代需要。这是济南软实力提升课题组得出的一个非常重要的结论，就是要用习近平总书记的系统观念，来分析黄河流域，把这个流域作为一个整体来进行思考。

二、以省会为中心的城市群，是黄河战略的重要支点

沿黄中心城市和城市群是黄河流域人口、生产力布局的主要载体，是区域经济发展的增长极和全流域高质量发展的基础，也是我国完善新型城市化战略、促进城市结构优化和产业升级的重要环节。相比于其他流域，沿黄城市群具有几个突出特点。

第一，沿黄城市群大多由古典型城市聚集而成。这是一个非常重要的特征。它们具有较为深厚的农耕文明积淀，但在接受现代化城市理念方面则显得不太敏感，现代化起步相对较晚。

第二，沿黄城市群之间发展水平很不平衡，比如流域一线的三大城市济南、郑州和西安，年生产总值均在万亿元以上，相对而言，呼和浩特、兰州、银川等则排在流域二线位置。不仅如此，相对于中国南部大

量流域而言，黄河流域的一线城市在总体上也大体属于南方特别是长江流域的二线城市的阵营。

第三，相比于近现代以来出现的新型城市，沿黄城市在生态、经济、历史机遇方面的发展运气处于劣势，许多城市虽依托流域而建，但人均水资源占有量不足，中心城市自身发展水平和带动周边城市发展能力并不突出，与以京津冀、长三角、粤港澳大湾区为代表的第一梯队相距甚远，发展潜力处于中游水平。

如今，黄河国家战略和国家“十四五”规划出台，不仅可以给沿黄城市群带来利好的发展预期，更为沿黄城市群的发展制定了科学合理的时间表。为此，我们应创新思路，认真探索如何使黄河全流域的多个城市群，不只是具有沿黄地理联系，而且是真正有一种经济上、文化上的联系和互动，形成以点带面、以点带线、统筹协调、共谋发展的新局面，这种思路应该成为搭建黄河流域经济、社会、文化发展平台的基本的原则。

三、 全面提升沿黄省会城市软实力的济南思路

我们团队从研究视角，提出了“全面提升沿黄省会城市软实力的济南思路或者济南经验”。

山东半岛城市群作为黄河流域发展动力格局的五极之一，是黄河流域唯一河海交汇区和下游生态保护和防洪减灾主战场，是连接京津冀与长三角两大重点城市群的交通要道，是我国由南向北扩大开放、由东向西梯度发展的战略节点，是南北东西的交汇点，也是新亚欧大陆桥桥头堡和东北亚经济圈对外开放门户，在动能转换、陆海统筹、产业发展、对外开放、乡村振兴、文化传承等各个领域的综合优势非常突出，辐射

带动作用明显，生态保护和高质量发展潜力巨大。

山东省委省政府高度重视黄河流域生态保护和高质量发展，明确提出实施强省会战略，支持济南争创国家中心城市，要求济南主动服务和融入黄河国家战略并作出济南示范。2021 年 10 月 8 日，中共中央、国务院印发《黄河流域生态保护和高质量发展规划纲要》，将济南放在国家战略发展大局、生态文明建设全局、区域协调发展布局中高点定位，明确提出支持济南建设新旧动能转换起步区，赋予了济南前所未有的战略牵引力、政策推动力和发展支撑力。

在此背景下，济南市委市政府牢牢把握这一战略机遇，咬定建设国家中心城市目标，继续深入挖掘阐发黄河文化的丰富内涵和时代价值，提高省会城市首位度，增强核心城市竞争力，全力打造科创济南、智造济南、文化济南、生态济南、康养济南，加快建设“大强美富通”现代化国际大都市。

更为重要的是，新一届济南市委市政府站在推动区域协调发展的高度，深入学习领会党中央和山东省委省政府战略意图，提出提升城市软实力、创建全国文明典范城市和国家中心城市的建设目标。近一年来，济南紧抓城市软实力建设，充分利用十大优势，推进十大中心建设，贯彻落实 140 余项为民办实事清单任务，在城市软实力建设方面取得了优异成绩，走在了全国前列。

为进一步破解城市软实力发展难题，2022 年 6 月，济南市委宣传部与中国社会科学院文化研究中心，也就是我们哲学所达成共识，全面启动城市软实力综合评价系统研发工作。中国社会科学院文化研究中心抽调精兵强将组成专项研究课题组，经过近半年的努力，取得了一些具有开创性意义的研究成果，为我国城市软实力理论的研究和政策实践进行了有益的探索，形成了一个基本的框架。

第一，课题组基于大数据分析和领域专家的科学经验，形成了针对城市软实力的评价指标体系。当前存在的部分国内城市软实力排行榜缺少对城市软实力特性的充分认识和研究，其排名的结果只是对城市硬实力评价的简单复制，这种做法不科学不专业，而且容易产生误导。课题组从城市软实力特性研究入手提出提升城市软实力，从根本上来说，应当是一种效应概念。这是我们确立的一种基本看法。将城市硬实力支撑对内表现的凝聚力和动员力、对外表现的吸引力和影响力等综合要素进行综合分析，形成了对城市软实力的综合评价标准。

第二，明确了在互联网时代一个城市的媒体化生存能力，在城市软实力中占据着日益重要的地位。它要求城市建设者自觉主动地利用新型互联网技术和网络传播环境，将城市所在地的软实力转变为在线的软实力，这种从在地软实力到在线软实力的转变，借用哲学的话语表述，同时体现为城市建设从自在意识到自为意识的观念性转变。这一段表述是我们这个团队研究的一个基本的概念系统的成果。实现这种转变的关键，是要自主反思城市发展客观规律，并以这种理性认识作为指导城市建设的基本原则。

济南在准确把握我国城市建设的演化逻辑和发展规律的基础上，将提升城市软实力作为实施强省会战略、打造北方经济崛起重要支点的主要抓手，上述济南思路既是基于济南经验的，也是超于济南经验的，体现了济南城市建设的自为意识。新时代新征程上的沿黄城市发展，要有新起点、新目标，在此我们提出以下建议。

第一，黄河流域城市应建立健全城市群“五位一体”协调发展平台和产业分工协作、公共服务共享、生态共建环境共治机制。

第二，依托济南黄河智库科研平台，应定期举办黄河流域生态保护和高质量发展论坛。

第三，围绕城市软实力建设问题，应搭建沿黄城市软实力综合评估平台，根据发展特点提供个性化城市软实力提升方案，力求为黄河流域城市群建设、推动流域中国式现代化发展作出积极贡献。

黄河安澜，天下大穰，河清海晏，岁和时丰。黄河清，天下宁，表达了中国先民治水患、兴水利、守家园的奋斗历程；在全党全国各族人民迈上全面建设社会主义现代化国家新征程、向第二个百年奋斗目标进军的关键时刻，黄河兴、天下平，则将谱写护生态、节资源、惠民生、谋发展的黄河流域中国式现代化的新篇章。中国式现代化是物质文明和精神文明协调发展的现代化，是人与自然和谐共生的现代化，我们相信黄河流域物质文明、政治文明、精神文明、社会文明、生态文明水平的大幅提升，将在我国建设富强、民主、文明、和谐、美丽的社会主义现代化强国中发挥重要的支撑作用，为实现中华民族伟大复兴的中国梦凝聚精神力量。

（本文根据2022年黄河流域省会城市“提升城市软实力”论坛专家发言整理）

城市外交与城市的全球叙事能力

胡　键*

摘　要： 城市外交与城市的全球叙事能力都是城市软实力。城市尤其是特大城市的发展，在国内有重大的示范作用，在国际上则对国际制度、国际事务具有重要的塑造作用。正因为如此，城市外交也就成为国家外交的重要补充。城市对外经济活动、友好城市、城市对外文化交流活动，以及城市举办的各种重大赛事活动等，都是城市外交的重要形式及其相关载体。在当今，城市的文化层面的全球叙事依然保持着，从文学作品、诗词，到电影、电视、流行歌曲等，当前已经发展到通过各种新媒体甚至是“元宇宙”技术不断提升城市的全球叙事能力。

关键词： 城市外交；全球叙事能力；全球叙事新范式

城市外交与城市的全球叙事能力都是城市软实力。城市对外的影响力，一方面依赖于城市内部活动，然后通过城市营销手段和相关媒体对外营销和推广；另一方面就是城市的元素直接走出去，并与他国的城市、政府进行互动活动，从而使外界通过这些互动活动对城市产生积极

*作者简介：胡键，上海政法学院国家安全研究院教授、博士生导师，上海社会科学院软实力研究中心主任。

的认知。不管是哪一种情形，都会促进城市软实力的提升。从当代城市发展来看，城市已经不再局限于经济增长、设施改善等城市的内部问题，而是越来越倾向于城市的世界影响力，也就是城市的全球叙事能力。城市的全球叙事能力包括城市的发展模式、城市故事等成为世界的一种典范和全球故事，城市对某些国际制度的塑造，城市的概念升华为一种国际制度的理念，等等。无论是国际大都市还是一般的中小城市，都希望自己能够在国际社会和国际事务中有一定的存在感。

一、城市外交及其动力

按照本来的定义，外交通常是指一个国家为了实现其对外政策，通过互相在对方首都设立使馆，派遣或者接受特别使团，领导人访问，参加联合国等国际组织，参加政府性国际会议，用谈判、通信和缔结条约等方法，处理其国际关系的活动。外交一般是指国家以和平手段对外行使主权的活动，通常指由国家元首、政府首脑、外交部长和外交机关代表国家进行的对外交往活动。如果以此为依据，那么就意味着没有城市外交之说。然而，荷兰国际关系研究所学者简·梅丽森提出的，城市外交是城市或地方政府为了代表城市或地区以及该地区的利益，在国际政治舞台上发展与其他行为体的关系的制度和过程。按照这一定义，近代城市外交可以追溯到1851年在伦敦举办的首届世博会。伦敦世博会虽然是以国家的名义举办的，展现了大英帝国工业文明时代的繁荣与强大，世博会圆满结束，主办方宣布博览会获得186437英镑的利润。但是，伦敦不仅通过世博会与当时的各个主要城市建立了互动关系，而且经皇家组委会讨论，决定除了给帕克斯顿5000英镑奖励外，盈余分成两个部分：一是建立博物馆用于教育民众，在南肯新顿购买87亩地建立科学和艺术中心，如今矗立在伦敦的有维多利亚和阿尔伯特博物馆、科学和地质博物馆、帝国科学和技术学院、皇家艺术和音乐学院，以及1862年世博会后建立的大英自然历史博物馆等；二是设立科学艺术奖励基金。这两项使得伦敦对世界都有重大的影响，特别是建立博物馆来教育民众的做法，对世界各国的城市发展都具有典范作用。后来，美国获得英国人的遗赠而在华盛顿市中心建立史密森尼博物馆，这无疑受到了伦敦的影响。

城市外交首先是一个城市与世界各国建立的经济活动，或者可以称为城市的经济外交。自工业革命以来，全球供应链中心应该是经济发达的国家，更是发达国家的城市。当今经济活动的主体是主权国家，更是主权国家中的发达城市。因此，经济交往是城市外交第一重要的内容，也是城市外交其他方式的物质性基础。当今在全球化和新技术条件下，新兴经济元素都集中在城市，这也决定了一国经济是以城市为主导的经济。这为城市外交提供了时代机遇和技术工具。

其次是建立友好城市。经济往来逐渐使得两个或多个城市之间形成了某种相互依赖的经济关系和利益关系，于是相互之间就建立起友好城市关系。这种城市外交方式始于第一次世界大战以后。当时英国的约克镇凯里市与法国的普瓦市建立了世界上第一对友好城市。第二次世界大战以后，经济全球化进程不断深化，城市对外交往的相对自主性不断扩大，城市与城市之间的交往也越来越丰富，所以友好城市也越来越多。截至2022年7月，上海与90多个城市结成了国际友好城市，北京与50多个城市结成了国际友好城市，广州有100个国际友好城市，济南有85个国际友好城市。此外，中国中西部城市同样也与相关各国的城市建立了友好城市。经济往来与高层互访会促进相互之间建立友好城市；反过来，友好城市建立以后会加深相互之间的关系，使经济往来与高层互访也更加频繁。这些因素都会深化相互之间的文化交流。

再次，文化交流是城市外交的常态化内容。文化交流既体现城市的对外辐射力、吸纳力和影响力，也可以提升城市的国际形象。外界对一个城市的认识，首先是通过文化交流获得第一印象，然后再通过有形的和无形的城市元素构塑城市的形象。文化交流越频繁，相互的认知和形象构塑就越具象化。文化交流的形式多种多样，诸如相互设立文化中心、双方互办“文化年”，或者是相互举办对方城市重要的历史事件、历史人物纪念活动，当然还包括留学生方面的重要特惠活动，等等。这一切都会促进相互之间的理解和城市形象的提升。

又次，城市外交不可或缺的是城市举办的各类国际性活动，例如世博会、国际体育赛事、国际演艺活动等，这些主场活动实际上就是城市的主场外交。例如，北京举办的奥运会、上海举办的世博会、西安举办的欧亚经济论坛等等，都为东道主城市的形象加分。以上海世博会为例，世博会对上海城市形象的提升具有重要意义。一是最直接体现出来的世博品牌效应。世博会本身就是世界第一品牌，而每一届世博会产生新的知名品牌，甚至上海原有的城市标志，如东方明珠、金茂大厦、外滩西洋建筑、城隍庙古建筑、石库门等，通过世博会的传播之后被赋予了世博色彩，并成为上海具有世博元素的品牌。二是上海世博理念的辐射效应。世博会是文化展示的盛会，更是超越国家、民族、宗教界限的人类文明的盛会，是人类迈向和平与进步的阶梯。三是城市形象的提升效应。这种提升主要通过两种方式来实现：对原有消极的成分进行修缮和对原有积极的成分予以放大。上海世博会向世界各国展示上海最积极的部分，一方面，它可以改变国际社会对中国、对上海的消极看法；另一方面，通过展示中国优秀的文化和上海发展的奇迹，上海世博会能够对此产生重要的放大效应。

一般而言，城市的职能在于经济发展和提供安全的生活环境，让市民享受经济繁荣带来的快乐，城市并没有进行外交的必要性。然而，内部发展始终离不开外部环境，正如邓小平当年所说的，中国的发展离不开世界。一个国家是这样，一个城市更加是如此。那么，城市外交的动力究竟是什么呢？我们从城市发展历史来看，城市对外活动一般是受以下因素的助推。

其一，不同城市之间的文化互鉴。城市是文化的聚集地，不同的城市就是不同的人类文化高地，尤其是那些较早发育的城市往往会成为后发育城市文化效仿和学习的典范。我们考察一下古代城市的历史就会发现，一个城市离另一个城市很远，但在这个城市中发现诸多文化元素竟然与遥远的某个城市有非常多相似或相同的地方。当然，这有战争征伐的原因，如亚历山大大帝征服波斯后会将希腊的文化元素移植到波斯，这在希腊化时代尤其突出。但是，更多的可能是不同城市之间的文化交流所致。比如，东汉时期洛阳城内就有不少西域文化元素，这是大汉帝国引进西域文化在城市发展之中的体现。欧洲的城市更是这样，教堂等建筑几乎就是城市交往历史沉淀下来的最重要见证。不过，当今城市之间的文化交流与互鉴已经被国家纳入，成为国家外交的一部分，也就是公共外交，但文化的交流依然是不同城市之间最重要的学习方式。

其二，不同城市的发展有不同的经验，城市治理需要相互之间取长补短。这也会助推城市之间的交往，甚至是最重要的动力。城市治理的目标是城市的善治，能够建立良好的城市生活秩序、工作秩序，为市民提供更加优质的服务。为此，城市会相互借鉴彼此的经验。中国各个城市的领导经常到欧美各国城市去进行交流，实际上也是为了向发达国家城市学习相关的城市治理经验。当然，欧美国家也会来中国各个城市考察学习。回想当年上海能够争取世博会的主办权，一定程度上也是因为欧美国家遭遇严重的“城市病”无法找到治理的工具，而上海是中国最发达的国际性大都市，竟然没有陷入西方的“城市病”，这无疑让西方感到非常惊讶。那么，上海是怎样做到这一点的，西方的确想深度了解。加之上海申办世博会的主题“城市，让生活更美好”，也深深地吸引着西方。因此，上海最后获得了这样一个机会，上海也展开了最重要的城市外交。

其三，城市发展或者城市竞争也是城市外交的动力。21 世纪的城市发展和城市竞争已经不再仅仅是经济意义上的竞争，城市竞争向经济以外的领域不断拓展。也正因为如此，城市尤其是国际大都市都在全球各地建立驻外办事处、参与城市网络，更积极地参与全球性、区域性或者专题性城市多边合作，目的就是发现并充分发挥自身的优势，提升全球竞争力。

其四，当下全球问题伴随着全球化进程，也伴随着各国城市发展进程而席卷开来。小而言之，交通拥挤、空气污染、环境恶化、贫富无限分化、贫民窟蔓延、卫生设施供应不足、民族关系复杂、暴力冲突和居住隔离等，一直是城市发展的掣肘之患；大而言之，全球气候变化、臭氧层保护、流行性疾病防治等，也同样对城市发展和市民产生巨大威胁。这也必然要求世界各国城市在发展过程中为应对这些问题进行不可或缺的探讨和交流。

二、 城市全球叙事能力的内涵

近年来，各种类型的城市都试图提升全球叙事能力来提升城市软实力。这也表明各个城市的领导都注意到城市开放的重要性。没有城市的开放，城市的全球叙事能力就无从说起。提升城市的全球叙事能力，一方面是为了扩大城市的影响，把城市发展的故事传递到世界其他城市，从而把“城市知识”转化为“世界知识”；另一方面也是为了使城市在国际竞争中占据重要的一席，因为城市竞争已经不再是纯粹的硬实力竞争，而越来越表现为城市品格和城市精神对城市可持续发展的重要性的竞争。此外，还包括城市对世界的贡献，这更直接就是城市的全球叙事能力。

不过，当下不少人对城市叙事能力的理解是有误的，以为提升世界对城市的关注度就是城市的全球叙事能力，或者提升城市的全球话语权就是城市的全球叙事能力。这些只是城市的影响力，而不是城市的全球叙事能力。城市的全球叙事能力更强调城市对全球事务的参与能力和城市对相关国际制度、国际规则的塑造能力，以及城市发展对全球发展的贡献。此外，也包括城市的某种案例、某种经验具有普遍性的意义。

其一，城市对全球事务的参与能力。这一内容包括两个方面，一是城市对全球事务的参与能力，二是城市对全球事务的参与愿望。从客观事实来看，并非所有的城市都有此愿望。众多西方城市其实没有这个愿望，特别是在全球化进程中，西方城市中产阶层受到利益的冲击而反对全球化。因此，他们对城市参与全球叙事的愿望非常低，有的甚至是抵制。本人有一次经历，在访问澳大利亚期间参加了一个社区中非常有意思的艺术项目。我问他们这样好的项目能否向外推广使之成为有国际影响的艺术项目，结果对方说他们的目的就是服务本市市民或本社区市民。也就是说，他们根本就没有参与全球叙事的愿望。因此，要提升城市的全球叙事能力，前提一是城市自身要在全球事务中进行角色定位，明确自己参与全球事务的责任；二是要有全球参与的能力即“全球参与城市的社会化”能力；还要明确城市参与全球事务的目的，也就是明确城市是要融入全球城市网络，还是以某种经济行为体的身份参与全球经济分工。

其二，城市一旦参与全球事务，就不得不接受一些国际制度和国际规则，更重要的是城市的全球叙事能力表现为塑造国际制度和国际规则。一个城市参与全球城市网络必须融入现有国际制度与规范（例如参与国际组织）以获得承认。尽管既有的国际制度和国际规范主要是针对国家行为体的，但城市要以某种身份融入国际制度和国际规范同样需要接受相应的规制，尤其是在经济方面，城市的独特经济功能必须要特殊规定，单独用对国家行为体的规制是不够的。此外，还有一些特殊的城市如作为中华人民共和国特别行政区的香港、澳门，在城市外交上拥有更大的经济自主权，甚至包括以特殊身份参与诸如亚太经合组织（APEC）等合作机制。另外，又由于它们在国际上的特殊经济地位，这样的城市对国际制度和国际规范具有重要的塑造功能。中国大陆城市也同样以别的方式对国际制度和国际规范进行塑造。例如，上海市经过改革开放以后开始全面融入世界，实质性地参与到国际事务之中。上海以实际行动对国际规则和国际规范进行塑造，最典型的就是上海世博会提出的“世界城市日”的倡议得到了联合国的认可。有一个地区性国际组织叫上海合作组织，其价值理念叫“上海精神”，一个国际组织以上海来命名，一种价值理念也以上海来命名，也就体现了上海的塑造国际能力，或者说上海的全球叙事能力。众所周知，世界近代史以来，欧洲有不少城市因一个国际会议、因一个国际组织等而出名，且让世界永远记得和熟知，最初或许是国际元素让世界知道这个城市，而后来则逐渐倒转过来是这个城市塑造了国际组织或国际条约；而上海则是因为实力和世界影响力而塑造了上海合作组织和“上海精神”。北京是中国的首都，政治、经济、文化中心，无论是对国际事务的参与能力还是对国际制度和国际规则的塑造能力都非常强。2022 年 7 月，中国 – 加勒比发展中心在泉城济南成功创设，为济南深度融入“一带一路”倡议，加强与加勒比深化合作、共赢未来搭建起广阔舞台。这一成功的案例表明，济南至少在加勒比区域内拥有了地区制度和规范的塑造能力。除了中国东南沿海地区的一些城市外，广西南宁、新疆乌鲁木齐和克拉玛依、陕西西安、湖北武汉、四川成都、重庆、贵州贵阳等都有了相关地区制度、国际制度的塑造能力。

其三，城市对国际议程的设置能力。城市的议程设置能力一般是通过城市的主场外交活动表现出来，同时城市的主场外交活动也彰显出城市的全球话语能力。城市获得主场外交活动就意味着城市获得了国际议程的设置能力。城市的全球话语来自城市的实践，它不像一个国家的话语需要深厚的理论。一个国家的全球话语权主要还是基于理论和支撑理论的知识体系，没有知识体系就很难进行理论创建，没有理论的支撑也就很难产生具有原创性和穿透力的话语。城市的全球话语是应用型的，直接回应实践的，从具体的城市话语来说，它不需要太多的理论而更强调实践的说服力和应用的可操作性。这是城市与国家在全球话语构建问题上的最大不同之处。因此，只要获得了大型外事活动如一场重要的国际会议、一场重大的国际赛事等，都会使主办城市直接获得相应的话语权。如果该城市在主办这项活动的时候再提出相应的倡议，发表类似于“共同宣言”的文件，这也直接构成了该城市的全球话语。

三、 城市全球叙事的新范式

城市的全球叙事方式一般来说都是不知不觉的，很少有主动选择某种方式来进行全球叙事，以提升城市形象的，除非政府为了某种目的。在相当长的时期内，城市的全球叙事方式主要是文学作品，然后是音乐、电影、电视等，进入动漫时代便有了动漫，当下的大数据、元宇宙时代，新的技术被广泛地用作城市的全球叙事，从而使城市的相关元素在世界传播。

文学作品的全球叙事方式是最早的也是最多的。一个城市可能是默默无闻的，但很可能会因一部文学作品而为世界所熟知；有的城市本就非常有世界名气，一部文学作品更是为城市锦上添花。古代文学作品的城市叙事很多，尤其是中国的古诗词中充满了城市叙事的诗词和散文。当然，那不是城市的全球叙事，只是有关城市的叙事。但是，当这些古诗词成为当今城市的一种特殊文化符号以后，这些古诗词也会成为城市全球叙事的重要符号。例如，狄更斯的《雾都孤儿》，作品以雾都伦敦为背景，讲述了一个孤儿悲惨的身世及遭遇。主人公奥利弗在孤儿院长大，经历学徒生涯，艰苦逃难，误入贼窝，又被迫与狠毒的凶徒为伍，历尽无数辛酸，最后在善良人的帮助下，查明身世并获得了幸福。伦敦早就是非常有名的城市，但《雾都孤儿》这部小说则是伦敦的另一面，因这部小说的世界影响，伦敦的另一面也同样产生了世界影响。狄更斯的另一部作品《双城记》也一样成为伦敦、巴黎的另一种全球叙事方式。这种情况在中国城市尤其是中小城市中更是比较普遍，因为中国众多的中小城市是因一首古诗、一首古词而闻名于世的。这种情况太多，无须举例。相应的城市进行城市的世界营销时往往会从具体的一首古诗、一篇文章开始，外界也因这首古诗而知道了这个城市。例如，湖南永州是一座古老的城市，但在外界没有名气。然而，每当提及永州时，人们首先就会想到柳宗元的《永州八记》，或者是他的诗《江雪》，因此永州在对外推介时都离不开这两个历史元素，外界也就因这两个元素而对永州有更多的了解。

音乐的全球叙事是因一首乐曲、歌词与某个城市有关，结果这首音乐、歌词进一步提高了城市的知名度。例如，20 世纪 40 年代有首歌叫《夜上海》，由范烟桥作词，陈歌辛作曲，周璇演唱，作为电影《长相思》的插曲于 1947 年 1 月 7 日发行。开头便是“夜上海，夜上海，你是一座不夜城”，这就把当时上海的形象刻画出来了。后来乐坛不断创造出与具体的城市有关的歌曲，如《我要去桂林》成为世界著名的桂林的又一个叙事符号；《北京欢迎您》曾风靡世界，唱出了北京奥运会期间北京的心声和敞开胸怀迎接世界的胸襟；《2002 年的第一场雪》让人有一种对乌鲁木齐身临其境的感觉；《成都》这首歌则揭示了成都慢悠悠又极具人情味儿和生活气息的感觉。当前最火的莫过于《早安隆回》，隆回是湖南的一个县城，不仅国际社会不知道它，就是国内的人也未必知道这个县城，但这首歌不仅使隆回在中国闻名了，而且因这首歌已经被改编成为多种语言被世界艺人传唱，所以隆回也世界闻名了。音乐的全球叙事现在已经非常普遍，尤其是在社交媒体上，只要懂一些作词作曲的知识，然后在视频号等社交媒体上传唱，就有可能创作出有世界影响的乐曲。

影视作品的全球叙事方式是取代文学作品的全球叙事方式最为快捷、最有成效的一种全球叙事方式。一开始主要是战争片、灾难片居多，但随着中国改革开放的推进，一些影视作品开始关注中国现代化建设中在异国异城拼搏与挣扎的生活景象。后来，这样的影视作品也成为具体城市的一种全球叙事方式。最为典型的是《北京人在纽约》，这部作品折射出东西方文化的差异，全景式展现北京人在纽约的生存状态，刻画了改革开放后第一批赴美淘金的中国人的事业与情感历程。这部作品是北京人在纽约的故事，但也是北京的故事，更是北京故事在纽约的一种特殊演绎。不久又上演了一部《上海人在东京》的作品，是《北京人在纽约》的姊妹作品。这部作品同样反映了变革时期上海市民当然也是中国人思想的重大转变。人们纷纷下海，急于致富，整个社会弥漫着一股躁动的气息。而与此同时，僵硬的体制却对这种躁动产生了极大的束缚。于是，上海就出现了众多的“洋打工”，出走到东京，尽管在异国他乡，孤立无助，但他们辛苦打拼，在异城淘金的过程中又演绎出一些扭曲畸形的爱情故事。这是上海的故事，也是上海人的故事，同样是上海人在东京演绎的上海故事。尽管这些故事并不美丽，但也成为相应城市的一种全球叙事方式。

网站、公众号等全球叙事方式。这是互联网时代的城市叙事方式，在中国最初表现为城市的上网工程，从“信息高速公路”建设到“上网工程”，这个过程非常快就完成了。然后，城市各个部门、各行各业都建立自己的网站以强化本部门、本行业与全世界的互联与沟通。但是，这种方式很快又被赋予了新的内容，即移动互联网前景下的各种官方公众号等自媒体。这种自媒体互动性进一步加强，并通过受众点击来获得相应的流量，通过流量可以随时知道本部门、本行业的世界关注度，包括整个城市的官方公众号，也以同样的方式来获得城市在全球事务中的关注度数据。

最新的城市全球叙事方式莫过于元宇宙与城市 IP 的打造。何谓元宇宙？进入 2021 年，“元宇宙”（Metaverse）这个概念从媒体走向学术界，突然火爆起来，但实际上这个概念 30 年前就已经出现在美国的科幻小说之中，与“信息高速公路”“数字化生存”几乎是同时出现的。但“元宇宙”这个概念似乎没有什么传播效应。究竟是什么原因导致“元宇宙”突然成为一个热词呢？这或许与 2021 年 3 月，“元宇宙第一股”罗布罗斯登陆资本市场，并且股价表现良好，同年 10 月扎克伯格把 Facebook 更名为 Meta 有关。当然，更为重要的原因在于技术本身发展所取得的极其重要的突破。众所周知，“元宇宙”作为技术发展的一种最新成果，最重要的前置技术是区块链（Blockchain），实质上就是数据结构，这个数据结构至少包括数据层、网络层、共识层、激励层、合约层和应用层等要素，而其技术性则是大数据支撑的云平台，且基于互联网而构成的复杂数据结构。互联网则是始于1969年美国的阿帕网（ARPANET），到20世纪90年代在全球得到普及。随后，世界进入信息技术时代，从传统互联网到社交网络，再到移动App，当前进入超级移动App阶段，而区块链正是借助于超级移动App构成的复杂数据结构，这也就构成了“元宇宙”的数据生活空间的前置技术。换言之，技术发展正好到了“井喷点”，而前面的两个事件则是重要的“引爆点”，促使“元宇宙”在这个“井喷点”被“引爆”，从而在这一种技术性的大爆炸下使得“元宇宙”诞生。“元宇宙”本质上是一个数字生活空间，而这个空间不是像互联网那样由单纯的技术塑造出来的空间。数字生活空间不是一个物理空间，而是一个虚拟空间。既然数字生活空间是以互联网为支撑技术的空间，那么它就有互联网构筑的网络空间的所有特性，即虚拟性、开放性、群体互动性等。正是因为网络是虚拟的，而作为主体的人无法是自己“身体在场”的，人只能以技术把自己确定为网络中的某种虚拟角色才能够嵌入其中。而“被建构信息（比特）的图像化、对象化”，则是指将现实世界中的信息进行数字化、图像化处理之后，使之可以通过互联网进行承载与传播，从而以数字化、图像化的方式给人们的生活带来便捷或愉悦。因此，元宇宙本质上是人类运用数字技术构建的，由现实世界映射或超越现实世界，可与现实世界交互的虚拟世界，同时又具备新型社会体系的数字生活空间。它本身并不是新技术，而是集成了一大批现有技术，包括5G、云计算、人工智能、虚拟现实、区块链、数字货币、物联网、人机交互等。这些技术会构成一个虚幻的城市，人可以沉浸在其中，甚至可以塑造一个想象的城市形象和城市生活空间。

这里我要特别介绍一下 IP SHANGHAI，这是上海城市形象资源平台，由中共上海市委宣传部、市委外宣办公室支持的平台。虽然是城市形象平台，但也很快便成为上海全球叙事的重要方式。2021 年 11 月 8 日，上海城市形象资源共享平台 IP SHANGHAI 正式上线，其目的是将平台打造成为一个具有全球影响力、凸显中国和上海特点的城市形象资源全库，并逐步建成聚合征集、共享传播、孵化创新的城市形象内容生态系统，探索人人创作、人人展示、人人分享的国际传播新模式。因此，它是一个上海形象资源库，更是上海全新的全球叙事方式。平台通过中英文版 web 网站及社交账号向本地和全球用户（含个人）同步开放。平台汇聚海量的图片、视频、声音、文字、出版物、设计素材以及对外传播项目、活动、案例等资源，以互动、互助、互联方式，共同打造上海形象的聚合资源库、上海故事的传播新平台、上海精神的实践创新地。在第五届进博会新闻中心举办的 IP SHANGHAI 上线一年活动上，现场近千名中外记者共同见证了 IP SHANGHAI 多项成果发布。一是 IP SHANGHAI 首次发布“全球城市形象数字 IP”，通过大数据分析，将全球数字传播最为活跃的国际城市形象北京、纽约、伦敦、巴黎、洛杉矶、东京、迪拜、上海、香港、多伦多等，以数字 IP 呈现。二是“在上海，为全球”全球传播企业案例最佳实践榜是中国首个以城市 IP 为主题、以企业发展为案例的大型全球传播案例征集活动，入围的 50 家企业中有 30 家世界 500 强企业，27 家进博会参展企业，讲述非凡十年它们与上海共同成长发展的故事，在全球舞台打响上海 IP。三是一年来，平台广泛征集视频、图片、声音、文字、出版物、设计等作品，已吸引 500 余家重点机构入驻，超过 2 万名专业创作者注册。“人人创作、人人展示、人人分享”的传播理念深入人心。四是一年来，平台发起多项上海形象推广活动，促进全球用户创作、共享、共同传播上海形象。虎年春节，由22万市民参与的数字拜年帖，向全球送出了来自上海的新春祝福；“人人守沪，向春而行”场景征集活动，全网浏览量达到5600万次；与哔哩哔哩联合发行全国首款主打人民城市实践概念的IP SHANGHAI数字艺术品“申生不息”系列，精选五大类城市IP，数字化表达上海发展成就。此外，平台还与星巴克合作创新城市IP，向全球推出中国首款“上海”咖啡，共同讲述凝聚上海活力、承载海派文化、打造高品质生活的城市品牌故事。

（本文经作者同意略加修改）

弘扬济南优秀传统文化，提升城市文化软实力

张华松*

摘　要： 济南是国家历史文化名城，悠久灿烂的历史文化是“文化济南”建设、提升城市文化软实力的战略性资产，我们只有通过深入挖掘和大力彰显济南历史文化资源和文化元素，并加以时尚性的表达，才能创造出新时代济南魅力四射的城市形象，培育出新的城市文化品牌，从而大幅提升城市竞争力和文化软实力。

关键词： 济南；传统文化；城市软实力

一

济南南依泰山，北跨黄河。泰山号称东岳，为五岳独尊；黄河，在古代与济水、淮河、长江并称“四渎”，是中华民族的母亲河。黄河从今济南经过，始于1855年。那一年，黄河从今属河南兰考县的铜瓦厢决口，夺占了济水河道。在此之前，流经济南腹地的是济水。

人类文化起源于山岳而繁盛于大河，这是一个具有世界意义的普遍现象。对早期人类来说，大山与大河之间的山前坡地和冲积平原，是最

* 作者简介：张华松，济南社会科学院原党组副书记、副院长，二级研究员。

适宜的“天然居住地带”。因此，古代中国，所谓“五岳四渎”，不仅是从山河的物质体量上说的，也是从山河的文化含量上说的，凡是号为“岳”、号为“渎”的山川，都是中华民族和民族文化赖以生存和发展的山川，都是历史文化的圣山和圣川。

“泰山雄地理，巨壑渺云庄”（唐代文豪李邕诗）。岩岩泰山、汤汤济水（黄河），既是济南最显著的地理坐标，又是济南最显著的文化坐标。济南“泉水甲天下”，是举世闻名的泉城，泉水并非济南唯一的天然禀赋，泉水也仅能决定济南城市风貌和城市文化的一个方面，即“家家泉水，户户垂杨”，“济南潇洒似江南”；而泰山、济水（黄河）却使城垣不大的济南古城呈现出极其宏阔壮大的气象和格局。北齐齐州刺史魏收登舜山（千佛山），徘徊顾眺，感慨言道：“吾所经多矣，至于山川沃壤，衿带形胜，天下名州，不能过此。”在唐代大诗人杜甫的眼中，济南“迹籍台观旧，气溟海岳深”；在边塞诗人高适的眼中，济南“云从四岳出，水向百城流”。

济南因岳渎而拥有得天独厚的文化空间和文化禀赋，这是其他一般城市所不具备的。济南打造文化软实力，必须充分借重于岳渎形胜，大力弘扬泰山文化和黄河文化，凸显泰山、黄河作为济南地理和文化的坐标意义，在城市规划建设方面，形成与泰山、黄河相匹配的恢宏壮阔的城市气象和文化意象。

凸显泰山之于济南的地理坐标和文化坐标意义，必须大力弘扬济南泰山文化，在济泰同城化背景下，积极与泰安市协同打造泰山文化传承发展示范区和泰山齐长城国家文化公园；开放岱北朝山古道，规划建设岱北封禅文化旅游观光专线；创建泰山石敢当主题公园和泰山挑山工文化展馆；重建济南老城内外拥有千年历史的东岳庙、碧霞祠；城市公共空间、建筑、道路，尽量体现泰山和泰山文化元素，甚至可以考虑将南部山区管委会改称“岱北山区管委会”；以泰山文化重塑济南城市宽厚、仁德、沉毅、壮伟的文化品格和文化形象。

凸显黄河之于济南的地理坐标和文化坐标意义，必须大力弘扬济南黄河文化（包括济南黄河前身的古济水文化、古漯水文化），高标准建设百里黄河景观风貌带，将“鹊华海门”和“祭禹大典”打造成济南黄河文化的两大标志和品牌。

鹊、华二山，位于济南古城北郊，隔河对峙，宛如门阙，古人谓之“海门”，万里黄河九曲十八弯，最终是出“鹊华海门”而直奔入海。鹊华海门，是济南黄河的经典景观，予以精心塑造和重点推介，则是完全有望打造成国家黄河地理标志，打造成黄河文化对外传播的标志性符号、黄河文化走向世界的象征。

《孟子》：“禹疏九河，瀹济、漯而注诸海。”流经济南腹地的古济水、漯水以及商河县马颊河等“九河”，都曾得到大禹的重点治理，故济南地区保留有众多的诸如禹登山、禹登台、禹息故城、禹王堤等“禹迹”和传说以及祭禹文化。最近一次祭禹发生在1936年10月31日，国民政府黄河水利委员会正、副委员长以及山东河务局局长等，于“泺口河干”“恭祭禹王及历代治河名贤”。济南应当大力弘扬大禹文化，恢复举行大禹祭典，彰显济南作为中国黄河文化龙头城市的地位。

二

济南是中华远古文明的重要发祥地，考古文化可以上溯到近万年前的历城张马屯文化，此后又有后李文化（距今9000—7500年）、北辛文化（距今7300—6300年）、大汶口文化（距今6100—4600）、龙山文化（距今4600—3900年），编年序列清晰，发展谱系一脉相承，且独具特色，形成自己独特的文化类型。济南的这些考古文化都有举世瞩目的发现，如长清月庄后李文化遗址发现的26粒炭化稻，是目前我国北方所见最早的稻米遗存之一；章丘焦家大汶口文化遗址的夯土城墙以及大宗陶器、玉器，表明五千年前，文明曙光已经初现。至于城子崖，既是龙山文化的发现地和命名地，也是中国文化本土说的伟大自证地。

考古学的龙山时代，相当于古史传说的“五帝”时代，若以济南为本位予以考量，正相当于虞代。虞代是早于夏朝而真实存在的一个朝代，而济南一带则是有虞氏政权的“龙兴”之地。大舜是有虞氏最伟大的王，他早年所耕稼的历山、所疏浚的井泉，都在济南，济南古城——历下，也是依托源于舜井泉群的历水和源于趵突泉泉群的娥英水（以舜妻娥皇女英命名）而建立起来的，因此济南古城自古就有“舜城”的雅号。济南祭祀圣王大舜的历史，可以追溯到一千五六百年前的北魏时期。清代，每年仲春和中秋，山东巡抚都要在舜井舜祠的重华殿举行祭舜大典，乾隆皇帝也曾亲临舜井舜祠谒拜，行礼如仪，并留下诗篇传世。

龙山文化与大舜文化，二元一体，共同构成了济南历史文化的源头和根底，是济南在四五千年前作为整个东亚文化和文明高地的体现。我们理应大力开发和利用得天独厚的龙山文化资源和大舜文化资源，将济南打造成为中华远古文明巡礼之城和享誉天下的中国“舜城”，使济南在文化软实力的激烈竞争中，占据高点，高开高走。

中共中央、国务院《黄河流域生态保护和高质量发展规划纲要》明确指出，要“开展面向海内外的寻根祭祖和中华文明探源活动，打造黄河流域中华人文始祖发源地文化品牌”。圣王大舜正是万世景仰的中华人文始祖之一。因此，我们再次郑重建议将千佛山北广场正式命名为“大舜广场”，广场上创建大舜纪念堂，恢复举办济南历史上固有的祭舜大典，并以“祭祀舜帝，弘扬舜德，建设文化济南，打造东亚文明高地”为祭典主题。我们可以设想，作为齐鲁之邦的首府，济南于古城南郊的历山北麓公祭大舜，于北郊黄河北岸公祭大禹，山河岳渎之间，两大文化盛典南北呼应，其于提振济南在中华文明枢轴上的地位，提振济南在黄河流域乃至整个中国的文化龙头地位，打造世界级历史文化旅游目的地，意义和价值可谓无可限量。

三

在先秦各地域文化中，齐鲁文化是最富有创造力、成就最高的地域文化。如果说，春秋时期中国文化的重心在汶泗流域的鲁国，那里诞生了孔子及儒家学派、墨子及墨家学派，那么到了战国时期，中国文化的重心就转移到了泰山以北济淄流域的齐国，诸子百家争鸣就发生在齐国的稷下学宫。秦汉以后，齐鲁文化逐渐融入中华文化并成为中华文化的核心和主干。山东也因齐鲁文化而成为中华民族主流文化的重地和高地。

“岱宗夫如何？齐鲁青未了。”济南介乎齐鲁之间，作为齐鲁之邦的首府，济南文化沐浴齐风鲁雨而发展壮大，在哲学、思想、学术、史学、文学、文献学等各领域都曾作出卓绝的贡献。以儒学和经学为例，秦汉之际，济南人伏生藏《书》传《书》献《书》，挽斯文于不坠，开创两汉经学之先河。济南伏生作为济南人文的重要符号，两千多年来，一直是推动济南文教和学术事业发展的强大精神动力，诚如古人所言：“济南并东海为郡，有崇山巨浸，其人敦厚阔达而多大节。自伏生以经术开教，俗尚文儒，盖自古称之矣。”历史上的济南，儒学昌盛，经师辈出，所以齐州知州曾巩以“文学之国”赞誉济南。所谓“文学之国”，即是“儒学之国”。以史学为例，二十四部正史中，有九部是济南人主持编纂或参与编纂完成的（唐代济南人房玄龄以宰相监修《周书》《北齐书》《隋书》《晋书》《梁书》《陈书》，元代济南人张起岩任总裁官，主持编纂《辽史》《宋史》《金史》）；方志编纂方面，于慎行《兖州府志》、周永年《历城县志》，都是古代方志的翘楚。现代的山东大学，以文史哲见长，蜚声海内外。以文献学为例，从张尔岐潜心古籍整理，到马国翰辑佚群书；从周永年首倡“儒藏”说、开办中国历史上首家公共图书馆，到王献唐倾力经营山东省图书馆“奎虚书藏”；从布政司街和后宰门街鳞次栉比的刻书铺，到丁宝桢开设的山东官书局，济南堪称是著名的“书城”。

总之，历史上的济南，以其“斯文在兹”的学术担当和“江山再造”的文化使命，在思想和学术等领域作出了卓越的贡献，从而为自己赢得了无限的荣光。曾巩出任齐州知州，有诗云：“依然自昔兴王地，长在南阳佳气中。”苏辙出任齐州掌书记，有诗云：“吾本生西南，为学慕齐鲁。从事东诸侯，结绶济南府。”赵孟頫出任济南路同知，有诗云：“道逢黄发惊相问，只恐斯人是伏生。”施闰章出任山东学政，有诗云：“文学性成邹鲁在，谈经吾恐愧施雠。”在这些文化巨匠的心目中，济南就是学术的圣地。今日的济南，理应充分发挥其作为齐鲁之邦首府的地缘优势和高校、科研院所集中的学术优势，深入发掘济南学术文化、思想文化的深厚资源，高扬齐鲁文化的大旗，致力于齐鲁文化尤其是儒学研究，建设新时代的“齐鲁文化之都”。

四

“济南山水甲齐鲁，泉甲天下”，济南是“山城”“水城”，更是闻名遐迩的“泉城”。济南城因泉而立，若从龙山时代舜井西侧的原始泉水聚落算起，有四千多年的历史；若从商周之际“历泺”上的历国算起，有三千多年的历史。西晋末年济南郡治由东平陵西迁历城，新济南城经过一二百年的建设，到了北朝时期，泉水文化已经开出艳丽的奇葩，诸如流杯池上的曲水流觞，使君林中的碧筒饮，莲子湖上的“血羹”，房家园的诗酒雅集，以及诗人对济南风物的吟咏——“风沦历城水，月倚华山树”，都属于济南泉水文化的风雅韵事。迨及北宋，曾巩等人充分利用济南的泉水资源规划建设济南城，济南遂有“林泉郡”的雅号，所谓“林泉郡”，用今天的话说，就是“园林之城”。明初大修济南城，进一步彰显了“四面荷花三面柳，一城山色半城湖”的园林之城的格局和风貌。

“吾济富山水，人称名士乡。”山水泉林的风烟胜赏，决定了历史上的济南还是一座名士之城，而济南名士尤以诗人居多，自周代谭大夫的《大东》载入《诗经》开始，济南所出生的诗人、词人等文学家，仅举其中驰名全国、光耀文坛的佼佼者，就有唐之崔融，宋之李清照、辛弃疾，元之杜仁杰、张养浩，明之边贡、李攀龙、李开先、于慎行，清之王士禛、田雯、蒲松龄。故而徐北文先生在《济南竹枝词》中咏赞道：“才华横溢泉三股，字吐珠玑水百泓。多少诗人生历下，泉城自古是诗城。”“诗城”是济南城市光彩夺目的文化品牌。

“济南固多名士，流寓亦盛。”历史上的济南，也是外地名士心向往之的所在，游历、仕宦、讲学、侨居济南者，不可胜计。如诗仙李白、诗圣杜甫，接踵游历济南，留下华美乐章。唐宋八大家中，欧阳修、曾巩、苏轼、苏辙，或者游宦于济南，或者游历济南，留下大量脍炙人口的精美诗文。至于黄庭坚，虽然不曾来过济南，济南却是他终身最“梦牵魂绕”之所在。元明清就不需要说了。近代，老残（刘鹗）和老舍长年生活在济南，他们对济南的咏赞，更是济南古城一笔永恒的文化财富。

泉城、山水园林之城与名士之城、诗城，是济南区别于其他城市的重要标识，是济南城市个性化的重要表现，是建设现代济南文化、提升济南城市形象和城市软实力的鲜明而响亮的文化品牌。山水泉林与名士共同决定了历史上的济南，从来都是一座风雅之城。我们重塑和提升当代济南城市的形象，必须继承和弘扬以泉文化为核心的山水文化和园林文化，以诗人为核心的名士文化，再现风雅的城市风韵和格调。

五

老舍先生在《济南的秋天》中说："以量说，以质说，以形式说，哪儿的水能比济南?"量足质优的泉水成就了历史上具有鲜明济南特色的饮食和饮食文化。

在古人信仰中，趵突泉的泉脉西接道教十大洞天之首的王屋山，东通仙道所谓的渤海三仙山（蓬莱、方丈、瀛洲），故趵突泉在古代又名"仙源"，可见济南泉水是蕴含着丰厚的方仙养生文化元素和内容的。

济南泉水清醇甘洌，最适宜于烹茶泡茶，济南茶文化源远流长。大唐开元年间，降魔禅师在灵岩寺大兴禅宗，僧人坐禅，借助饮茶提振精神，由是饮茶风气流行于北方各地，灵岩寺成为中国茶文化的祖庭。宋代，以泉水烹茶饮茶，已是济南人日常生活的一项重要内容，所谓"枪旗携到齐西境，更试城南金线奇"。泉水能煮出好茶，泉水环境也有利于生产出好茶。曾巩有诗咏济南泉水道："滋荣冬菇温常早，润泽春茶味更真。"可见济南产的春茶是颇负盛名的。济南士绅夏天喜欢到佛慧山寺，"就甘露泉试北苑茶"。北苑茶可能就产自济南北苑（北园），而非福建"北苑御茶"也。清代，济南有"莲心茶"。

济南酒文化同样源远流长。北魏正始年间，济南使君林发明了一种十分风雅的饮酒方式——碧筒饮，“酒味杂莲气，香冷胜于水”。此后，碧筒饮备受历代文人雅士推崇，遗风流传久远。泉水酿造的济南名酒，北宋时有舜泉、近泉、清燕堂、真珠（珍珠）泉，其中的真珠泉酒高居天下二百余种名酒之首。宋代济南，还有一种唤作“秋露白”的名酒，古人有诗句咏赞此酒：“日华煎露成真液，泉脉穿岩咽细流。”可见也是泉水酿造的名酒。济南秋露白历经宋元明清，享有盛名数百年。明清时期济南有民谣：“东关胡饼西关酒，好汉出自南门口。”明清之际创建的醴泉居，就坐落在西关醴泉之上，用醴泉水酿造的白酒和黄酒也是久负盛名的。近代，西关东流水街的绍兴南酒厂生产的南酒、后宰门远兴斋生产的玫瑰池烧酒，也都是泉水佳酿。现代及当代，济南泉水酿制名酒有白酒“白趵”、啤酒“黑趵”，属县泉水名酒则有章丘清照园酒、百脉泉酒，长清白鹤泉酒，平阴阁老贡酒等。

“鲜鱼水菜，一时一卖。”甘洌的泉水养育了济南菜。济南菜作为“中国菜的长子”——鲁菜的两大支系之一，素以清香、鲜嫩、味醇著称于世。老舍在美文《大明湖之春》中所说：“吃到肚子里的也许比一过眼的美景更容易记住。那么大明湖的蒲菜、茭白、白花藕，还真许是它驰名天下的重要原因呢！”用明湖蒲菜可以炮制许多济南名菜，其中的奶汤蒲菜更有“济南第一汤菜”之美誉。用明湖茭白制作的茭白炒肉丝、茭白肉馅水饺，也是脍炙人口的。明湖白莲藕，肉质肥嫩、口感甜脆，最负盛名，苏辙就曾作诗赞道：“清泉浴泥滓，粲齿碎冰霜。”在济南，白莲藕做成的凉拌姜汁藕、水晶藕、糖醋藕、藕片炒肉、炸藕盒，都是极具传统地方风味的，“炸荷花”被老舍先生称作“济南的典故”。其他如明湖之鲤、泺河之鲫、北园的紫蟹和青虾，用这些鲜美的食材炮制出的济南名菜更是不可计数。

总之，济南泉水特色饮食和饮食文化丰富多彩，是弥足珍贵的文化遗产，我们要予以充分利用，开发泉水养生饮品，打造“济南泉酒”系列，擦亮“北方茶文化发源地”和“中国菜长子——鲁菜（济南菜）”的城市文化品牌。泉饮、泉茗、泉酒、泉宴及泉水饮食中的“济南的典故”，理应成为中外游人为之流连和回味的亮丽风景，为历史文化名城济南增光添彩。

Ⅱ 理 论 视 野

赓续文脉、 传承文明 让乡愁成为城市生活的精神之锚

乔清举*

摘 要： 对于乡愁，我们要立足中华民族伟大复兴的高度进行深入和辩证的理解。乡愁不是沉浸于历史回忆、故步自封，而是在现代化过程中提高全社会的文化品位，坚守文化的根与魂，是实现优秀传统文化在现代化过程中的创造性转化和创新性发展。传承城市文脉，提高文化软实力，需要把握的方法论原则在于软功硬做、虚功实做、远功近做、旧功新做、静功动做、文化之

* 作者简介：乔清举，中央党校（国家行政学院）哲学教研部副主任，教授。

功经济做。

关键词： 城市文脉；文化软实力；城市规划原则

一、城镇化仍是我国社会发展的一个趋势

城市是具有内生行动力和相应的社会结构的大规模人类生活生产的聚集地，这是城市应有的状态。不少城市其实没有内生力，只是依托于特定的产业或特定的资源。这样的城市生命力是比较脆弱的，不太符合城市发展的理念。这种脆弱性我们应该是有些感触的，有些城市资源枯竭以后，就陷入了衰退。城市化是工业化的直接成果，人类进入现代化的标志。工业阶段的特点就是城市、工业、商业，它们是一体的，现代化的水平越高，城市化的水平也就越高。实现现代化在一定程度上简单地讲，就是实现工业化和城市化。我国目前处于社会主义初级阶段，城镇化仍然是一个社会发展的基本趋势。党的二十大报告中提到，我们的人口城镇化率已经达到64.7%，这个数据应该说不低了，但是仍然有30%多的非城镇化人口。未来30年，城镇化仍然应该是一个有待展开的过程。这就意味着城市数量的增加，包括现有城市的扩容，这是社会发展的一个主要趋势，是一个大势。

二、城镇化有抹去地方文化特点、消除地方文化软实力的缺点

上面讲的主要是优点和特点，实际上它也有缺点。从人类历史发展来看，现代化是一个现代性取代地方性的过程，工业化、商业化、城市化要求同质的生活方式、娱乐方式，从而对地方文化会形成消解和抹平的效果。这一点在我国目前的城镇化过程中已经表现得比较明显，也就

是说，目前的一些城镇化出现了地方特色建筑文化传统被侵蚀甚至抹平的现象。因为城镇化的快速发展，房地产业作为一个行业、作为一个产业，没有体现城市的特点，没有凝结城市的文化积淀，所以我们在高速公路上或者高铁上路过一个城市的时候，远远地会发现那里的建筑都是没有特点、单薄的板式住宅楼小区，可以说千城一面，单调乏味，这是普遍存在的现象。城市规划上贪大求洋，特色建筑遭到破坏，乡愁消失，文脉中断，文化软实力衰弱，这种弊端在一些地方还是十分突出的。如何在现代化进程中记住乡愁、保存文脉，激活优秀传统文化的生命力和活力，提高文化软实力，这是我们现在迫切需要解决的问题。

文化是城市的灵魂，文化品位是城市的品质和标识。没有文化的城市是没有生命力的房屋堆积，是吃喝与工作的集散地，而不是一个有机的整体。前几年我在一些地方调研看到，新区都是工业区和宿舍的发展模式，这种模式有它的好处，解决了打工者上班和下班的居住问题，效率也比较高。但是新区只是工作和睡眠或者休息这两种功能的集成，没有培育成为一个具有文化特色的城市，这样的地方一旦产业发生问题，居住地随之就会消散，原来的 GDP 也就没有了，会成为一个衰败的区域。这种例子在一些城市的规划中常见。前面提到，因为资源枯竭而衰落的城市也有不少，应该引起警醒。文化软实力是城市生命的支撑，要培养文化软实力，培养城市的内生力和生命力，让城市获得脱离特定资源、特定产业的生命力。

三、城市规划要把寄托乡愁作为城市的文化标志，把乡愁作为文化软实力的依托

2013 年 12 月，中央城镇工作会议明确提出，城镇建设要让居民“望得见山、看得见水、记得住乡愁”。什么是乡愁？前几年在帮助中

央电视台审查一些关于乡愁节目的时候也有一些感触，有些地方把乡愁拍成了愁苦，很悲伤的滋味。这其实不是总书记讲的乡愁本义。而有些地方把乡愁直接等同于自己这个地方比较好的山水禀赋，这其实也不是总书记讲的乡愁的本质含义。总书记讲的乡愁，是传统和现代化的辩证结合。上面第一个例子的模式，问题在于没有体现现代化的过程，好像总是一种回忆；而后边的例子，好像因为我有好的山水，等一等，现代化就来了，也不行。

在城市规划中，乡愁是城市的文脉所系，是文化软实力的依托，是民族精神的锚。如果我们立足于中华民族伟大复兴的高度去辩证地理解，会认识到，乡愁不是沉浸于历史的回忆而故步自封，而是在现代化的过程中提高全社会的文化品位，坚守文化的根和魂，实现优秀传统文化在现代化过程中的创造性转化和创新性发展。一个地方美丽的环境和生态是它禀赋的山水之美、自然之美，而浓郁的文化特色、文化传统、悠久的文脉传承，则是它的人文之美。现代化一方面是乡村向城镇化的跃升，另一方面是文化传统在新的历史条件下的更新和赓续。现代化不能以破坏生态为代价，绿水青山就是金山银山，这一生态文明建设理念已经深入人心。同时，现代化也不能以文化的丧失为代价。城镇化的建设、城市品位的提升，既要留住绿水青山，又要接续传统，注意延续城市历史文脉。比如说城市建筑，它是凝固的历史和文化，那些古建筑、名人故居是城市发展的文化标志，是城市的文脉所在、乡愁所依，对前人留下的文化遗产、文物遗址、名镇名村、历史街区、历史建筑、工业遗产等各类物质和非物质文化遗产，在规划的过程中都要做到恪尽职守加以保护。保护好古建筑、古文物等，就是保护历史、保存文脉，就是保存城市无形的文化品牌和软实力。

软实力本身是看不见的，但又是无处不在的，我们要从光大文脉、传承文明、复兴民族的高度出发，在城市的规划中增加文化的自觉，增强文化的自信。强化创新理念，处理好传统和现代、继承和发展的关系，让城市建筑更好体现地域特征、文化特色和时代风貌。

习近平总书记指出，提高国家的文化软实力关系到“两个一百年”奋斗目标和中华民族伟大复兴中国梦的实现。文化软实力是一个地区的文化内涵、底蕴、吸引力、创造力、生命力和活力。不仅如此，在强调它的内涵、底蕴、吸引力、创造力的同时，最重要的是落到生命力与活力上。文脉是历史的延续，中华文明、中华文化、中华民族有一以贯之的道统，城市就应该凝聚、寄托和体现文脉，让现代文明和文化传统、让工业化过程和人的诗意集聚情景交融、浑然一体。所以，城市规划要延续历史文脉，保留文化基因，赋予其时代的内涵。一定要把本地经典性的元素、标志性的符号等历史文化价值纳入城镇规划建设中，发展有历史记忆、有地域特色、有民族特色的美丽城镇。

根据近年来的调研，笔者认为传承城市文脉，提高文化软实力，需要把握的方法论原则有以下几点：第一，软功硬做；第二，虚功实做；第三，远功近做；第四，旧功新做；第五，静功动做；第六，文化之功经济做。

具体来说，第一，软功硬做。文化是软实力，与经济建设、工程建设相比，的确有软的特点，不好落实为具体的经济数字，有时候也难以看到有形的实体。但无论是城市规划、建筑风格的确立，还是政府部门的办事效率和态度、城市居民的素质素养和文明程度，都是一个城市的文化软实力的体现。因为它是软的，所以在建设的时候一定要用硬的态度、坚定的态度去建设，这样才能卓有成效。

第二，虚功实做。文化软实力比较虚，但是我们一定要把它做实，要把文化软实力落实到博物馆建设、特色街区的维持维护、特色建筑的保护、城市文化氛围的创造和城市气质品位的养成上。文化作为一种精神力量，文脉作为一种城市的精神气质，是无处不在的，所以必须用实来表达虚，这叫虚功实做。如何虚？比如刚才提到的街区道路设计，是不是很宜人化？街区里面的小片环境的绿化、美化、花园化，尤其是设施化，面向儿童少年成长的设计，是不是做到位了？如果大家生活的街区每一片地方都能够巧妙利用起来，做成小花园，或者做成青少年游乐、健身中心，那么，这个城市的宜人化、吸引力就相当高了。景观可以分散，不一定刻意集中，搞成庞大的，星期天你出门一两个小时，就可以带小孩去荡秋千、踢球等，让人感受到城市的亲切、宜人。因此，城市规划要在这种小的、细的方面多琢磨，如何做到以人为本，要多听听城市人的声音。

第三，远功近做。文化软实力的提升，不是一朝一夕的功夫，城市的精神气质、精神风貌的养成，需要若干年甚至上百年的时间。正如我们回望历史，能够体会到一座名城的形成历史过程是漫长的。展望未来，也要有一个从近处做起，功在当代、利在千秋，功成不必在我、功成必然有我的态度去建设。文化软实力，说到底是一个长期养成、长期积累的过程。

第四，旧功新做。就是古老传统传承发展之意。一个地方的文脉，是经过数百年甚至上千年积淀而来的。拿济南来讲，它是几千年历史积累下来的功绩。记住乡愁、延续文脉、创造文化软实力，不是故步自封地把传统的东西原样封存、原样展示，而是要适应新的时代，进行创造性转化、创新性发展，尤其是用新形式激活旧内容，让其成为当代人喜闻乐见的文化附载物，着力培养文化对儿童、青少年的吸引力，创新他们乐于参与和能够从中获得乐趣的形式。只有获得青少年，才能获得未来。

第五，静功动做。文化、文脉，尤其是文物，包括传统的艺术形式、艺术内容、非遗等，如果仅仅将其博物馆化，它们仍然是停止的、没有生命力的，难以作为当代人的精神寄托。一定要赋予其新的形式，同时还要赋予新的精神内容，激活它们的生命力，真正接续上生命力，让文明成为不间断的发展过程。这个新的内涵就是文脉，就是文脉的动作。动就是活，就是赋予传统以新时代的生命力，最终成为充满活力、充满生机的文化软实力。经过奋斗洗礼、经过奋斗转化的乡愁，是一个充满现代内涵、闪烁着时代光辉、洋溢着饱满生命力的文化内涵。留得住乡愁、聚得起文脉的现代化，才是拥有五千年文明的现代化。

第六，文化之功经济做。这是笔者在各地参观学习考察时得出的一个感想。对文化软实力的培育，一段时间以后，必须采取市场化的方式，让其成为具有自我生产能力的产业，也就是文化软实力要转化为文化事业、文化产业，经过孵化培育以后，要能够脱离财政的扶植自我生长。任何一个产业如果一直靠政策扶植扶助、靠财政输血，是很难有生命力的。文化软实力的培育也是同样。这需要我们探索合适的市场化方式，也要培养合适的生存土壤，不仅要种树，还要培育适合树生长的土壤，让文化软实力依托事业、产业获得自我生长的生命力量，城市也就能够获得生命力。同时，这个城市就有可能脱离对原本特定产业资源的依托，获得一种内生的生命力，能够持续发展，成为人们精神寄托、乡愁凝聚的地方，最终获得长久生命力。

（本文根据2022年黄河流域省会城市“提升城市软实力”论坛专家发言整理）

共同富裕：城市基础性软实力的顶格再造

梁本凡*

摘　要： 共同富裕是一个国家、一座城市的基础性、关键性软实力。没有共同富裕，城市就会失去安全软实力，缺少稳定软实力；失去消费软实力，丧失规模软实力；失去公共投入的软实力，削弱招商引资的软实力；失去人才软实力，弱化创新软实力。本文分析阐述了构建共同富裕基础性城市软实力面临的机遇，对如何实现城市共同富裕提出独到见解与对策。

关键词： 共同富裕；基础性软实力；对策建议

一、共同富裕是一个国家、一座城市的基础性、关键性软实力

共同富裕指的是贫富差距小，财富基尼系数大致在 0.3 左右，人口在财富轴上呈正态分布或者是倒 U 形分布，财富中位数两侧的人口占全部人口的绝大多数。换句话说，就是中等收入群体成为社会成员的主体。共同富裕是一个国家、一座城市的基础性、关键性软实力。毫无疑问，共同富裕是城市软实力的一个重要的综合性指标，也是城市软实力

---

*作者简介：梁本凡，中国社会科学院生态文明研究所研究员。

的重要组成部分。为什么这么说？因为没有共同富裕，城市就会失去安全软实力，缺少稳定软实力；失去消费软实力，丧失规模软实力；失去公共投入的软实力，削弱招商引资的软实力；失去人才软实力，弱化创新软实力。

今天，我们国家，尤其是国家特大城市，共同富裕已经成为城市参与全球竞争的基础性与关键性的软实力。在生产力和生产关系的矛盾运动中，显然生产关系属于软实力，在经济基础与上层建筑的矛盾运动中，上层建筑属于软实力。生产关系和上层建筑这两个软实力中，生产关系属于基础性、关键性软实力，共同富裕主要是跟生产关系相关的一种软实力。

我们国家共同富裕这个基础性的软实力，历史上存在一个塌陷，主要表现在贫富差距的扩大。从全国基尼系数来看，我们 20 世纪 80 年代在 0. 3 左右，是大家的共同富裕，但是在 2018 年达到了 0. 491，而财富基尼系数 1995 年才 0. 45，2012 年达到了 0. 73。所以现在中央提出，我们必须要认真地、好好地抓紧时间追求共同富裕。打造一个城市的基础性软实力，任重而道远。

贫富差距的扩大对城市发展存在一定危害，尤其是居民收入不足导致住房、教育、医疗、养老问题，成为城市发展非常头疼的问题。城市内循环缺乏活力，企业破产、财政出现问题，政府公共收入不足，就会导致城市吸引力差，导致人口以及企业流失。人口、企业出现流失，反过来又导致政府的财力和公共投入不足，进一步加剧城市贫富差距，由此出现恶性循环。所以，进一步解决贫富差距问题，实现共同富裕，刻不容缓。

当然，我们国家各大城市在贫富差距治理上花了不少精力，进行了不懈努力，但是效果不甚理想。主要原因，一是放任资本的猖獗，而且目前还没有得到有效抑制。大家知道，资本的猖獗现在不得了，平台连老百姓买菜钱都不放过。资本主义以来，资本金国家所发明的具有剥削性的股东分红制度到现在没有根本性改变，我们国家改革开放以来采纳的这个企业股东分红的制度没有变化。二是我们全民所有制下的资源以及资产全民所有权益并没有在分配上得到有效的体现。比如信息不对称、不透明导致腐败现象难以根除，贫富差距治理缺乏治本的上上之策，等等，原因很多。

二、构建共同富裕基础性城市软实力的机遇

目前可以看到，第一，当前资本主义面临的问题前所未有。大家已经感受到，发达国家、欧洲现在打得死去活来，那不还是产能过剩、资本过剩吗？我们国家也是一样，城市也是产品产能和资本过剩。这种过剩决定了货币资本曾经具有的至高无上的地位将要退出历史舞台，相反，智力资本、算力资本、消费力资本、数据资本将会走向财富舞台的中央。这是第一个机遇。

第二，现在以股东分红为特点的公司制度行将落幕。它将被具有众筹功能、共富功能、自治功能、自我激励功能的圈群区块链组织所替代，也就是社会生产形式要发生变革。

第三，以区块链为代表的新技术、数字技术日益成熟，以及通证经济（区块链生态能够极速扩张的根源）在不断地扩张，这为缩小贫富差距、实现共同富裕提供了技术和组织保障。

三、实现城市共同富裕的对策

第一，我们要搞的是制度变革，主要涉及生产关系和生产方式的变革。其中重点是法律，法律要摆在前面，要对消费者及其购买力进行确权，目前我们对消费者的确权远远不够，只是擦点边球。我们要做到五个认可：一是要认为消费就是资源，购买力就是财富。就跟绿水青山就是资源，蓝天白云就是财富一样。二是要认可消费者与投资者、劳动者、经营者，四者在产业链和财富链中具有同等权利和地位。三是要认可购买力对企业财富增值具有实质性的贡献。可想而知，没有购买力，这个企业的产品卖给谁？现在我们对企业财富的贡献只呈现两个东西，一个是劳动贡献，一个是资产贡献。人家买他的产品不算贡献，这公平吗？四是要承认消费者以其消费贡献可以获得企业剩余价值，也就是红利的分红权。五是要认可一切个人资产、资源、数据等，可以上市定价、交流与流通，转化为可支配的财富。法律制度要有如此的变革，核心是红利分配制度的变革。这是起点，没有这个起点，一切都是空话。

在传统的公司制下，1% 的股东占据公司 80% 的资本溢价价值，也就是分配公司 80% 的红利，那 20% 的红利都被高级员工拿走了。普通员工、客户供应链或伙伴供应商，他们没有红利的分配权。这种公司制实际上是剥削制度的产物，是贫富差距扩大的根源，它跟社会主义制度的性质是格格不相融的。改革开放以来我们国家之所以承认公司制，是因为我们还处于社会主义制度的初级阶段。一旦社会主义初级阶段进入中高级阶段，我们还能够使用这种具有剥削性质的公司制吗？还能让其在社会上大行其道吗？

再来看看链群制。在这个新的制度之下，我们会规定1%的股东只可以获取共同体20%的财富。80%的财富都能获得红利增值，应该由99%的建设者按贡献分配。很明显，这里面有消费者的份儿了。

第二，进行市场制度的变革。市场制度的变革，就是要建立权证市场，按照贡献分配，按照权证机制来实现财富增值。这里要提醒的是，不要让社会财富沉睡，农民的房产、教授的论文、集体的土地、美丽的山川、政府的公共房屋、学校的操场、博物馆、体育场、塞外的沙漠、天边的海岛等等，除了所有权以外，使用权、用溢权都可以通过权证市场转化为可以增长的、可用的现实财富，目前，这些还没有放开。

第三，要大力发展通证经济。通证经济就是让这些权证可以流通、可以相互交换。典型的通证是什么？就是货币，各种房地产权证之间怎么交换，要有一个媒介，这种媒介就是通证。通证经济能够解放消费力，带动城市经济的进一步增长，其中最重要的就是消费通证。2022年2月份，国务院七部委发文，鼓励发展绿色积分经济，积分就是一种通证，承认消费者的权益。我们要在这方面进一步地探索和发展。

第四，要鼓励链改。企业怎么改革？一是国有企业上链，二是转化为区块链共富组织。既然是国有企业，是服务全国人民的，为什么不能率先转化为共富的区块链组织？而民营企业就应该上链，跟共富组织进行对接。只有进行链改，我们才能实现共同富裕。

居民的资产上链了，金融机构、物流公司所有的企业都上链了，通过什么连接？就是通过区块链来连接。这是一个新型的区块链共富生态圈。今后城市与城市之间的竞争不再是企业与企业之间的竞争，而是这种共富生态圈、产业消费者集群和别的集群之间的竞争，要充分认识到这一点。如果我们的城市不进行组织和制度的改革，后果很难设想。

最后，要加快数字基础设施建设。目前数字基础设施建设没有抓住要点。数字基础设施应当重点抓设计，抓区块链。不要仅仅认为区块链就是一个技术，区块链的作用很大。本质上讲区块链是一个制度，技术区块链里的代码包含制度设计，把这个制度全部设计到技术平台中，上链之后进行链改，是不能改制度的。区块链是人人都可以看得到、可以监督的，它很透明。

因此，数字基础设施中的区块链建设，对打造城市共同富裕的基础性软实力具有革命性的作用。

（本文根据2022年黄河流域省会城市“提升城市软实力”论坛专家发言整理）

基于“上海概念”的城市软实力指标体系研究

李　健　朱雅玟*

摘　要：“上海概念”是以习近平总书记对上海城市精神和城市品格的提炼和概括为指导，对新时代上海城市软实力建设发展的理论探索与实践创新，其目标是激发上海城市发展的动力和活力，提升核心竞争力和世界影响力，更好地向世界展示中国理念、中国精神、中国道路。本文包含了约瑟夫·奈关于制度、文化、形象等软实力的分析，更扩展至创新创业生态、人居环境水平及国际影响力等世界知名城市在近期城市规划中更为关注的内容，彰显了科学性、动态性和系统性特点。六个维度的城市软实力评估指标体系的一级指标和行动方案，旨在持续增强社会的吸引力、文化的影响力、市民的凝聚力、城市形象的亲和力，更好发挥对经济社会的协调、扩张和倍增效应，为提升上海城市核心竞争力和世界影响力提供坚实的“无形有质”动力。

关键词：城市软实力；指标体系；上海；建议

---

*作者简介：李健，上海社会科学院青年学术交流中心主任、研究员；朱雅玟，上海社会科学院城市与人口发展研究所硕士研究生。

20 世纪 90 年代初，哈佛大学教授约瑟夫·奈（Joseph Nye）首次提出“软实力”（soft power）概念。彼时主要分析的是“国家软实力”，而且“软实力”没有规范的学术性概念，多指一个国家依靠政治制度的吸引力、文化价值的感召力和国民形象的亲和力等提升国际影响力，没有具体到城市尺度的研究，也无固定的研究范式。

在建党百年之际，中国共产党上海市第十一届委员会第十一次全体会议审议通过《中共上海市委关于厚植城市精神彰显城市品格全面提升上海城市软实力的意见》（以下简称《意见》），在国内首提“城市软实力”，并形成了“上海概念”，内涵包括：弘扬社会主义核心价值观以铸牢城市软实力精神内核、提升文化建设品位以塑造城市软实力神韵魅力、构建现代化治理体系以展现城市软实力善治效能、优化创新创业生态以焕发城市软实力发展活力、打造最佳人居环境以彰显城市软实力生活体验、增强全球叙事能力以扩大城市软实力国际影响。

“上海概念”以习近平总书记对上海城市精神和城市品格的提炼和概括为指导，以激发新时代上海城市发展动力和活力，提升核心竞争力和世界影响力，更好地向世界展示中国理念、中国精神、中国道路为目标，不仅包括了约瑟夫·奈关于制度、文化、形象等软实力的分析，更扩展至创新创业生态、人居环境水平及国际影响力等世界知名城市在近期城市规划中更为关注的内容，彰显科学性、动态性和系统性特点。六个维度的行动方案旨在持续增强社会的吸引力、文化的影响力、市民的凝聚力、城市形象的亲和力，更好发挥对经济社会的协调、扩张和倍增效应，为提升上海城市核心竞争力和世界影响力提供坚实的“无形有质”动力。

一、城市软实力指标体系的构建与阐释

（一）构建原则

对城市软实力的定量测度主要包含两条路径：一是测度其资源，二是测度其状态。测度资源更多是为了考察城市软实力的未来发展潜力，测度状态是对城市软实力现状水平进行客观评估。结合以上两条路径，课题组依据科学性、系统性、可比性及实用性等原则，构建城市软实力评价指标体系。

1. 科学性

科学性主要体现在理论研究与实践工作的结合、采用的科学研究方法等方面。城市软实力指标体系的设计要有科学理论作为指导，构建结构严谨的城市软实力评价逻辑框架。此外，要应用科学、严谨和规范的定性定量研究方法，体现评估的规范化和合理性。

2. 系统性

城市软实力是一个综合的经济社会框架。系统性既要求指标体系的设计是全面的，又要求各指标尽量避免相互干扰。因此，课题组在设计指标体系时，一方面根据对城市软实力内涵的分析，对城市软实力进行科学解构，在每个层次分别设计代表性指标；另一方面同层次指标设计尽可能实现界限分明，减少指标的层次和数量。

3. 可比性

可比性指城市软实力可以在不同时期及不同城市对象之间进行比较。这要求指标体系中各个指标能够统一标准、内涵和外延，各个城市的指标统计具有历史延续性，同时还具有相同的统计口径和参考值。即

使为定性指标，不同城市也可以通过相同的标准设置实现打分。

4. 实用性

实用性是指标数据的可得性和可操作性。可得性指数据有可靠的数据来源且易于采集。可操作性则是指标体系简约不烦琐，各项指标都便于科学统计和计算，继而可以落实到城市发展实践中。

（二）指标体系设计

根据中国共产党上海市第十一届委员会第十一次全体会议审议通过的《意见》精神，课题组立足于城市软实力的“上海概念”及其引导的具体工作方案，构建由6个一级指标及32个二级指标构成的城市软实力评价指标体系，主要考虑如下：

首先，指标体系构建必须落实《意见》精神并体现理论全面性。其次，由于《意见》更多是为指导实践工作而出台，很多内容体现为上海特色乃至中国特色，这时候就需要进行一定转化或替代，实现国际通行和可比性。再次，《意见》中的内容非常全面而且细致，在指标设计特别是二级指标设计时，就必须考虑选取典型性指标和减少指标的数量，避免指标繁杂造成的数据采集不可操作。此外，在新技术革命发展大背景下，数字化转型已成为上海及其他国际城市的重要发展方向，本文充分融合数字化转型趋势，在指标体系设计中融入数字化发展的多项指标。最后，将受数字化影响较大的一些传统考察指标剔除，比如图书馆、书店、电影院线等。

本文关于城市软实力评估指标体系的一级指标包括市民素养、文化建设、治理效能、创新创业生态、人居环境、国际影响。

1. 市民素养

市民素养指标对应《意见》中“着力弘扬社会主义核心价值观，

铸牢城市软实力的精神内核”。“社会主义核心价值观”并没有明确的量化指标，而且各国、各城市的核心价值观有相同的内容，但也有差异化内涵，因此可比性较差。本文认为，城市软实力的核心在“人”，核心价值观最终也要体现在市民对城市和社会的认知和行动中，市民素养指标可以反映核心价值观的社会弘扬效果。

市民素养包括 5 个二级指标：市民对社会主流价值观的认可度、人均受教育年限、青少年科学素养、注册志愿者占城镇人口的比重、市民文明形象。“市民对社会主流价值观的认可度”主要指市民对政府宣扬和代表的主流价值观的认可，是一种情感认同、价值认同。“人均受教育年限”反映市民的知识教育和人文素养，考察市民敬业乐业、专业精细、重信守约、理性自律的情况。“青少年科学素养”反映了市民（以青少年为主）通过学习和实践，个人具备的科学观念和科学能力。“注册志愿者占城镇人口的比重”测度市民的社会公德意识和奉献意愿，考察全社会的同舟共济、友爱友善、和睦和谐状态。“市民文明形象”反映居民将城市精神和品格内化于心、外化于行的程度，包括市民责任意识、契约精神、科学观念及较高的人文素养。此外，还有市民身体素养考核，放在人居环境中的居民平均预期寿命进行考察。

2. 文化建设

文化建设指标对应《意见》中“着力提升文化建设品位，塑造城市软实力的神韵魅力”。锚定建设“具有世界影响力的社会主义国际文化大都市”，必须坚持大力提升文化软实力，推进文化平台建设、文化精品培育以及城市历史文脉传承等核心工作。文化软实力有世界性与本地性相结合的典型特征，因此指标设计过程中的关键工作是提炼城市典型指标，同时还要确保该指标具有国际可比性。

文化建设包括 5 个二级指标：城市节庆活动的国际影响力、文化产业从业人员占全社会从业人员比重、城市100公里范围内世界文化遗产数量、博物馆数量、剧场及其他场所演出场次。“城市节庆活动的国际影响力”反映城市各种文化节庆活动、文化平台、文化产品以及文化资产等产生的文化国际影响力。“文化产业从业人员占全社会从业人员比重”则反映城市文化产业对于城市经济发展的重要程度。“城市100公里范围内世界文化遗产数量”包括物质文化遗产和非物质文化遗产数量，反映了城市及周边区域历史文化遗产的传承性和影响力。“博物馆数量”“剧场及其他场所演出场次”分别反映城市文化艺术场馆、文化消费市场的规模和活力。

3. 治理效能

治理效能指标对应《意见》中“着力构建现代治理体系，展现城市软实力的善治效能”。探索具有中国特色、体现时代特征、彰显我国社会主义制度优势的超大城市治理发展之路，是上海提升城市治理的重要目标。城市治理效能涵盖的领域较为广泛，打造善治城市典范，就需要推动城市治理模式、治理方式和治理体系创新变革，包括城市治理效能要体现城市治理的精细化、法治化，构建政府重透明、市民讲诚信、市场守契约的良好社会氛围。此外，随着现代化信息技术手段的发展，数字智能化在提升城市治理效能中发挥着愈加重要的作用。善治典范城市还必须注重安全性和发展韧性，增强市民和游客的安全感。

治理效能包括6个指标：基层民主参与率、城市数字化公共服务、公共数据开放规模、合同可执行性、凶杀案件数量、自然灾害韧性度。“基层民主参与率”反映人人参与社会治理的能力和水平，体现了人民在城市治理中的作用地位。“城市数字化公共服务”和“公共数据开放规模”反映城市提供公共服务的水平和政府信息透明度，还体现了政府数字化管理和智能化服务的能力。“合同可执行性”反映包括居民和企业主体在内的社会整体诚信情况。“凶杀案件数量”反映城市安全状况。“自然灾害韧性度”反映城市在遭受高温、洪涝、地震等自然灾害后快速恢复的能力。

4. 创新创业生态

创新创业生态指标对应《意见》中“着力优化创新创业生态，焕发城市软实力的发展活力”。创新创业生态是保障城市发展活力的重要源泉，具有高水平软实力的城市对国际人才有较高吸引力，是拥有先进思想、前沿科技、高科技产业和开放共享的试验场。先进的思想和前沿科技，保障城市成为引领未来经济社会发展的创新策源地。高科技产业的发展和开放共享的试验场能够为创新创业发展提供肥沃土壤，吸引更多创新要素集聚，推动城市数字化转型和创造最具未来感的城市形态和城市生活。

创新创业生态包括5个指标：软科世界大学排名TOP500得分、风险资本吸引额、城市对外籍人才吸引力、近五年PCT专利占全球比重、独角兽企业数量。“软科世界大学排名TOP500得分”“风险资本吸引额”“城市对外籍人才吸引力”代表创新要素的集聚和成长情况，其中“软科世界大学排名TOP500得分”代表知识策源和增长情况，“风险资本吸引额”反映社会对科技创新创业的金融支持力度，“城市对外籍人才吸引力”反映城市吸引国际科技人才的能力和规模。“近五年PCT专利占全球比重”“独角兽企业数量”代表创新创业产出的情况，其中“近五年PCT专利占全球比重”代表高水平科技能力在全球科技创新中的地位，“独角兽企业数量”反映城市战略性新兴产业的培育和发展成效，是创新创业生态的产业成果。

5. 人居环境

人居环境指标对应《意见》中“着力打造最佳人居环境，彰显城市软实力的生活体验”。城市软实力发展必须把“人的感受”作为最根本的衡量标尺。习近平总书记提出希望上海“开创人民城市建设新局面”，首先要不断优化城市生活环境、提高城市服务品质，最终打造更加和谐宜居的生态之城。

人居环境包括 6 个指标：街道和开放空间占建成区比例、建成区公共绿地率、空气质量优良（$PM_{2.5}<75$ 微克/立方米）天数占比、城市人均碳排放量、居民平均预期寿命、城市轨道交通运营里程。“街道和开放空间占建成区比例”“建成区公共绿地率”代表城市生活空间的质量，可以为市民提供高品质的生活，其中“街道和开放空间占建成区比例”体现城市公共活动空间的配置情况，“建成区公共绿地率”直接体现城市生活环境的绿化水平。“空气质量优良（$PM_{2.5}<75$ 微克/立方米）天数占比”“城市人均碳排放量”体现城市空气质量的情况，其中“空气质量优良（$PM_{2.5}<75$ 微克/立方米）天数占比”体现城市空气质量的优劣，“城市人均碳排放量”反映城市生产生活对城市环境造成的长期影响。“居民平均预期寿命”反映城市当前医疗水平和能力，也是城市居民生活水平的重要表现指标。“城市轨道交通运营里程”反映城市快速公共交通的便捷度，轨道交通是实现城市内部各区域间快速联系沟通的重要交通设施，是当前发达国家城市现代化基础设施的标准配置。

6. 国际影响

国际影响指标对应《意见》中“着力增强全球叙事能力，扩大城市软实力的国际影响”。城市软实力最终会转化为国际对城市的某种认识或印象，就此形成城市形象，这需要借助足够的国际影响力。国际影响力是城市软实力所有要素的综合表现，是城市最具价值的无形资产，包括塑造城市品牌和符号体系，提升城市国际传播渠道和国际影响力，构筑国际交往平台等。

国际影响包括5个指标：常住外国人口比例、国际会议数量、世界500强企业总部数量、国际游客数量、城市品牌国际关注度。“常住外国人口比例”反映城市对国际人口的持久吸引力，体现城市社会结构和文化结构的多元性。“国际会议数量”“世界500强企业总部数量”分别代表城市国际政治和经济的影响力。“国际游客数量”反映城市历史文化和社会资产对国际游客的吸引力和传播力。“城市品牌国际关注度”体现城市被其他国家电视台及报纸等重要媒体关注的情况，被认为是最能综合体现城市国际影响力的指标之一。

表1　城市软实力评价指标体系

一级指标	二级指标
市民素养	（1）市民对社会主流价值观的认可度（%）
	（2）人均受教育年限（年）
	（3）青少年科学素养（分）
	（4）注册志愿者占城镇人口的比重（%）
	（5）市民文明形象（分）
文化建设	（6）城市节庆活动的国际影响力（分）
	（7）文化产业从业人员占全社会从业人员比重（%）
	（8）城市100公里范围内世界文化遗产数量（个）
	（9）博物馆数量（个）
	（10）剧场及其他场所演出场次（次/年）
治理效能	（11）城市数字化公共服务（分）
	（12）基层民主参与率（%）
	（13）公共数据开放规模（亿条）
	（14）合同可执行性（%）
	（15）凶杀案件数量（起/年/百万人）
	（16）自然灾害韧性度（分）

（续表）

一级指标	二级指标
创新创业生态	（17）软科世界大学排名 TOP500 得分（分）
	（18）风险资本吸引额（亿美元）
	（19）独角兽企业数量（家）
	（20）近五年 PCT 专利占全球比重（%）
	（21）城市对外籍人才吸引力（分）
人居环境	（22）街道和开放空间占建成区比例（%）
	（23）建成区公共绿地率（%）
	（24）空气质量优良（$PM_{2.5}$ <75 微克/立方米）天数占比（%）
	（25）城市人均碳排放量（吨/人/年）
	（26）城市轨道交通运营里程（公里）
	（27）居民平均预期寿命（岁）
国际影响	（28）常住外国人口比例（%）
	（29）国际会议数量（场/年）
	（30）世界 500 强企业总部数量（家）
	（31）国际游客数量（万人/年）
	（32）城市品牌国际关注度（条/十年）

二、国际城市软实力评价一般框架

为了使“上海概念”进一步形成实践上的指导，必须构建一个综合指标体系，以引导城市软实力发展的方向，并进行国际城市比较。从已有国际权威报告来看，对城市软实力的分析多是单一维度的考察，比如联合国教科文组织“创意城市网络”和“欧洲文化之都”项目重视文化创意产业发展和文化建设，2ThinkNow“全球创新中心评价”突出城市文化资产的价值，“机遇之都”强调健康安全及宜居性，OECD

（经济合作发展组织）“生活质量指数”更关注城市生活质量，但以上报告对城市软实力的考察都缺乏综合性、系统性。因此，本课题拟构建一套科学客观的综合性指标体系，以评促建，最终为上海寻求对标城市、把握城市软实力的工作方向提供参考和指导。

课题组依据层次分析法的组织逻辑，尝试构建两级指标体系。其中一级指标设计基于《意见》中六个工作维度，对城市软实力概念进行规范化和简明化概括，二级指标设计直接针对城市软实力某个细分领域进行具体化描述，进而对北京、上海、广州、深圳、香港、纽约、伦敦、巴黎、东京以及新加坡这十个典型国际城市进行比较。

（一）数据来源

指标数据主要来源于著名国际组织、各国政府机构等统计数据，其中包括但不限于联合国人居署数据库、联合国人类发展指数（UN HDI）、联合国世遗中心、世界银行《2020 年营商环境报告》、经合组织 PISA 测评、联合国《电子政务指数 2020》、世界知识产权组织《全球创新指数》、世界城市文化论坛、美国国家公园管理局、法国文化部、新加坡国家文物局、软科世界大学 2021 排名榜、上海社会科学院信息研究所和复旦大学智慧城市研究中心《全球智慧之都报告 2020》、日本森纪念财团城市战略研究所《全球实力城市指数报告 2020》、胡润全球独角兽榜 2020、《财富》世界 500 强排行榜、纽约市城市规划局、挪威科技大学数据库等。此外，课题组通过网络抓取的方法弥补个别城市部分指标数据缺失的问题。

（二）评价方法

本课题参考层次分析法，将一个复杂的系统决策问题分解为多维子目标，并为每个子目标设计下一级测度指标。

1. 数据无量纲化

需要对原始数据进行无量纲化处理，以消除具体数值由于计量单位不同导致的指标不可比性。经常使用的数据无量纲化处理方法有 Min-Max 极值化法、Z-Score 标准化法和均值化法。结合本项目研究特点，课题组选用极值化方法对原始数据进行无量纲化处理。

由于离群值对极值化方法存在较大影响，且样本城市数据之间的微小差距容易被极端放大，因此课题组对 Min-Max 极值化法进行修正，修正过程如下。

正向指标的计算公式修正为：

$$x_{ij}^{'} = \frac{x_{ij}}{max\ \{x_{ij}\}}$$

其中 x_{ij}代表一级指标 x 第 i 项二级指标中第 j 个城市的统计性数据；$max\ \{x_{ij}\}$ 为二级指标 x_i 的最大值；$x_{ij}^{'}$为标准化后的数据，$x_{ij}^{'} \sim [0, 1]$。

指标体系中包含的凶杀案件数量、人均碳排放量等负向指标则采用以下修正公式进行计算：

$$x_{ij}^{'} = 1 - \frac{x_{ij}}{max\ \{x_{ij}\}}$$

这种修正后的极值化处理方法不仅消除了原始数据在量纲和量级上的差异，而且保留了原始数据的关系信息，同时有效避免了传统极值化方法存在的拉大数值间微小差距等问题，较好地契合了课题研究的需要。

2. 指标权重设计

课题组对 6 个维度的一级指标赋予等值权重，以体现国际城市软实力评价过程中对市民素养、文化建设、治理效能、创新创业生态、人居环境、国际影响 6 个维度同等的重视程度。由此，6 个维度的一级指标权重分别为 100/6；一级指标所包含的各二级指标的权重则等于 100/6/n，其中 n 为各一级指标所包含的二级指标的个数。

3. 软实力综合得分

根据无量纲化后的指标得分及相对应的权重，通过由下而上加权平均的方法，得到城市软实力综合得分。

一级指标得分的计算公式为：

$$I_x = \sum_{i=1}^{m} x_i w_i$$

其中，I_x 代表一级指标 x 的综合得分，x_i 为 x 的第 i 项二级指标，w_i 为二级指标 x_i 的权重。

通过上述计算，形成市民素养、文化建设、治理效能、创新创业生态、人居环境和国际影响 6 项一级指标的得分。各一级指标得分加总，即得到国际城市软实力综合得分。

表 2　十大国际城市软实力综合及分项得分

城市	总分	市民素养	文化建设	治理效能	创新创业生态	人居环境	国际影响
伦敦	76.11	13.33	15.58	9.96	10.84	12.60	13.80
纽约	75.04	13.14	11.05	11.32	12.91	12.48	14.14
北京	74.42	14.49	13.79	11.63	12.89	11.97	9.65
上海	73.72	14.47	13.64	12.33	11.09	12.60	9.58
巴黎	73.58	12.46	15.45	10.11	10.07	11.66	13.84
东京	73.49	13.93	13.49	10.63	10.50	12.11	12.83
新加坡	71.08	15.22	8.23	11.89	9.41	13.45	12.88
香港	64.30	12.12	9.57	10.50	8.56	11.77	11.79
广州	60.94	13.86	9.69	11.20	7.81	12.16	6.22
深圳	59.20	13.27	6.03	10.70	10.87	12.54	5.79

三、提升上海城市软实力的建议

通过与其他九个城市的比较，可以发现上海城市软实力整体表现良好，综合排名第四。治理效能排名第一位，人居环境与伦敦并列第二，市民素养、创新创业生态都位居第三，文化建设位居第四，但国际影响表现不佳，位居第八。为进一步提升上海城市软实力，课题组提出如下建议：

（一）持续提高市民素养，重点强化核心价值观引领

第一，强化社会主义核心价值观宣讲和宣传。社会主义核心价值观的引领作用是上海软实力工作的重中之重，必须扩大宣传，不断强化核心价值观凝心铸魂的作用，使全体市民自觉行动，最终夯实上海城市软实力建设之本。

第二，不断提升全民文化水准。建议适时普及高中义务教育，提升全体市民受教育年限，提升全民科学人文素养，这是文化建设、创新创业生态的基础保障。此外，要进一步降低外地本科以上学生留沪和入沪门槛，通过人才引进提升市民平均受教育年限。

第三，强化社会公德和慈善教育。以社区教育为基本单元，将社会主义核心价值观落细落小落实，持续提升市民家国情怀和奉献精神，强化社会公益公德教育，培育城市主人翁精神，让更多市民参与慈善行动、志愿者行动。

（二）大力提升文化建设，平台建设和内容建设并重

第一，推动文化相关的平台建设。文化建设具有较强的“软硬融

合”特性，要打造更具吸引力的文化集群、文化交流舞台、文化交易平台以及更多节展赛事品牌，持续提升上海作为国际文化高地的影响力。出台更具针对性的政策以鼓励文化创意产业发展，扩大相关从业人员规模。

第二，推进文化产业相关设施建设。打造国际文化地标，通过外滩、陆家嘴、南京路、淮海路等景点提升品质，突出上海作为中西方文化交流的“枢纽节点”地位，打造独具魅力的城市文化设施。此外，上海在有影响力的历史文化设施方面不具优势，这需要上海强化与周围苏州、杭州、无锡、南京等城市的地域文化网络联系，通过更好的“邻近性”提升上海作为大都市的历史文化传承。持续建设市民文化活动设施，包括博物馆、艺术馆、剧场、电影院等。

第三，提高文化表演产业规模和水平。歌舞剧、戏曲、杂技等表演艺术在西方城市长盛不衰，特别是在巴黎、伦敦、纽约、莫斯科等城市尤为突出。上海要进一步鼓励文化表演产业发展，特别是歌舞剧、戏曲以及杂技等，在表演中提升艺术水准和城市艺术氛围，不断培育原创性文化精品。

（三）增强城市治理效能，突出数字化和信用体系建设

第一，持续优化城市数字化治理手段。在当前城市转型发展的时期，依托政务服务“一网通办”和城市运行“一网统管”两张网建设，不断提升医疗、教育、交通、就业等全领域的数字化服务水平，推动上海城市治理“弯道超车”。

第二，提升城市营商环境，完善社会信用体系建设。针对企业和个人在经营过程中的不法不诚信行为，建议进一步立法，进行严厉打击惩罚。同时采取更好的宣传和监督方式，培育社会讲诚信、守契约的

氛围。

第三，提高上海抵抗自然灾害的韧性度。科学规划建设城市应对自然灾害的相关设施，提升城市遭遇灾害后快速恢复的能力。统筹城市应急避难场所和救灾、疏散通道等城市安全空间规划和物资储备，以应对极端气候及其他突发灾害事件。建议建设上海城市防灾管理数据库，更好地通过数字化提高自然灾害预防和治理能力。

（四）优化创新创业生态，重点吸引大学和国际人才

第一，提升上海知识策源能力。打造更多高水平的科研平台，加大对前沿领域、基础研究力量的综合布局。支持大学和科研机构更多聚焦于颠覆性的知识和原创性的成果。鼓励大学和科研机构更好地发起和参与国际大科学计划和大科学工程，推动前沿科学领域系统发展。

第二，重视独角兽企业的培育。上海要引领新科技革命发展的大潮，必须依赖爆发力强的高科技独角兽企业崛起，这一方面可以提升上海产业能级，另一方面可以提升上海科技创新和新兴产业发展的爆发力。

第三，强化政策改革和环境建设，提升对国际人才的吸引力。强化上海在税收、金融等创新创业支持政策方面的改革；推动和提升国际化社区建设，更好地为国际人才来上海创新创业服务。此外，强化创新政策以及与外交部门合作，适当降低商务科技人才往来上海的签证门槛。

（五）强化人居环境建设，提升绿化环境和空间质量

第一，持续提高公共开放的空间系统。提升城市建成区公共绿地率，强化公共绿地、公共广场和通道建设，为市民提供更好更广的公共空间。着力提高空间环境品质，营造人性化的街道尺度空间、连续界面

和业态布局，让城市有温度、更雅致、有韵味，强化规划和设计，让时尚潮、文艺范涌动。

第二，强化空气质量监测和治理。对于上海市域范围的重点污染企业和单位，坚决予以关停。对于市域以外的污染源，建议在长三角一体化发展背景下，通过跨省和跨市协调重点治理，推动智能化监测和建立空气质量大数据库等对策措施，进行更大区域范围的协调。

第三，制订更严格的碳减排措施，降低城市人均碳排放水平。在“双碳”政策背景下，建议设立碳减排试验区，包括工业园区试验区和城区试验区，探索更好的碳减排路径和模式，为全球作出表率，提升上海在碳达峰、碳中和方面的贡献和引领力。

（六）增强国际影响力，构筑交流平台，提升城市形象

第一，构建更完善的国际交流体系，让国际社会对上海有更多了解认同。构筑更多交流平台，打造更多国际化社区、工作平台，吸引外国人才往来上海和生活在上海。用好用活中国国际进口博览会、世界城市日等重大平台，通过举办国际赛事、会展、节庆、论坛等重大活动，提升上海城市国际影响力。

第二，注重上海品牌和城市形象建设。积极开展“中华文化走出去”，推广“魅力上海”城市形象。推进城市外交、民间外交和公共外交，深化友城交流，加强教育、文化、旅游、卫生、科技、智库等多领域合作。持续关注和不断提升上海在国际层面的“城市形象”，扩大对外宣传，讲好上海超大城市治理故事、浦东改革开放故事、中国人民奋斗圆梦故事等，提升上海城市知名度和美誉度，塑造社会主义现代化国际大都市正面健康形象。

Ⅲ 专 题 研 究

以“二安文化”带动引领提升济南文化软实力

樊庆彦　李　敏*

摘　要： 宋代词人李清照、辛弃疾被称为“济南二安”，“二安文化”在中华文化史上独具特色和影响，不仅是当下济南以恒久创新力换取日新月异城市风貌的精神之魂，更是济南打破瓶颈走出国界构建世界级历史文化名城的源头活水。“济南二安”堪为济南城市文化软实力与历史积淀的最佳代言人。以“二安文化”为代表的优秀传统文化的创造性转化和创新性发展，对

* 作者简介：樊庆彦，山东大学文学院副院长、教授、博士生导师，中国李清照辛弃疾学会秘书长。李敏，山东大学文学院博士研究生。

于引领和发展济南文化软实力有着天然的优势和广阔的前景，要结合新时代特点与济南实际提升济南文化软实力。

关键词： 济南二安；文化软实力；创造性转化；创新性发展

习近平总书记强调，“一个国家、一个民族的强盛，总是以文化兴盛为支撑的”。① 文化是人类文明和社会发展中不可或缺的重要力量。对于一个城市而言，文化既是城市精神的传承与根脉，更是城市发展的根本目的和内在要求，决定着城市竞争力的质量和方向。而城市的文化影响力也是人们判断城市优劣的重要标准和尺度，是城市的真正魅力和吸引力所在。② 硬实力让城市强大，软实力让城市伟大。近年来，济南市委、市政府提出，城市既要有筋骨肉，更要有精气神，要在增强文化软实力领域求突破，把济南建设成为“底蕴深厚的文化之城”。培植本土的文化力量和价值精神是提升城市软实力的一大路径。身为国家历史文化名城，济南拥有深厚的文化底蕴与文化资源，素有海右名郡、天下泉城的美誉。要将泉城文脉保护好、传承好、发展好，推动文化繁荣兴盛，全面提升城市文化软实力，必须注重中华优秀传统文化的创造性转化与创新性发展。既要从传统文化中深挖，加强对泉城文化的保护传承，又要立足传统，繁荣发展文化事业，促进文旅产业提档升级，在延续优秀传统中开拓创新，激活优秀传统文化的“一池春水”，提升文化产业发展力。

人因城聚，城因人兴。历史文化名人对于城市软实力的提升具有重要的影响。齐鲁文化博大精深，历久弥新，哺育了一代又一代的文化伟

---

① 民族伟大复兴要以中华文化发展繁荣为条件——学习领会习近平总书记在山东考察时重要讲话精神［N］．光明日报，2013－12－04（1）．

② 陈宇飞．城市文化概论［M］．北京：文化艺术出版社，2008：10.

人。自古“济南名士多”，宋代的李清照与辛弃疾是光耀中华词坛的代表性人物，李清照号“易安”，辛弃疾字“幼安”，二人所代表的深厚渊远的精神与文化被称作“二安文化”，实际上也可以认为是以二人为代表的包括济南文化在内的齐鲁文化与中华优秀传统文化之精神。它在某种意义上是开放的、自由的、多元的、革新的。“二安”自身及其创作，不仅能够为人民群众的生活趣味、审美品位、人文修养等提供强大的精神与智慧支持，而且这些作用于人的美好元素，又可反哺城市的高品质与快速发展。因此，不断加强和持续推动以“二安文化”为代表的优秀传统文化的传承创新和活化利用，对于引领和发展济南文化软实力，有着天然的优势和广阔的前景。

一、“二安文化”的当代价值

说起济南历史文化名人，不得不提“二安”，“二安文化”的当代价值以及对我们的影响是多方面的。

首先，“二安文化”表现为深沉厚重的家国情怀。济南历史悠久，是齐文化与鲁文化的交汇之地。齐鲁是中华文化特别是主流文化的发祥地，济南为其最重要之府邑，自然得其浸润。李清照和辛弃疾也深受齐鲁文化的沾溉影响，他们的个人志向和家国情怀互相依存，大方向有一致性，都具有格局大、厚重、广阔的特点，家与国在“二安文化”中基本是融为一体的。易安在南渡后从自身经历出发，诗词创作饱含激切的怀土念旧之思和强烈的抗敌复国愿望。幼安则生于南北分裂之际，有一种与生俱来的民族责任心和使命感，率部起义南归后，驱敌复国之志、愤激投降派、怀悼失地之情更为强烈而深沉，这种热烈笃挚的爱国主义精神贯穿他的一生。“二安文化”中的家国情怀，进一步充实、丰富乃至提升着济南的城市文化精神。

其次，“二安文化”表现为独树一帜的艺术价值。“济南二安”分别是宋代词坛“婉约派”与“豪放派”的代表人物。清代诗人王士禛称“婉约以易安为宗，豪放为幼安称首，皆吾济南人，难乎为继矣”①。李清照被称为“千古第一才女”，她擅长书画，通晓金石，而尤精诗词。其词作高标一帜，形成了自己独特的艺术风格——“易安体”，“不徒俯视巾帼，直欲压倒须眉”②，其人被誉为“词家一大宗”。辛弃疾传世词篇多达六百余首，为宋代词人之冠。他素以气节自负、功业自许，将抗战救国作为词的重要主题，用词反映时代精神、人民情绪，人称“词中之龙”。他在隐居时期创作的农村田园词，摧刚为柔，柔中有刚，在词中开辟了一个新天地，在词史上也开创了一个新的时代。

最后，“二安文化”表现为文化赋能的重要资源。“济南二安”代表了济南人的文化品格，是济南人的骄傲，济南的文化品牌。当前我国正在大力传承和弘扬中华优秀传统文化，济南市委、市政府提出建设文化济南，打造独特而富有魅力的文化名片，持续将优秀的文化资源转化成各种文化产品及创意衍生品，将文化产品进一步发展成文化产业，努力形成文化研究及成果转化的品牌效应。我们把昨天的文化融入今天的生活，让今天的文化推动城市明天的发展，不断提高城市的活跃度和创新力，塑造生机无限的新济南。无论从历史价值还是现实意义来说，“二安”是提升济南文化软实力的必然选择。

---

①［清］王士禛．花草蒙拾［M］．阎宝恒，点校．济南：齐鲁书社，2007：2489.

②［清］李调元．雨村词话：卷三［M］//词话丛编．北京：中华书局，1986：1431.

二、“二安文化”是济南城市文化软实力的品牌和名片

城市，是经济、文化、政治相对集中的区域，加强城市文化软实力建设，既是保留人类文明发展脉络的需要，也是提升城市吸引力和竞争力的关键。文化软实力在塑造城市形象、展示城市底蕴、推动城市发展方面具有不可替代的作用。中华优秀传统文化历经千年，薪火相传，已经成为中华民族思想观念、价值伦理和生活规范的共同基础。“二安文化”是济南城市的品牌名片，只要善加利用，其在建设济南城市文化软实力的过程中，必将发挥巨大作用。

首先，有利于提升济南城市文化品位。文化是城市的名片，是一个城市是否具有活力、凝聚力、吸引力的标尺。高品位的人群喜欢文化氛围浓厚的城市，文化氛围浓厚的城市吸引高素质的人才。因此，大力提升城市文化软实力，塑造城市形象，展示城市品牌，推动城市发展，必然成为城市建设和管理的重点。济南是区域中心城市，经过多年的发展，全市各部门为传播“二安文化”已作出不懈努力并取得了亮眼成绩。然而，由于多种因素的制约，济南的传统文化底蕴依然有待提高，“二安”的知名度与影响力依然有待开发。一是其范围更多局限于文化艺术圈层，广大人民群众对此了解较少，甚至不知“二安”名称的含义和来源。如何使优秀文化成果惠及普通大众，使大众在提到济南时脑海中不仅浮现“趵突泉”“大明湖”等符号，也意识到这里是“二安故里”“诗词名城”；如何推动“二安”成为济南另一张可与“泉城”定位比肩的响亮之牌，这是我们首先要思考的问题。二是国内诸多一、二线城市，目前就经济总量、硬件建设水平来说，已经超过许多世界知名城市，但在全球城市的各项竞争体系中却未能占据上风。其中一个重要

原因就是软实力不强，特别是城市品牌的认知度和城市形象的影响力缺位，城市的国际叙事能力有待进一步提升。① 济南市同样面临这样的痛点和问题，“二安文化”足以凭本身之杰出与独特立于世界舞台，然而其传播高度与广度远远没有达到世界级，济南要想进一步提升水准，成为一个多元、开放、包容的现代化城市，必须有浓厚的文化氛围做支撑，弘扬优秀传统文化必不可少。从“二安”入手，极有可能助力济南城市形象在海内外城市中的知名度更上一层楼，让济南得以更加完善、更加全面地享受“二安”这一流传千年的古老文化所带来的红利，顺势拉动相关产业经济的发展。

其次，有利于提升济南市民的整体素质。中华文明作为地球上唯一未曾间断的文明体系，其蕴含的智慧和精华值得我们去珍视和继承。伴随着社会的发展，很多思想和观念都逐渐被时代淘汰，但是中华优秀传统文化，却历经时间的冲刷留下精华，其中有相当一部分特别有利于人民群众进一步树立正确的义利观、荣辱观和是非观。例如儒家思想家孟子推行的“以德服人”的德行文化，可以使人民群众在沟通交流时更加重情重礼，既能减少社会矛盾和冲突，又能快速提升人民群众的整体思想和素质；墨家思想家墨子倡导的“节用”思想，有助于勤俭节约乃至廉洁文化的倡导。同样，“济南二安”身上表现出的尚节重义、凛然正气的真儒精神，深沉笃挚、积极进取的爱国情操，超尘拔俗、刚毅豪迈的英雄本色，对于推动全社会形成和谐正义、崇德向善的风气具有强大的促进作用。中华优秀传统文化彰显了中华民族的价值追求，包含了丰富的社会治理资源，至今仍有巨大的现实意义待我们去发掘，有丰

① 李程骅，任航．中国特色城市软实力体系建构与路径提升［J］．江苏行政学院学报，2023（2）．

富的文化精华与正能量待我们去汲取，有深刻的思想底蕴待我们去阐释。

最后，有利于推进济南的社会治理进程。我国是拥有五千年历史的文明古国，王朝更迭的历史遗留了丰富的社会治理经验和教训，“二安”为宋朝政府屡陈治国方略，也可以为现代城市治理提供有益的借鉴。古代优秀传统文化中的民本思想以及“仁政”“德治”的政治诉求为实现中国特色的民主政治提供了坚实的价值基础与思想借鉴。伴随着改革开放的逐渐深入，我国在社会主义市场经济飞速发展的同时，也滋生出许多新的社会问题，在思想领域表现为西方自由主义、拜金主义等腐朽思想的入侵和传统封建思想的沉渣泛起。人民有信仰，国家才有力量，习近平总书记指出：“一个国家的文化软实力，从根本上说，取决于其核心价值观的生命力、凝聚力、感召力。”① 而社会主义核心价值观所倡导的价值理念与中国传统文化所强调的讲仁爱、重民本、守诚信、崇正义、尚和合、求大同的核心价值理念高度契合，可以说是中国传统价值观的创造性转化，将有利于推进“以人为本”的社会治理进程。

三、弘扬“二安文化”提升济南城市文化软实力的对策

以“二安文化”带动引领，弘扬中华优秀传统文化并结合新时代特点与济南实际加以发展与创新，是我们亟待解决的课题。

首先，加强“二安文化”的深度开发。近年来，“二安文化”越来越受到济南的关注和重视，例如章丘区政府曾举办“清照文化艺术周”

---

① 核心价值观是文化软实力的灵魂［N］．人民日报（海外版），2014－02－26（1）．

“纪念李清照座谈会”等活动，历城区政府组织纪念辛弃疾诞辰活动等，都对“二安文化”的繁荣起到了较好的促进作用。但济南在梳理“二安文化”的精神特质、增进文化认同的深度和广度等方面，还有待进一步提升。因此，各级政府可多方联动，通力合作，打破路径分散现象，整合一切可利用的资源，推出一系列面向全国的相关活动，考虑各级受众，让财力、物力、人力得到最大限度发挥与有效利用。同时，可以主要发起人的身份，邀请国内与“二安”有关的其他城市，如李清照生活过的青州市、金华市，辛弃疾任职过的安徽滁州市、隐居过的江西上饶市等，一起开展对话活动。长期扶植和选定哔哩哔哩、抖音、微博、小红书等流量池内的头部文化、生活方式类博主，将济南与“二安”绑定，促进各种形式的新兴内容创作，使其具有稳定、活跃的网络热度。亦可借助济南籍明星、演员之力，使“二安文化”被国内外更多地区的人们熟知。可通过城乡社区组织的力量与遍布市内各处的泉城书房，给“二安文化”的展示留出更多空间，特别是充分发挥由济南市人民政府、山东大学、中国李清照辛弃疾学会共同成立的济南二安研究院的优势，在教、学、产、研几方面同步推动对“二安文化”的弘扬。

其次，注重“二安文化”的现代转化。中华优秀传统文化是中华民族智慧的结晶，其源远流长是民族自豪感、民族自尊心、民族自信心的来源。因此，中华优秀传统文化的复兴以及其与社会主义先进文化的适度结合必然是民族复兴的重要环节。弘扬中华优秀传统文化要注重以社会实践为依托，促进其创造性转化与创新性发展。通过“二安文化”带动引领提升济南城市文化软实力，一是要处理好传承与创新的关系。传承是基础、前提，创新是方向、生命，两者不可偏废。二是要发挥文化产业在提升城市软实力建设中的重要作用。以产业化手段对待传统文化资源的开发利用，加大力度做强文化平台，进一步促使优秀传统文化与现代科技创新相结合、优秀传统文化与新时代新创意相结合，想方设法增加传统文化收益，提升传统文化在社会主义市场经济中的生命力，提高人们保护、传承传统文化的意识和积极性。三是要积极转变政府职能和思维方式，优化传统文化开发手段，营造开发优秀传统文化的良好环境。为此，需要有选择性地加大财政投入，做好基础设施配套建设。高度重视并发挥学校教育在传统文化创造性转化中的基础性作用，将“二安文化”的种子播撒于中小学生心田，让孩子们从小就对李清照、辛弃疾身上体现的民族情怀、爱国主义精神有全面的了解与认知，为学校素质教育提供优秀素材；通过举办适合学生的创新活动，以润物无声的方式让青少年喜爱、崇敬这两位文化偶像，从而自发地传承、传播“二安文化”。

最后，健全“二安文化”的传承体系。传承优秀传统文化是一项复杂的系统工程，利用优秀传统文化提升济南城市文化软实力，需要一套完整的体系化建设措施。一是要扎扎实实抓好宣传工作，通过广播、电视、网络、报刊、户外媒介等大众传媒，做好弘扬传统文化、提升城市文化软实力的宣传与普及工作。可联合知名文创、设计企业、博物馆、美术馆等，为“二安文化”打造一系列群众喜闻乐见的标语、形象周边设计，将其应用于广告屏、机场、地铁站、高铁站等，增加曝光量；推动年轻人在各大新媒体平台自发传播，努力实现传统文化的生活化、社会化、网络化，让优秀传统文化的浸润作用真正实现潜移默化、润物无声。二是重视文化产品的开发。城市文化产品是一个城市文化产业链下的各种物质和非物质产品的集合。高品质的文化产品不仅能促进文化市场的繁荣，而且对推动文化的进一步传播也大有裨益。因此，在利用传统文化提升济南城市精神的过程中，一方面必须挖掘和阐发中华优秀传统文化基因中的精华，并将其与济南城市元素有机结合，植入到文化产品、商品中来。另一方面以举办城市文化活动为契机，宣传济南形象，传播"二安文化"，增强济南文化的辐射力。三是注重海内外交流，提升"二安文化"的国际影响力。通过国际学术研讨会或邀请世界各地高校研究"二安文化"的学者、学生，通过线上或线下的方式共聚一堂，推进世界范围内对"二安文化"的研究和传播。借助校园活动、社团组织、网络传播的力量，多点开花，以文图、视频的方式让世界上更多的人了解济南"二安"，讲好"二安"故事。加强与海外中国古典文学爱好者的交流与沟通，在世界文学园地中获得更高的认同感和价值地位，有效提升济南城市与文化的知名度和影响力。

加强文化建设是提升城市软实力的必要途径。提升城市软实力是需要全社会共同努力的一项综合性、全局性的系统工程。只有当全社会真正重视文化的作用，真正把文化建设当作长久大计，文化才能悄然转换为巨大的城市综合竞争力，对城市发展起到非常重要的正面效用。① "二安文化"蕴含丰厚，对其进行深入的研究和探索，有助于挖掘其文化魅力和精神内核，使文化成果惠及大众，普润人心。联系现实，结合当下，吸引更多人才加入"二安文化"创造的大阵营，延长"二安文化"的产业链，使"二安文化"与新时代的各类艺术、展演、文创、动漫结合得更加密切，焕发"二安文化"新时代的勃勃生机，更加清晰定位济南的城市亮点，使城市推广和形象树立与更新在互联网加速发展的环境和国风苏醒的热潮中占据上风，到那时，济南必将在国内外城市文化软实力的竞争中独树一帜，更上层楼！

① 陈宇飞．城市文化概论［M］．北京：文化艺术出版社，2008：11.

增强文化自信，提升济南文化软实力

崔宝敏*

摘　要： 中国文化博大精深，山东文化源远流长，济南文化独特厚重。济南的泉水文化、齐鲁文明、园林景致、红色历史造就了济南独特的文化自信。济南文化既是历史的也是现代的，既是本土的也是区域的，既是中国的更是世界的。要坚定泉城文化自信自强，不断增强城市品质，提升城市影响力和竞争力，让文化软实力成为城市硬支撑。

关键词： 济南文化；文化自信；城市软实力

习近平总书记强调，文化自信是一个国家、一个民族发展中更基本、更深沉、更持久的力量。文化自信是更基础、更广泛、更深厚的自信。党的二十大报告提出，要推进文化自信自强，铸就社会主义文化新辉煌。只有有了文化自信，才能更好地走向世界，推动中华文化与世界文明交流互鉴，展现出中华民族的独特魅力，才能够更好地适应时代的需求，实现创新发展。

城市软实力，是建立在城市文化、政府服务、居民素质、形象传播等非物质要素之上的城市社会凝聚力、文化感召力、科教支持力、参与

---

*作者简介：崔宝敏，山东财经大学经济学院副院长、教授。

协调力等各种力量的总和，是城市社会经济和谐、健康、跨越式发展的有力支撑。党的二十大报告提出，要不断提升国家文化软实力和中华文化影响力。一个城市只有拥有了强大的软实力，才能有发展的后劲，提升城市软实力是增强城市综合发展实力的必然选择。

一、中国文化博大精深

文化是一个民族的灵魂，中华民族有着几千年的历史，形成了丰富而优秀的传统文化，优秀的中华文化是增强民族认同感和民族自信心的底气，是中华民族辉煌历史的沉淀。近代以来形成的红色革命文化体现了中华民族在危亡时刻不怕压迫、敢于反抗，不怕牺牲、敢于斗争，不怕黑暗、追求真理的革命精神。党的二十大闭幕后，习近平总书记带领新一届中共中央政治局常委瞻仰延安革命纪念地时强调："要弘扬伟大建党精神，弘扬延安精神，坚定历史自信，增强历史主动，发扬斗争精神。"这说明革命文化是中华民族在最困难的时候形成的宝贵精神财富，要坚持弘扬传承下去。当今，中华民族进入建设社会主义现代化，实现中华民族伟大复兴的新时代，发展社会主义先进文化是建设社会主义现代化的应有之义，离不开继承和发扬中华民族优秀的传统文化和革命文化，增强文化软实力，这是中华民族屹立于世界民族之林的重要精神力量。

二、济南文化独特厚重

中国地大物博，历史悠久，促进文化繁荣离不开各地文化的发展。济南是一座历史文化名城，具有长盛不衰的优秀传统文化和红色文化。

充分挖掘、传承和发展济南独特的文化有利于增强济南文化自信，擦亮济南文化名片，打造新时代历史文化名城。济南文化软实力主要包括四个方面：一是济南建城历史悠久，具有独一无二的泉水文化；二是济南是齐鲁文化的交融之城，在我国优秀传统文化中具有重要地位；三是济南是一座园林之城，人文气息浓厚；四是济南红色文化突出，有丰富的红色文化遗产。丰富的文化离不开历史的洗礼和先民的创造传承，每个历史阶段都为济南文化增添了浓厚的一笔。

（一）泉水文化

济南作为泉城，其泉水文化历史悠久。济南建城可以追溯到商周时期，在安阳殷墟出土的甲骨文上，发现了唯一的一个“泺”字，历史上，使用“泺”字的唯有济南，此“泺”即济南的“泺”。济南有泺水，泺水的源头是趵突泉，因此趵突泉南边的大街起名为泺源大街，至今仍在沿用。西周时期，《诗经·小雅·大东》一文反映了东方国家对周朝统治的不满，济南作为东方国家的一个地区，其泉水在文中就有记载。“有洌氿泉，无浸获薪”一句，反映了泉水的清澈甘洌和众多。金朝时，济南形成“七十二泉”并将其名刻制在《名泉碑》上。“济南山水甲齐鲁，泉甲天下”，从此，泉水成为人文审美的重要载体。当今济南泉水名扬中外，和千佛山遥相呼应，构成一幅“一城山色半城湖”的画卷。济南的民风民俗、民居街巷都与泉水有关，泉水文化已经是济南的独特文化。

（二）齐鲁文化

齐鲁两国是西周王室分封的诸侯国，齐国是西周开国功臣姜太公的封国，鲁国是周王室成员周公后裔的封国，两者也因为封地属性的不同展现出不同的文化特质。齐国在地理位置上属于半岛型区位，在经济结构上表现出农工商一体化，在文化理念上表现出开放性、变革性、多元性和务实性。鲁国靠近内陆，重视农业，更加贯彻周文化的礼乐制度，发展儒家文化，强调“尊尊而亲亲”的观念。齐文化尚功利，鲁文化重伦理；齐文化讲求革新，鲁文化尊重传统。孔子说：“齐一变，至于鲁，鲁一变，至于道。”这说明齐国在意识形态和上层建筑上一变革就会达到鲁国的样子。济南在周朝时期处于齐国和鲁国的交界地，深受齐文化圈和鲁文化圈的影响，形成了丰富多彩、开放自信、智者乐水、仁者乐山的文化品格。这种革新而不失传统、开放而不失礼仪的齐鲁文化理念正是济南乃至山东的重要文化软实力。

（三）园林文化

济南是一座园林之城，不同于那些有园林的城市，济南城即园林，湖山泉林构架了整个济南。北宋时期曾巩对园林进行建设，疏通湖水、开渠引泉、整修百花洲、建造桥梁和亭台楼阁等，之后对城郊风景、南部山区进行修整，初步奠定了泉城作为一种湖山泉林综合体的城市风貌。济南城即园林的风貌也带来了文化的繁荣，许多文人墨客被吸引而来，创造了丰富的诗画作品。比如宋代曾巩的《环波亭》《鹊山亭》，苏辙的《槛泉亭》，李清照的《如梦令》《怨王孙》，元代赵孟頫的《鹊华秋色图》、张养浩的《趵突泉》，明清时期的边贡、李攀龙、王渔洋、王苹、蒲松龄等也在大量的作品中描述了济南，还有近代刘鹗笔下的“家家泉水，户户垂杨”，老舍笔下“泉水成溪，环城绕郭”等。这些都使济南成为“诗歌的城市”，带来了文化的繁荣。济南的园林文化促进自然美与人文美的结合，体现了人与自然的和谐共生，是济南重要的文化软实力。

（四）红色文化

济南在革命时期产生了许多红色文化。王尽美、邓恩铭是济南最早的两位共产党员，参加了中国共产党第一次代表大会，并且创建了济南最早的共产党组织，济南是黄河流域最早建立党组织的革命先锋之城。王尽美和邓恩铭在济南宣传共产主义，1920 年，他们秘密成立了济南康米尼斯特学会，即共产主义学会。这是山东省最早学习研究马克思主义的团体，同年 11 月创建励新学会，创立《励新》半月刊，宣传救国救民的真理。济南还是解放战争进入战略决战阶段的首个战役所在地。1948 年秋发生的济南战役，在我国解放战争史上的历史地位和作用极为特殊和重大，是人民解放军从农村包围城市到攻克大城市作战方针实现转变的标志性战役。济南战役从根本上动摇了国民党军坚守大城市的信心，锻炼和提高了人民解放军攻坚作战能力，揭开了战略决战的序幕。济南丰富的红色文化遗产，给济南这座城市增添了魅力和光彩，是文化软实力的重要体现。

三、 济南文化何以自信

齐鲁大地文脉悠长、山水钟灵，无处不浸润着优秀传统文化的气息。山东是最早提出建设“文化强省”的省份之一。回望过去，山东在文化“两创”领域交出了一份“非凡答卷”，省会济南的文化软实力和城市影响力也亮出了崭新的名片。

（一）济南文化是历史的也是现代的

济南作为一个具有三千年历史的古城，拥有丰富的历史文化遗产。

自上古时期开始，济南就是历史上的政治、文化中心之一。在济南境内，有许多著名的历史文化景点和丰富多彩的传统文化，这不仅具有极高的历史和文化价值，也代表了济南人民较为深层次的审美观和文化情感。随着时代的变迁和社会的发展，济南的文化也在不断地创新和发展。济南市政府积极支持文化创意产业的发展，致力于将济南打造成为一个以文化为主导的城市。近年来，济南不仅吸引了大量的文化创意企业和人才，还开展了一系列丰富多彩的文化活动，如泉城书法节、千佛山国际音乐节、大明湖文化旅游节等。这些活动不仅为济南市民提供了丰富多彩的文化消费体验，也为外地游客了解和认识济南文化提供了重要的渠道。济南的文化遗产、传统文化和现代文化的融合，既体现了历史的记忆，也反映了当代的发展和创新。

（二）济南文化是本土的还是区域的

据历史记载，早在5000年前，济南就出现了人类的居住痕迹。随着时间的推移，济南逐渐成为一个重要的政治、经济、文化中心，成为多个王朝的都城。这些历史遗存、文化符号和传承下来的习俗，都使得济南的文化具有非常浓郁的本土特色。济南的各种文化活动也是区域性文化的体现。每年五月份的“泉城大观”文化艺术节、四月份的“泉城书市”，以及每年十月份的“济南国际花卉展览会”等活动，旨在对外展示济南的文化艺术与风貌，吸引更多的游客来到这座城市，同时也展示了济南与周边城市及其他地区的文化交流和合作。济南有不少知名的文化人才，宋代文学家辛弃疾、清代书画家郑板桥、中国民族音乐家李祥霆、油画家丁衍庆等，他们的贡献和影响力，既是本土文化的反映，也是区域文化的体现。

（三）济南文化是中国的更是世界的

济南拥有悠久的历史和文化遗产，济南的泉水文化、历史建筑、雕刻艺术等，都是中国文化的珍贵遗产。济南的泉水文化是济南文化的重要组成部分，代表着中国古代文化和水文化的交融与融合。这些文化遗产是中国文化的重要组成部分。济南的文化遗产和文化活动也为世界文化交流作出了重要贡献。作为中国的文化名城，济南与世界各地的文化进行了广泛的交流，不仅促进了济南文化的传承与发展，也促进了世界文化的交流融合。济南文化代表着中国传统文化和世界文化的交融与融合，为世界文化的发展作出了重要贡献。

四、济南文化行将致远

作为东部沿海经济大省山东的省会，济南坚持以人民为中心，充分发挥软实力的“助推器”作用，不断挖掘自身优势和特色，从经济、制度、文化、人才、科技和教育等多方面入手，围绕提升城市品质、品位下足功夫，为增强城市竞争力和影响力、推动城市经济社会高质量发展提供软实力支撑，不断增强人民群众的获得感、幸福感。

促进文旅融合，注入发展“新动力”。文旅融合不仅能推动城市文化多元化，增强城市文化的包容性，还能催生新业态和新模式，加速城市产业转型升级，为当地经济社会文化发展注入新的动力。近年来，济南整合多项资源，致力于加强文旅产业，招引高质量项目，不断提升文旅品牌实力。同时，积极促进传统文化与现代时尚文化融合，在发展新业态的过程中，加快打造文旅消费新领域。2023 山东省旅游发展大会召开后，济南市抓住文旅融合、提振消费、优化服务等关键环节，加快推进《深化新旧动能转换推动绿色低碳高质量发展三年行动计划》确定的48个文旅项目，年内实现投资100亿元。2023年一季度，全市接待游客1960万人次，创造了205亿元的旅游收入，同比分别增长了22%和19%。今年，济南将努力实现旅游总收入同比增长10%以上，同时大力提高文化产业增加值占GDP比重，并推动规上文化企业营收增长10%以上。

优化营商环境，焕发发展“新活力”。优化营商环境不仅是提升城市软实力的关键举措，也是推动高质量发展的必然要求。为此，济南印发《济南市“十四五”时期优化营商环境规划》，突出服务导向和效果导向，在优化营商环境方面采取了一系列措施，大力推动“放管服”改革，切实增强服务高质量发展能力。如济南推出“一号申请、一窗受理、一网通办”集成服务，通过整合多部门工作，为企业提供更加便捷、规范、高效的政务服务，实现“一站式”办理，提高了企业办事效率。此外，济南还积极推进减税降费，简化审批流程，加强市场监管，维护公平竞争的市场环境，增强企业的信心和投资热情。2022年济南经济总量突破1.2万亿元，按不变价格计算，比2021年增长3.1%。与此同时，济南获评中国“国际化营商环境建设标杆城市”，为推动城市经济社会高质量发展打下了良好基础。

打造人才高地，培育发展“新优势”。人才是城市软实力提升的重要因素之一。随着知识经济的发展，人才成为城市经济社会发展的核心资源和竞争力。近年来，济南高度重视人才工作，在全国副省级城市中率先出台“零门槛落户”政策。对于引进高层次人才，实施“一事一议”和“人才特事特办”等灵活多样的引才方式，为人才提供优厚的薪酬待遇和科研经费支持。同时，济南还为人才提供便捷的生活服务，包括住房保障、子女入学、配偶随迁安置、医疗保健等，为人才提供全方位的保障和支持。除了引进高层次人才，济南还注重培育本土人才，通过建立人才培训基地、开展人才评选等活动，提高本土人才的技能水平和创新能力。济南在招才引智方面的努力得到了广泛的认可和好评，2022 年，全市人才总量达 249 万，城市吸引力指数位居山东省首位、全国第八位。目前，越来越多的优秀人才选择来到济南工作和生活，不仅提升了济南的城市软实力，也为高质量发展汇聚了磅礴力量。

推动科技创新，塑造发展“新支撑”。科技创新作为一种重要的发展动力和经济增长点，可以提高城市的智能化水平，优化城市管理和服务，改善城市环境和生态，增强城市的可持续发展能力。近年来，济南积极推进科技创新，通过一系列举措提高城市的科技创新能力。首先，济南加强产学研用合作，推动科技成果转化和产业化。通过建立科技成果转化中心和技术转移服务机构，积极推动科技成果的转化和应用，促进产业转型和升级。其次，济南还鼓励企业加大研发投入，提高自主创新能力，通过科技创新带动产业发展和城市经济增长。此外，济南也加强了科技创新政策支持，建立了一系列科技创新扶持基金和优惠政策，为科技创新提供了重要的支持和保障，推动了城市的高质量发展。2022 年，济南全市技术合同成交额达 614.52 亿元，同比增长 28%，研发投入 306.7 亿元，同比增长 15.5%，8 项创新指标稳居全省第一，为建设强省会提供了坚实科技支撑。

提升治理能力，彰显发展“新风貌”。城市治理能力高，能够有效地解决各种社会问题和经济难题，提升城市的公共服务水平和市民幸福感。同时，良好的城市治理能力还可以吸引外来投资，促进城市经济发展，提高城市的国际竞争力和形象。近年来，济南推出了一系列措施以提升城市治理能力。其中，为实现城市治理体系和治理能力现代化，济南大力推进智慧城市建设，采用物联网、云计算等新技术，提高城市治理的智能化水平。同时，针对市民关注的环境问题，济南深化垃圾分类、水环境治理等工作，加强环境保护和资源利用。此外，济南还创新推行“综治中心＋网格化＋数字化”模式，不断提高基层治理水平，让群众充分享受到城市发展红利。党的十八大以来的十年，济南交出了一份优异的城市治理成绩单，入选“全国首批法治城市创建先进市”，勇夺全国文明城市测评“四连冠”，获评“全国最安全城市”，正以“善治之力”推动城市加快高质量发展。

济南市第十二次党代会报告中明确指出：“硬实力让城市强大，软实力让城市伟大。城市既要有筋骨肉，更要有精气神。”济南，作为国家历史文化名城和东部沿海经济文化大省的省会，不断通过改善城市文化来增强软实力，让文化“软实力”成为助力济南高质量发展的“硬支撑”。

参考文献：

［1］江运东．中国特色社会主义文化自信研究［D］．电子科技大学，2017.

［2］刘春华．省会中心城区文化软实力的提升途径探析［J］．中共济南市委党校学报，2018（10）：126－128.

［3］范俐鑫．以文兴城、以文塑城，用文化软实力为强省会铸魂［N］．济南日报，2022年5月20日．

［4］赵希波，等．新型公共阅读空间助力城市文化软实力提升研究［J］．山东图书馆学刊，2023（2）：30－34.

打造济南“中国诗城”助力提升济南城市文化软实力

刘　浩*

摘　要： 济南有数千年深厚的历史文化积淀，有独一无二的文化资源亮点和优势，在日新月异的新时代，用气象万千的诗词文化引领社会风尚，以诗性琴心的和谐共振增强人们的认同感、归属感和幸福感，用中华优秀诗词涵养一座城市的文化气质，进而不断涵养城市的凝聚力与向心力，是赓续城市文脉、为城市培根铸魂的现实之举和长远之计。

关键词： 济南；中国诗城；文化软实力

中国是一个具有数千年诗歌传统的文明大国，是诗的国度。习近平总书记曾说：“古诗文经典已融入中华民族的血脉，成了我们的基因。”《尚书·尧典》曰：“诗言志。”《论语·为政》：“诗三百，一言以蔽之，曰‘思无邪’。”中华诗词充分显示出中华民族鲜明的文化基因和价值追求，世界上没有其他任何一个国家的诗歌能如此普及、如此深厚、如此达到诗性智慧的巅峰。漫长的中华文明发展进程，几乎都伴随着诗歌的身影，中国一切艺术，都深深打上了中国诗性智慧传统的烙

* 作者简介：刘浩，济南市文学艺术界联合会党组书记、副主席。

印。“言之不足，歌之，歌之不足，舞之蹈之”，诗歌成为人们表情达意，展现中华文化世界观、价值观的重要艺术载体。

济南是一个具有 4600 年建城史的国家级历史文化名城，以“泉城”享誉世界。诗歌也是济南历史文化孕育发展、崛起成峰而又一脉相承的鲜明特征，是城市文化个性发展中卓然独立的重要标识。打造济南“中国诗城”，旨在以诗歌为主题，以城市为载体，彰显弘扬优秀传统文化的中国特色、中国风格、中国气派，提升城市精神文明建设高度和时代地标。中国诗城作为济南的标志性文化品牌，是宣传展示优秀传统文化和中华文明的重要窗口。文弘艺启，叶茂华荣。深入挖掘、整理、阐发济南诗词的独特文化资源和丰富文化内涵，加大济南诗词的文学艺术研究、创作和普及力度，推进优秀传统文化文艺的创造性转化、创新性发展，对于繁荣发展中国特色社会主义先进文化，推进社会主义文化自信自强，铸就中国特色社会主义文化新辉煌，提升中华文化软实力和世界影响力，为加快全面推进中国式现代化强国建设提供更为强大的精神动力，都具有十分重大而现实的意义。

一、济南作为中国诗城的历史地位、文化资源禀赋及国际影响

“水生泉，泉生文，文育济南。”济南南依泰山，北拥黄河，南北通衢，东西交融，中华母亲河黄河和古老的济水共同滋养着济南，孕育出灿烂的河济文明，是齐鲁文化的核心。史前文明的后李文化、北辛文化、大汶口文化、龙山文化一脉相承，“山、泉、湖、河、城”并育共生，“济南泉水甲天下”的泉水文化与“情景交融”的诗词文化交融荟萃，大舜文化、泉水文化、诗词文化、名士文化、齐鲁文化、红色文化特色鲜明、崛起成峰。济南是中华文明的重要发祥地、自证地和对外交

流的标志性高地。

“海右此亭古，济南名士多。”济南历代圣贤、名士辈出，大家云集，文脉绵长。翻阅中国文学史，中国最早的诗歌《诗经·小雅·大东》相传为济南章丘人谭国大夫所作。后续之，“管鲍之交”、伏生传《尚书》、娄敬谋国策、名相房玄龄、高僧义净、崔融，以及李格非、李清照、辛弃疾、杜仁杰、张养浩、边贡、李攀龙、李开先、于慎行、王士禛、周永年、蒲松龄等，都是济南泉水孕育出的诗词名家，尤以宋代“二安”、元代张养浩独领风骚、传颂千秋。还有唐代大诗人李白、杜甫，宋及以后曾巩、范仲淹、苏轼、苏辙、元好问、赵孟頫、晏壁、王渔洋、阮元、桂馥、顾炎武、何绍基、王萍等文人墨客、仕宦学士纷纷慕名而来，名士雅集，题诗赋词，他们在济南期间留下大量诗文名篇和文坛佳话。目前据统计，本土及外地寓济游历济南的诗词名家达1200余人，可谓群星灿烂，名家辈出。

历代名士题咏济南诗篇众多。根据《济南历代著述考》，清代以来有大量关于济南的诗词集著。当代编著的《诗咏济南总汇》（全四册），共收录历代咏济南诗词12000余首，其中仅咏大明湖诗就有1100余首，咏趵突泉诗470余首，咏千佛山诗330余首，咏灵岩寺诗800余首，咏鹊华二山诗340余首；《济南泉水诗全编》（三卷本），仅收录清代泉水诗就达3437首；《济南名山诗总汇》，收录历代1000多位诗人题咏济南名山诗作3500余首。初步统计，历代题咏济南诗词就有20000余首，济南诗词之早、名家之多、名篇之海量世所罕见。

近现代以来，济南文化重镇地位更加凸显，本土或寓居、游历济南的国际友人、学者诗人、书画大家等风云人物不胜枚举，泰戈尔、徐志摩、郭沫若、老舍、王统照、臧克家、季羡林、舒同、匡亚明、徐北文、欧阳中石等都为后人传颂不已，也有孔孚、谢田遨、塞风、桑恒昌、路也等当代诗坛名家深受世人喜爱。

另外，济南诗词名胜古迹也随处可见。仅历代诗人题咏济南代表性名胜古迹灵岩寺、大明湖、趵突泉、鹊华山等即可窥其一斑。千年古刹灵岩寺至今已有1600多年历史，有大量石刻文献遗存，目前收录的历代咏灵岩寺诗有800余首；趵突泉周边的名胜古迹有观澜亭、万竹园、尚志堂、李清照纪念堂、李苦禅纪念馆等，景观处诗碑林立，琳琅满目；历代咏鹊华二山诗340余首；尤以大明湖名胜众多，诸如历下亭、铁公祠、小沧浪、北极阁、汇波楼、南丰祠、遐园、稼轩祠等，引得历代文人墨客前来凭吊、吟咏，碑廊、石记题咏大明湖诗篇达1100多首，包罗万象，蔚为大观。江西萍乡人山东学政刘凤诰，与山东巡抚铁保等人在大明湖北岸小沧浪亭宴集，席间刘凤诰乘兴撰联“四面荷花三面柳，一城山色半城湖”，铁保书之，与杜甫之“海右此亭古，济南名士多”、赵孟頫之“云雾润蒸华不注，波涛声震大明湖”名联三足鼎立，为济南中国诗城奠定了坚实的基础。相比因为一首诗成就一个品牌，因为一句诗爱上一座城的众多案例，济南可谓诗意盎然无比。

二、“济南二安”诗词洋溢的强烈爱国主义精神及当代价值

济南诗词历经千百余年源流嬗变、前后绵延，尤其宋、元、明、清时期，济南文坛云蒸霞蔚，最为辉煌。其中李清照、辛弃疾开启南宋婉约、豪放之词宗，张养浩的元曲独领风骚，留下了《山坡羊·潼关怀古》这一中国文学史上的千古名篇，边贡、李攀龙、王象春与王士禛等诗坛盟主引领明清诗歌潮流，后之周永年、马国翰、阮元、何绍基等再续新风，形成了独步文坛的“济南诗派”。济南诗派绵延明清两代数百年，诗润泉城、文脉绵延，成就了诗城特色文化，引领推动了中国诗

词的繁荣发展。

这其中尤以先后诞生于这块土地的南宋两位词坛巨擘——李清照、辛弃疾，后人并称为“济南二安”，最为耀眼、最有代表性，是镶嵌在济南这座中国诗城的两颗璀璨明珠！他们有一个共同的特质，那就是中国古代最杰出的爱国词人。“济南二安”诗词洋溢着深沉浓厚的“家国情怀”和“民本意识”，这就是忧国忧民、舍生取义、精忠报国的质朴而强烈的爱国精神和英雄情怀。“济南二安”诗词中的“家国情怀”就是济南诗词的精神血脉，从这个角度来说，诗城济南的精神也就是新时代大力弘扬的“家国情怀”“为政以德”“民本意识”，彰显了历代仁人志士崇尚昌明盛世、仁政理想、自强不息、英雄人格的高标气度。这一精神气度，与当代社会主义先进文化蕴含的世界观、价值观、历史观、人生观等科学社会主义价值观有高度契合性，也是推动城市发展变革极其难得的重要内生动力。“济南二安”已成为济南独有的重要文化符号，也必将成为引领中华民族伟大复兴的强大精神动力。早在20世纪70年代，李清照还是中国历史上唯一一位被世界天文学会命名星座（水星）山体的女词人，这是中华民族的骄傲，也是彰显济南中国诗城魅力和精神高度的重要标志性人物。

三、打造济南“中国诗城”具备坚实的现实基础和发展前景

习近平总书记在党的二十大报告中作出了“推进文化自信自强，铸就社会主义文化新辉煌”的重大战略部署。近几年来，济南在文化软实力上持续发力，“济南泉·城文化景观”成功入选《中国世界文化遗产预备名单》，“东亚文化之都”“中国十大美好城市”“中国十大最爱阅读城市”等落户济南。“以文兴城，以文塑城”，提升城市软实力，

成为济南城市高质量发展的战略选择。

近年来，济南在诗城特色、诗词组织、诗城活动等方面成绩斐然。一是济南诗词出版物大量问世。《历代诗咏济南总汇》（四卷本）、《济南泉水诗全编》《济南名山诗总汇》《济南二安》等系列名家诗词赏析和“济南故事”系列丛书等重磅推出。二是济南诗词社团活动活跃，为诗城济南培育了大量人才队伍和社会力量。现有济南诗词学会、济南二安研究院、中国李清照辛弃疾学会、章丘易安诗社、历城稼轩诗社、济南明湖诗词学会等10余个社会团体组织。2020年10月，济南二安研究院揭牌成立，该院是由济南市、山东大学、中国李清照辛弃疾学会三家单位合作共建的非实体文化研究机构和学术平台。三是济南诗词艺术创作有声有色，深受广大人民群众喜爱。诗词书画展、“济南二安”诗词京剧演唱会、跨年诗会、济南辛弃疾诞辰880周年——中国“二安文化”高峰论坛、“济南二安”爱国精神暨文化传承学术研讨会，以及一年一度的“声动泉城——名家名篇诗文咏诵会”等一大批高规格、高档次的诗词艺术创作、艺术展演、高峰论坛等诗词文化活动相继举办，得到人民群众的喜爱和广泛参与，诗城济南饮誉全国。正如徐北文先生30多年前所说：“应该给泉城，献上一顶‘诗城’的桂冠。这顶桂冠，泉城应该是受之无愧的！”

四、打造济南“中国诗城”提升城市软实力的意见和建议

（一）要打造济南中国诗城高端战略平台

2023年2月，济南已联手北京大学创建全国首个城市软实力研究院，可在该院设立中国诗城分支机构，加大中国诗城战略研究、资源整

合、典籍整理、学术交流和理论指导，让历史上济南的“曲山词海”重新焕发新时代的奇光异彩，打造中华优秀传统文化“两创”新标杆。

（二）要着力策划济南中国诗城主题工程

高标准策划和打造一批体现济南中国诗城的IP地标性设施和平台，如中国诗词博物馆、诗词书法广场（碑林）、诗词名人纪念馆、诗词数字展览馆等。提升文化载体，让历史活起来，把历史诗词文化资源盘活，实现优秀诗词文化创造性转化和创新性发展，打造济南中国诗城的文化地标。如成都杜甫草堂、绍兴兰亭博物馆、临沂羲之书法广场、开封清明上河园等，皆因一个个文化地标让城市文化不断得到兴盛传承，皆为成功的实践先例。

（三）要扎实做好诗词主题文化的大众化普及和融合创新发展

济南中国诗城与泉城、书城、东亚文化之都，与曲山艺海、音乐舞蹈、书画金石、武术健身、非遗文化等，相融相生，相得益彰，完全可以并驾齐驱，共同繁荣与发展，可通过全民阅读、书香泉城、诗词大会、文旅融合、文创手造、对外交流等内涵丰富的高档次项目、赛事及活动，满足广大人民群众日益增长的对美好生活的文化审美需求，提升济南中国诗城的世界影响力和美誉度。

“向春而行，一路花开。”在诗城济南，大明湖畔、趵突泉边、舜耕山下，多少千古回响的经典诗篇已经融入我们的文化基因，成为诗意人生的写照、城市精神家园的栖居、家国情怀的寄托。有人说，泉是济南的灵魂、山是济南的风骨，那诗就是济南的血脉，灵魂、风骨、血脉三者融合一体，是济南城市中极为独特的底色和气质。

“多少诗人出历下，泉城自古是诗城。”济南有数千年深厚的历史文化积淀，有独一无二的文化资源亮点和优势，在日新月异的新时代，用气象万千的诗词文化引领社会风尚，推动社会良性发展，以诗性琴心的和谐共振增强人们的认同感、归属感和幸福感，用中华优秀诗词涵养一座城市的文化气质，进而不断涵养城市的凝聚力与向心力，是赓续城市文脉、为城市培根铸魂的现实之举和长远之计。

济南市文化软实力评价及提升路径研究

李军红　冯　帆*

摘　要： 文化软实力是指一个国家或地区通过文化手段来提升全球影响力和竞争力的能力。济南在文化方面拥有丰富的资源和悠久的历史，但在文化软实力挖掘与转化上还有提升空间。本文通过运用主成分分析法，评析2013年—2021年济南市文化软实力发展情况，并从文化基础力、文化生产力、文化消费力、文化影响力、文化创新力五个方面提出相应的对策，以期为济南文化软实力提升提供参考。

关键词： 文化软实力；评价指标；提升路径

文化软实力是指国家、区域、城市为得到和保持竞争优势对区域中特有的文化资源进行转化和传播的能力，是文化资源方面积累、开发和运用的一种综合能力②。济南是山东省省会，是全省的经济、政治和文化中心，是齐鲁文化对外展示的重要窗口。2022年，济南市第十八届人民代表大会第一次会议明确了文化对城市发展的重要性，将“聚力提升城市软实力，在扎实推进文化强市建设上开新局”作为重点工作之一。

---

*作者简介：李军红，山东财经大学文学与新闻传播学院教授、硕士研究生导师。冯帆，山东财经大学文学与新闻传播学院在读硕士研究生。

② 张艺．藏羌彝走廊城市文化软实力评价研究［D］．西安建筑科技大学，2020.

新时期如何让济南文化软实力再上新台阶，增强济南文化对外吸引力和市民认同感，促进文化产业与旅游业的发展成为当前亟待破解的难题。

一、济南市文化软实力概况

（一）文化基础资源

济南有8000多年考古史、4600年文明史，文化资源种类齐全，龙山文化、大舜文化、泉水文化、名士文化、商埠文化等历史文化底蕴深厚，趵突泉、大明湖和千佛山三大名胜构成了济南市独特的文化符号和文化品牌。众多文化资源在济南的多个历史文化区域星罗棋布，每个区域又各有文化特色。历下区、市中区保存着济南市的历史生活街区，历城区则有文学城、历下书院等丰富的学院文化遗产。除此之外，由于济南位于京津冀、长三角、中原城市群等地区的交界处，良好区位优势有利于融汇四方各具特色的地方文化，促使济南文化呈现出多元化和多样化的特色；现代发达的交通网络，让济南与各地区的文化交流互通、优化整合更为便捷。

（二）文化发展环境

为了充分激发济南市文化资源活力，济南市通过出台政策、提供资金支持、修建公共文化服务设施等方式优化生态环境、产业环境、基础设施环境和人才环境。2020年以来济南发布若干做大做强文化产业的政策措施，鼓励建设集合多种业态的消费集聚地，并给予资金补助。2022年济南打造了28家泉城文化驿站，累计建成44个泉城书房，新建历下区文体档案中心，补足东部新城文化场馆，扩大公共文化服务的辐射面积和服务范围①。2023 年疫情结束后，为鼓励旅游业复苏和人才引进，济南市对来济、在济大学生给予交通、住宿、旅游等方面优惠补贴，吸引高质量人才来济消费、旅游、定居。济南市政府还与北京大学共建“北京大学城市软实力研究院”，为济南文化软实力提升探索新路径。

（三）文化生产水平

近年来，济南的文化产业发展速度提升、产业形态多样，文化生产与消费不断升级。2022 年，济南市规模以上文化企业达到 531 家，实现年营业收入 1079. 97 亿元，同比增长率达 24. 6%。JN150、1908 鲁丰创意园区、579 百工集等文化产业园陆续落地，集结了一批优秀的文化创意企业和创新创业人才。对不同的区县进行不同的文化定位，推进黄河文化样板区的文博体验，历城区、章丘区的科创文旅，莱芜区、钢城区的乡村旅游，槐荫区、长清区、平阴县的高端康养，济阳区、商河县的农业旅游等多产业形态建设，为每一种文化新业态提供机遇。

（四）文化形象内涵

在城市文化传播与营销上，济南大胆尝试，勇于突破，城市吸引力逐渐显现，市民的文化认同感、自信心日益增强。《中国新闻周刊》2022 年发布的

① 山东省人民政府网．济南｜文化软实力赋能“强省会”建设［EB/OL］．（2023 -3 -16）．http：//www. shandong. gov. cn/art/2023/3/16/art_ 116200_ 579825. html.

“年度影响力榜单”中，济南市被评为唯一的年度城市①，印证了济南城市形象的巨大变化。深入人心的“天下泉城”与“新晋顶流”超然楼亮灯、千佛山落日、洪家楼教堂迎客等，共同赋予济南更多、更新的文化标签。“东亚文化之都·中国济南活动年”系列活动、济南国际超级计算产业博览会、东亚博览会、中国非物质文化遗产博览会、济南国际泉水节、中国国际文化旅游博览会、济南国际双年展、全国图书交易博览会、“大河奔腾”沿黄九省（区）省会城市美术展等会展活动频频举办，展示出济南日益现代化的城市形象。以务实的形象做底色，以开放的心态迎来客，以创新的方式谋发展，济南正在快速刷新着人们对她的认知。

二、 济南市文化软实力评价指标体系构建

（一）评价指标选取

在总结分析众多学者研究成果的基础上，结合济南文化发展特点与公开数据情况，严格遵循科学性、系统性、可行性、动态性、独立性等评价指标体系建构原则②，本文选取了 17 个具有代表性的三级指标（济南文化尚有其他分析指标有待下一步并入分析），提炼出 5 个作用力为二级指标，以此来设计济南市文化软实力评价指标体系。

---

① 中国新闻周刊. 2022“年度影响力人物”榜单发布，梁晓声、王传福、刘元春、隋文静、韩聪、刘畊宏等获评［EB/OL］.（2023 - 1 - 11）. http：//www. inewsweek. cn/event - yxzg/2023 - 01 - 11/17395. shtml.

② 刘江. 国家文化软实力影响指数测评模型的构念［J］. 江淮论坛，2015（05）：177 - 182.

表 1　济南市文化软实力评价指标体系

<table>
<tr><td rowspan="17">文化软实力（X）</td><td rowspan="5">文化基础力（X1）</td><td>博物馆数（个）</td><td>a1</td></tr>
<tr><td>公共图书馆藏书量（万册）</td><td>a2</td></tr>
<tr><td>市级及以上文物保护单位数（处）</td><td>a3</td></tr>
<tr><td>全市拥有 A 级以上景区个数（个）</td><td>a4</td></tr>
<tr><td>文化、体育和娱乐业行业固定资产投资额（亿元）</td><td>a5</td></tr>
<tr><td rowspan="5">文化生产力（X2）</td><td>规模以上文化及相关产业企业数（个）</td><td>b1</td></tr>
<tr><td>艺术表演团体个数（个）</td><td>b2</td></tr>
<tr><td>影院数（个）</td><td>b3</td></tr>
<tr><td>文化、体育和娱乐业行业单位从业人员数（人）</td><td>b4</td></tr>
<tr><td>规模以上工业文教、工美、体育和娱乐用品制造业总产值占工业总产值</td><td>b5</td></tr>
<tr><td rowspan="2">文化消费力（X3）</td><td>年人均教育文化娱乐支出（万元）</td><td>c1</td></tr>
<tr><td>文化、体育和娱乐业生产总值占地区生产总值（%）</td><td>c2</td></tr>
<tr><td rowspan="3">文化影响力（X4）</td><td>全年举办会展数（场）</td><td>d1</td></tr>
<tr><td>全年接待旅游人数（万人）</td><td>d2</td></tr>
<tr><td>旅游外汇收入（亿美元）</td><td>d3</td></tr>
<tr><td rowspan="2">文化创新力（X5）</td><td>专利授予量（件）</td><td>e1</td></tr>
<tr><td>驻济高校在校生人数（万人）</td><td>e2</td></tr>
</table>

1. 文化基础力。文化基础力是文化软实力的根本动力，文化软实力只有建立在坚实的基础上，其发展才具有稳定性。选择“博物馆数量”“公共图书馆藏书量”体现文化基础设施情况，选择“市级及以上文物保护单位数”“全市拥有 A 级以上景区个数”体现文化资源拥有量情况，“文化、体育和娱乐业行业固定资产投资额”体现文化资产基础情况。

2. 文化生产力。作为文化软实力的重要外化指标，文化生产力有效反映了文化资源的转化能力。选择“规模以上文化及相关产业企业数”“规模以上工业文教、工美、体育和娱乐用品制造业总产值占工业总产值”反映文化企业的生产力水平，“艺术表演团体个数”反映文化事业的生产力水平，“影院数”反映文化生产内容，“文化、体育和娱乐业行业单位从业人员数”反映文化生产主体情况。

3. 文化消费力。文化消费力反映了区域内人们对于美好生活的向往和追求，是衡量区域文化软实力发展的重要指标①。选择“年人均教育文化娱乐支出”反映消费意愿，“文化、体育和娱乐业生产总值占地区生产总值”反映消费结果。

4. 文化影响力。文化影响力体现的是文化通过各种传播方式的组合并进行扩散，导致产生尽可能好的区域文化知名度、文化辐射能力。选择“全年举办会展数”“全年接待旅游人数”反映文化的国内知名度，“旅游外汇收入”反映文化的国际知名度。

5. 文化创新力。文化创新力主要衡量一个地区对文化各方面要素的不断变革和创新能力②。选择“专利授予量”反映文化创新力现状，“驻济高校在校生人数”反映创新人才现状。

（二）评价模型构建

在济南市文化软实力评价指标体系的基础上，笔者广泛查阅《济南市统计年鉴》《山东省统计年鉴》《中国城市统计年鉴》以及济南市政府、市统计局、市文旅局官网和必应网等，结合数据的可获取性和有

① 王婉婷，杜刚，宋娜．山西省文化软实力评价指标体系构建策略研究［J］．中北大学学报（社会科学版），2023（39）：73－79＋86.

② 崔世娟，付汀汀．城市文化软实力测度与提升——基于多地的比较研究［J］．特区经济，2016（08）：59－63.

效性，选取2013年—2021年数据，使用SPSS 25.0① 软件，对所有指标数据进行标准化处理，以减少不同指标本身存在的数值差异对分析结果的影响，然后对其进行KMO和巴特利特球形度检验，用以判断数据能否进行分析、分析效果好坏［一般来说，巴特利特球形度检验的显著性值P越接近于0且KMO值越大（KMO值范围为0—1），变量越独立，越适于分析］。随后，利用主成分分析法②，计算了特征值、方差贡献率、成分矩阵等内容，最终得到济南市文化软实力的数学模型，利用该模型对济南市文化软实力的变化进行分析研究。

以文化基础力为例，对其进行KMO和巴特利特球形度检验。检验结果表明，巴特利特球形度检验的P值小于显著性水平，表明相关系数矩阵与单位矩阵有着显著差异，同时，KMO值为0.814，认为可以进行主成分分析。只有一个主成分，其累计贡献率达86.792%，因此，得出文化基础力（X1）综合得分模型如下：

$$X1 = 0.975Za1 + 0.972Za2 + 0.941Za3 + 0.940Za4 + 0.821Za5$$

同理，求得文化生产力（X2）、文化消费力（X3）、文化影响力（X4）、文化创新力（X5）综合得分模型如下：

$$X2 = 0.96Zb1 + 0.892Zb2 + 0.794Zb3 + 0.66Zb4 - 0.639Zb5$$

$$X3 = 0.923Zc1 + 0.923Zc2$$

$$X4 = 0.963Zd1 + 0.861Zd2 + 0.952Zd3$$

$$X5 = 0.759Ze1 + 0.759Ze2$$

---

① SPSS25.0（社会科学统计软件包STATISTICAL PACKAGE FOR THE SOCIAL SCIENCES，25.0表示软件版本）是一款进行统计数据分析的软件，基本功能包括数据管理、统计分析、图表分析、输出管理等。

② 主成分分析法是一种线性降维算法，也是一种常用的数据预处理方法。它利用正交变换来对一系列可能相关的变量的观测值进行线性变换，从而投影为一系列线性不相关变量的值，这些不相关变量称为主成分。

将标准化数据代入相对应的模型，最终得出 2013 年—2021 年的文化基础力、文化生产力、文化消费力、文化影响力、文化创新力得分。

在“五力”数学模型的基础之上，笔者用上述方法继续计算济南市文化软实力综合评分值。数据处理后发现，文化软实力中有两个主成分的特征值大于 1，其中主成分 1 的累计贡献率为 59.682%，主成分 2 的累计贡献率为 96.086%，因此，对成分矩阵进行相关分析后选择主成分 1 为文化软实力主成分，并以此作为权重得出文化软实力（X）综合得分模型如下：

$$X = 0.964X1 + 0.921X2 + 0.689X3 + 0.442X4 + 0.732X5$$

表 2　济南市 2013 年—2021 年文化软实力得分①

年份＼指标	文化基础力	文化生产力	文化消费力	文化影响力	文化创新力	文化软实力
2013	-6.17	-2.01	-1.96	-1.52	-0.90	-10.48
2014	-4.23	-2.58	-1.67	-0.84	-1.25	-8.89
2015	-3.85	-2.57	-0.75	-0.26	-0.91	-7.38
2016	-2.89	-2.35	-0.63	0.20	-0.77	-5.86
2017	-2.27	-1.51	-0.43	0.79	0.08	-3.47
2018	1.30	-0.23	0.66	1.31	0.28	2.28
2019	4.65	1.52	4.88	4.87	0.09	11.46
2020	5.36	3.03	-3.37	-4.06	2.41	5.60
2021	5.79	6.70	3.30	1.55	0.97	15.42

由数据分析可知，文化软实力整体呈上涨趋势，虽在 2020 年出现

① 在本文参阅的有关区域文化软实力的实证分析文章中，采用类似方法的分析都会得到负值，该值呈现的是不同年份之间比较的结果，是文化软实力的相对得分，并非绝对得分，因此评价结果存在负值是正常的。

较大下跌，但后续发展势头依然强劲。由济南市文化软实力综合得分模型可见，对济南文化软实力来说，文化基础力、文化生产力对济南文化软实力影响最大，文化消费力和文化创新力次之，文化影响力最弱，也就是说，济南市的文化软实力更多表现为一种内生力量，对外来影响的反应不敏感。

分项来看，2013 年—2021 年济南市文化软实力的构成要素中，文化基础力和文化生产力呈现出稳定的增长趋势。受疫情影响，文化消费力在 2020 年出现了较大波动，但整体趋势依然良好，而文化影响力和文化创新力则恢复较为缓慢。

三、 济南市文化软实力评价

（一）济南市文化软实力优势

一是济南市具有优越的文化资源条件，文化基础力提升趋势显著。自然景观、人文历史、民间习俗、城市精神等各种形式的文化资源丰富，且内涵深厚、独具特色，这些文化资源不仅体现着济南市的历史和文化底蕴，也为济南市的文化软实力提升提供了充足的支撑，让济南市的文化更具竞争力。

二是公共文化服务发挥满足市民对美好生活新期待的作用。公共文化设施网络逐步完善，惠民服务活动水平日益跃升；文艺精品不断涌现，泉城书房辉映域外；济南非遗品牌影响渐强，文化遗产保护成效显著，公共文化服务效能提升，让市民在享有更多文化获得感的同时，扩大了济南的凝聚力和影响力。

三是良好的文化生产能力提振文化消费潜力。济南高科技信息产业发达、教育资源优势明显，在文化环境优化、文化产业升级、产学研合作平台建设、文旅园区建设等方面都取得了积极的成效。长期的一、二产业积累，让济南市具备相当的硬件实力，支持数字化文旅、沉浸式业态、个性化生产等蓬勃发展。文化生产连接了文化资源与文化消费，因而文化生产的升级将深挖文化资源内涵，释放文化消费力，最终刺激文化软实力提升。

四是文化软实力受政策、财政等引导成效显著，济南已逐渐树立起提升文化软实力的意识。从济南市政府官网现有政策统计来看，济南市在2018年出台的文化产业相关政策文件最多，激发2019年文化生产力各项指标出现较大涨幅。可想而知，在观念重视、规划加持下，文化软实力必将获得较大提升。

（二）济南市文化软实力不足

第一，济南文化市场极易受外界影响波动，抗风险能力较弱。2020年当突发公共事件发生时，文化消费力和影响力迅速回落，大量文化及相关企业停产停业，旅游业也受到重创，文化市场产生巨大震荡。另外，当相关保障减少时，济南市也缺乏强劲的文化再生力量，对政府的依赖性较强。

第二，济南市文化消费力尚未充分释放。受疫情影响，济南市文化消费力迅速下降，说明人们的文化消费行为更集中于线下的实体消费，线上文化产品的生产尚有不足，线上消费习惯尚未养成。济南市文化消费力相当程度上与教育和旅游密切相关，因而在疫情的影响下，相关行业受到极大打击，文化消费力出现下跌。

第三，济南文化传播效果欠佳，宣传内容侧重于推出新内容，缺少对过往“偏见性”问题采取针对性措施的宣传。虽然从上述数据来看，济南文化影响力有所提升，但由于过去人们在很长一段时间里对济南存在刻板的消极印象，“环境差，雾霾重”“男尊女卑，重男轻女”等不明真相、以偏概全的评论依然泛滥，实际情况已得到极大改善却未能得到宣传，加上信息获取速度加快，舆论环境复杂，“好事不出门，坏事传千里”，因而文化影响力的稳定化、持久化任重而道远。另外，济南文化旅游的国际化程度偏低，文化旅游知名度有待提升。

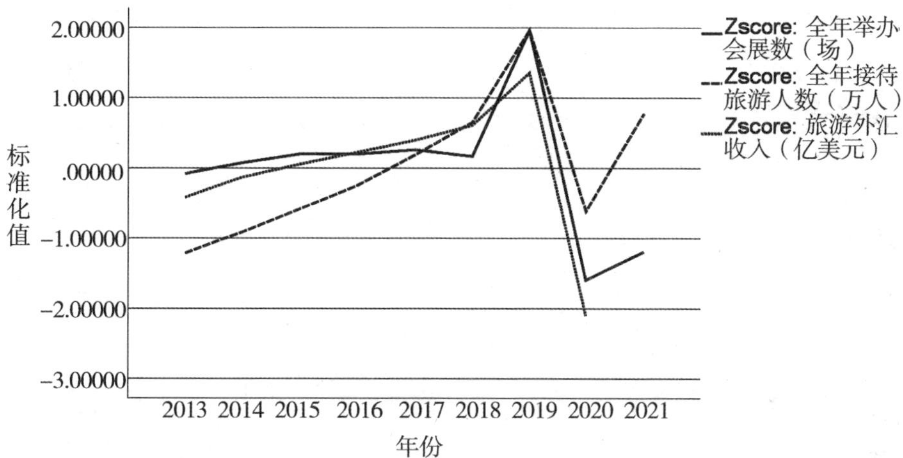

图1　2013年—2021年济南市全年举办会展数、接待游客数和旅游外汇收入标准化数据图

资料来源：2014—2022《济南统计年鉴》

根据山东省文化和旅游厅统一安排，2021年起暂停测算、公布和使用入境旅游数据。

第四，济南文化创新能力不足。以济南旅游的文创产品为例，与其他城市相比，同质化程度较高，且未能深挖IP特色，对IP的诠释仅局限于“看得见”的部分，未能将“看不见”的部分进行深化提炼，特别是对泉水这一独特的自然资源，其工业、生态、文化价值的开发方式还有待完善。这与济南深受传统儒家文化的影响，存在一定程度的思维封闭、观念保守的问题不无关系。其次，由图可见，济南市专利授予量增速明显，但驻济高校在校生人数波动较大，说明考生选择在济南学习、生活的意愿很不稳定，济南的人才吸引力有待提高。济南文化产业从业人员中，以普通经营管理和技术服务人员为主，创意人才绝对数量少、在人才体系中占比低，具有较高自主性和创造力的高端创意人才流失，跨学科、跨领域、跨行业的复合型人才短缺。

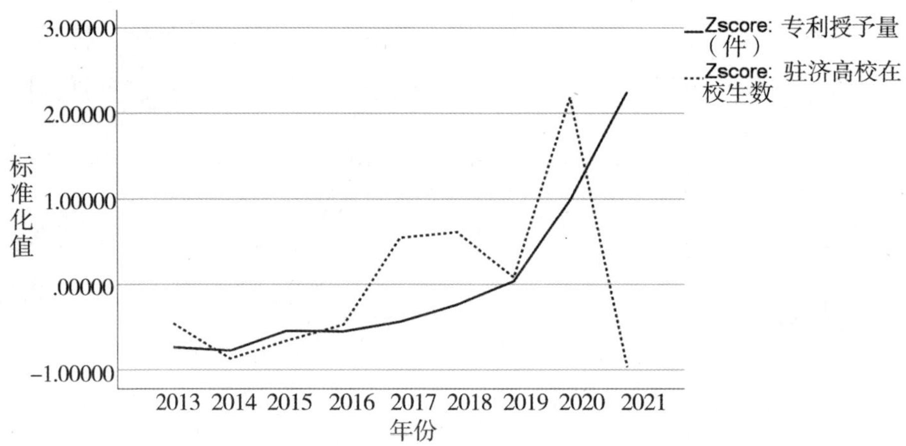

图 2　2013 年—2021 年济南市专利授予量与驻济高校在校生人数标准化数据图

资料来源：2014—2022《济南统计年鉴》

四、 济南市文化软实力提升策略

济南正处于加快发展、跨越发展的关键期、机遇期、黄金期，充分发挥文化软实力的强势赋能作用，推动城市软实力、综合竞争力的提升，必将促进济南在新征程中实现新发展。

（一）深化资源开发，讲好济南故事

济南市文化资源丰富不仅体现在数量之多，更体现在其内蕴丰富，

这种内蕴是济南市文化软实力长效提升的强大驱动力，能够在外化工作的基础上继续扩大济南的文化影响力。完善文化遗产保护传承机制，注重运用政府、企业、民间力量，构建合力机制，在科学分类的基础上，对济南各种形态、载体的特色文化资源进行全面排查和梳理，力求全景展现济南的历史文脉和各类文化传承发展轨迹，为城市规划建设发展、历史文脉传承保护及历史文化基因的激活和利用提供支撑。比如，可以将济南名士打造成 IP 并进行深度开发，围绕 IP 设计文化产品，鼓励人们自由创作，将遥远的历史人物赋予现代人们的想象，让人们更深入地了解历史人物的生平事迹与独特价值。进行场景化开发，还原文化场景如泉水生活、古代生活等，场景中展示的茶叶、茶具、装饰品、日用品等均有商品可售，既搭建文化消费场景，又增进人们对济南传统文化、民俗和历史的认知。

（二）升级产业形态，优化生产方式

文旅产业是提升济南文化软实力的重要途径之一，济南市应该积极推动文旅产业的发展，通过提高文旅产业的规模和质量来提升济南的文化软实力。济南市应健全文化产业链，包括文化创意设计、文化旅游、文化传媒、文化教育、文化艺术等各个环节，以满足市场需求。加强文化产业与其他行业的融合，建立文旅与科技、文旅与金融等的合作机制，增强文旅业应对风险的能力。统筹整合文化资源，与淄博、泰安等强强联合，互通文旅市场，促进客源优势互补。进一步发展新业态，扩大新业态的可行范畴至全市域、全行业，如全市域范围的沉浸式旅游、全旅游景点打卡活动等。可以参考河南许昌的城市级真人沙盒游戏——曹魏古城真人剧本杀，以剧本杀的形式串联城市资源，既可以让参与者不再是城市的“过客”，能够长时间深度了解城市的历史文化，丰富体

验，又可以带动住宿、餐饮等行业发展。

（三）迎合消费需求，提升公共服务

当前济南市文化消费与生产存在日益增长的精神文化需要同不充分的生产之间的矛盾。面对变动的文化环境，可以吸取市场经验和其他城市经验，完善公共文化服务供给，支持文化事业创作创新，从而提供更高质量的公共文化服务，满足人们的基本公共文化需要。除了满足现有消费需求，还应不断刺激新消费需求，培养人们的文化消费意识，激发文化生产与消费潜力。如扩充文化产品类型，扩大文化产品目标人群，将文化资源应用到生产生活的各个方面，适应更多人的生活需求。以济南兔子王、皮影等产品与联名产品为例，这类产品多面向高收入人群，价格偏高，产品以礼品为主，实用性较弱，这就影响了中低收入人群对这类产品的接受认可程度。因此，这些生产者就需要开发低价的生活用品，与热门 IP 联名，增设体验环节，提高产品的性价比，培养人们的消费习惯。

（四）创新宣传内容，丰富城市形象

文化软实力的提升离不开宣传，随着社交方式的深刻转变，“酒香也怕巷子深”，这就要求我们既要做好“内功”，也要善借“东风”。济南市应积极举办民俗艺术节、传统文化会展等独具泉城特色的文化活动，既利于提高济南的文化声誉和知名度，还可以通过举办文化活动扩大文化市场规模。鼓励多种形式的文艺创作，如影视剧、舞台剧、综艺节目等，全方位打造济南多样、与时俱进的城市形象。这一点可以参考北京、上海、长沙等地推出的带有强烈地方特色的文艺作品《最美中轴线》《爱情神话》《长沙夜生活》等。广播电视节目制作的目标用户

向信息传播速度快、新鲜事物接受程度高的年轻用户拓展，转变观众的刻板印象。宣传内容和途径除了传统的“高大上”，更要重视流量更大、传播范围更广、用户黏性更强的新媒体平台，重视培养影响力较大的公众号和自媒体，从日常的、独特的视角出发，润物无声地展现平凡生活中的济南特色，增强济南文化的吸引力、认同感。

（五）完善创新机制，培养复合人才

创新是文化软实力提升的重中之重。完善创新机制，政府通过设立文化技术创新基金、建立文化技术创新中心等方式，推动文化技术创新。利用好济南高新技术产业成果，及时向文化领域引入，打破信息壁垒，打通科技企业与文化艺术主体的沟通渠道。完善人才引进培养机制，充分保障人才权益，打通人才沟通渠道，营造“人尽其才”的良好环境，吸引高素质人才留在济南。高校、科研机构应提供充分的机会，如提供创新创业的资金支持、技术指导，利用自身人才优势，搭建人才与企业、人才与人才间的交流互动平台，让创意自由流动，不断碰撞出新的机遇。

参考文献：

［1］刘江．国家文化软实力影响指数测评模型的构念［J］．江淮论坛，2015（05）：177－182.

［2］王婉婷，杜刚，宋娜．山西省文化软实力评价指标体系构建策略研究［J］．中北大学学报（社会科学版），2023（39）：73－79＋86.

［3］崔世娟，付汀汀．城市文化软实力测度与提升——基于多地的比较研究［J］．特区经济，2016（08）：59－63.

［4］庄仕文．论城市文化软实力及其提升路径——以济南为例［J］．大连干部学刊，2017，33（11），61－64.

［5］张艺．藏羌彝走廊城市文化软实力评价研究［D］．西安建筑科技大学，2020.

［6］张金花．城市文化竞争力评价问题研究——基于济南等十四个城市的比较分析［D］．河北经贸大学，2014.

［7］时飞．济南市区域软实力评价与提升对策研究［D］．济南大学，2015.

泉水济南海外传播现状及对策研究

孙守峰*

摘　要：泉水是济南的重要名片。如何让泉水文化传播出去，提高济南海外知名度和影响力，让更多的人走进济南，了解济南，让世界认识济南，让济南奔向世界，是本研究的主要目的和意义。研究发现，在对外宣传中，济南泉水特色不明显，无泉水专题，宣传形式单一，素材简单，主题单调，多语言版的外语准确度不高，主动宣传意识不足，宣传力量薄弱且分散。同时，通过对济南友好城市的对外宣传策略和路径分析，为济南对外宣传、泉水推介提供参考并提出建议对策。

关键词：济南泉水；对外宣传；现状；对策

一、引言

泉水是济南的重要名片，是济南的灵魂所在。保泉、护泉、爱泉已成为济南人的自觉。泉水文化已然成为济南文旅的重要资源，也是吸引游客的魅力所在。那么，济南泉水在对外宣传方面现状如何，在主动传播泉水文化方面有哪些作为，还有哪些地方需要去改变，从而擦亮济南

* 作者简介：孙守峰，山东师范大学外国语学院副教授。

泉水名片，让济南走出国门，让更多海外游客关注济南。笔者在日本学习、工作时，总会利用一切机会宣传济南尤其是宣传济南泉水，对方听到关于济南泉水的介绍后无不为之倾倒，感叹在繁华都市竟然还有这般胜景，表示有机会一定去看看。遗憾的是，几乎所有人之前都没听说过济南泉水，在济南相关官方网站上也查不到更多关于泉水的专题信息。

一座城市，拥有天然资源、特色产品固然重要，更重要的是城市管理者懂得如何经营城市，知道如何推介城市。城市中心分布如此多的自然泉水，本就世所罕见。面对如此稀有的自然资源，如何去保护当然是题中应有之义。然而如何把泉水文化推介出去，让世界人民共享这份大自然的恩赐，这个问题值得思考。本研究以泉水文化的对外宣传为焦点，分析济南在对外宣传方面的现状及存在问题，结合济南的日本友好城市对外宣传策略，借助他山之石，给济南泉水的对外宣传提供参考建议。

二、济南泉水对外传播现状及问题分析

本文主要调查了济南市政府网①、舜网②以及济南市文化和旅游局网③三个网站。政府网是济南市人民政府的官方网站，其权威性毋庸置疑。舜网由济南日报报业集团主办，是国务院新闻办公室批准的济南市唯一新闻网站、山东省重点新闻网站，是济南最大的综合信息网络门户。济南市文化和旅游局是文化旅游的主管单位，其官网理论上对泉水文化应该有推介。如无特别说明，本文采用数据及信息均截至 2023 年

① 济南市人民政府网，www. jinan. gov. cn，2023 - 06 - 01.

② 舜网，http：//jp. e23. cn/，2023 - 06 - 01.

③ 济南市文化和旅游局，http：//jnwl. jinan. gov. cn，2023 - 06 - 01.

6 月 10 日。

（一）济南泉水对外宣传现状

1. 济南市政府网。济南市政府网，首页布局栏目为首页、市政府、新闻、公开、服务、互动、数据、市情。单纯从首页栏目看不到泉水信息。依次点击后，在“市情”板块下，可以看到济南概况、走进济南、文化之城、泉水之都、大美济南、投资济南、友好城市板块。点击“泉水之都”后进入泉水专栏。在国外点击时响应时间略长，但是能够进入。令人遗憾的是，关于泉水之都的介绍只有三行汉字（网页上显示三行字），发布日期为2018 年6 月1 日。在“泉水之都”专栏，还设有七十二名泉、十大泉群、其他名泉、名士临泉等四个板块，点击进入后均是简单的文字介绍，并没有图片或其他链接。

查看政府网的英语版，首页依然是无任何泉水专栏，但是有“旅游与文化”板块，点击进入后是遗产、文化馆、景点和美食板块。点击“景点”板块后，是关于济南众多景点的介绍。每页 8 条景点介绍，可以查阅的有 40 页，一共 320 条信息。条目中涉及泉水的信息共 30 条，占全部景点介绍的 9. 4% 。每个景点介绍下都提供当下境外主流社交媒体脸书、推特、领英的分享链接。英语版首页有脸书和推特账号，里面有关于泉水的图文介绍。

英文版首页还有一个以青年人视角看济南的宣传短片，解说为中文，配英文字幕。里面有泉水元素，镜头一掠而过，令人无法留下关于“泉水”的印象。短片中高楼大厦、青春时尚元素虽然能显示济南现代与开放的一面，但是泉水元素没有被凸显。另外，在国外，使用一般家庭的光纤宽带播放短片，视频卡顿严重，影响观感。

2. 舜网。舜网除中文外，有英语、法语、德语、日语、俄语、韩语六个语种的版本。查阅该网站中文版，发现信息量大，首页板块多，但是无任何泉水字样，更不用说泉水专栏。以日语版为例，首页无任何关于泉水的链接，布局的分栏处分别是首页、新闻、视频、山东新闻、济南新闻、济南概况和图片新闻。其中“济南概况”点击后经过长达20余秒等待后显示网页无法打开，次日点击仍然无法进入。查阅该网站其他语种的“济南概况”板块均显示无法访问。访问时间均为国内工作日时间。

在日文版首页，发现在最下端一共有五张图片展示，其中两张跟泉水相关。图片像素低，尺寸小，色彩暗淡，无美感和视觉冲击力，图片配文字体不符合日语常用字体，日语表达生硬，不符合日语母语者阅读习惯。

首页的“图片新闻”板块一共有8页，每页15张图片（最后一页10张，且有多张无法显示），共计115张图片。其中和泉水相关的图片一共16张，占据全部图片的13.9%。图片新闻题目中涉及趵突泉、黑虎泉的图片为6张，占泉水图片新闻的35.3%，基本以持续喷涌和水位上升报道为主。其余泉水相关图片并没有明确标明泉名，只是借用泉水图片表达夏季纳凉、泉水文化节等主题。新闻图片的时间跨度为2021年12月至2023年5月15日。2021年12月之前的图片新闻无法查阅。

此外，日语版首页有“济南新闻”板块，点击后发现有关于泉水的新闻。虽是新闻板块，基本是图片加简短日语解说，与图片新闻没有任何区别。该板块只能查询到最近的20页（2022年5月31日至2023年5月31日），每页15条新闻，共计300条济南当地新闻，和泉水相关的新闻有25条，占比为8.3%，报道量平均一个月2条左右。

在所有25条报道泉水新闻的题目中明确提到泉水名称的有13条，

占据泉水新闻的52%，其中趵突泉被提及8次，黑虎泉2次，白石泉1次，五龙潭1次，月牙泉1次。提及泉水节3次。其余均为和泉水相关的新闻报道。趵突泉虽被提及8次，但仅为水位上升或持续喷涌的相关内容。

3. 济南市文化和旅游局官网。该网站没有任何关于泉水的介绍或链接，且只有单一中文版。首页既没有任何旅游资讯，也没有任何旅游协会链接。点击首页的“公共服务”能看到“济南旅行社名单”字样，但是网页无法打开。在首页有“机构职能”板块，点击进入后是2022年4月份上传的济南市文化和旅游局主要职责一览表，其中第十条明确写道“统筹推进全市旅游市场开发，负责组织旅游形象宣传和推广工作，协调推进‘泉城济南’旅游品牌建设”。

该网站首页中间处有滚动式图片，经仔细辨认，有“济南旅行社名单”图片，点击后显示网页无法访问。另外，该网站有微博和微信二维码，登录后发现有关于泉水的相关介绍。

在济南市政府网“泉水之都”板块，关于泉水的介绍，其信息来源标注为济南市城乡水务局①。打开该局官网，在首页能看到趵突泉和黑虎泉的当日地下水位数据。由于职能不同，在城乡水务局网站看不到更多关于泉水的介绍无可非议。

（二）问题分析

1. 泉水特色不明显，泉水名片不响亮。除政府网外，舜网和文旅网均没有泉水专栏，文旅网连泉水介绍都没有。文旅局作为文旅资源主管部门，门户网站对泉水名片只字不提，找不到任何信息。政府网中文

① 济南市城乡水务局，http：//jnwater. jinan. gov. cn/，2023 -06 -01.

版虽然有泉水专栏，但是为该网站的二级站点，在“市情”板块下，不特意检索找不到。政府网英文版首页也没有泉水专栏，在首页的“旅游与文化”板块下的“景点”板块有10%左右的泉水介绍，依然是二级站点，且不是专门报道。

舜网日语版虽然信息量较大，但是报道没有侧重，济南市以外的新闻占有大量比重，这样反而淡化了宣传主题。比如日语版首页最重要位置的滚动图片有五张，分别为华北古村（河北省）、中国高考、天津跨境电商进出口、庆祝儿童节、神舟十六信息，且不说泉水，和济南关联都不大，图片均转自新华网日语版。舜网“济南新闻”和“图片新闻”板块关于趵突泉和黑虎泉的报道，主题大多与水位上升、持续喷涌等相关。这可能会给外界传递一种信号，即济南泉水并不是常年喷涌，公共媒体时刻关注，担心哪一天会断流甚至枯竭。

2. 宣传形式单一，素材少，冲击力不足。宣传形式单一，体现在两方面，一方面是只依靠单一门户网站，另一方面是宣传素材单一。

宣传素材单一体现在仅通过图片形式展示相关信息，无任何泉水主题视频，明显形式单一。图片加简短解说形式无法做深入报道和互动。形式单一且素材较少，目标群体无法通过门户网站获取更多信息，基本就会放弃使用该网站，甚至会对目标地失去探索动力和兴趣。同时，有多处网页出现无法访问的情况。

3. 图片分辨率低，缺乏艺术视角。文旅宣传图片，需要通过高清图片来吸引目标群体，不仅要像素高，还要具有艺术美感。一般的低像素图片无法凸显泉水之美，没有视觉冲击力，也就难以吸引游客进一步深入了解。

4. 外语准确度不高，语言表达不符合目标语言群体阅读习惯。新闻稿件中存在语法不准确，甚至使用翻译工具翻译出的中国式外语，这样不光外国人看不懂，而且会影响宣传效果，甚至会由此让目标群体产生不信任，比如舜网的日语版新闻报道，有的标题直接使用汉语，如“串珠上涌荡涟漪　湛澈清朗白石泉”。有的只是把个别汉字改成繁体字，比如，“夏夜泉边好纳凉”“旧时王府庭園井，今朝泉城新名泉”，只是将“边”和“园”换成了日语汉字，这样的日语很难让目标群体看明白。另外，由于是新闻报道，使用类似中国古诗的诗句表达，对于一般游客（非汉学研究者）来讲晦涩难懂。

5. 主动出击意识不够，力度不足。社交媒体的传播功能越来越受重视。除政府网英语版有脸书、推特账号外，舜网和文旅网均为国内社交媒体账号。社交媒体如果不使用目标群体的常用工具以及目标语言，宣传效果就会大打折扣，再好的宣传，目标群体看不到就达不到应有的效果。这一点，政府网做得较好。

三、 国外友好城市的文旅宣传

作为参考，本研究选取日本两个城市，和歌山市①和山口市②，这两个城市均为济南市在日本的友好城市。和歌山市位于日本关西地区，在日本第二大经济圈，旅游资源丰富，隶属和歌山县。山口市是山口县的县厅所在地，历史文化悠久，位于西日本地区。研究对象为两个城市的政府官方门户网站。

（一）网站栏目设计及视觉冲击

从首页设计来看，二者都在最显著位置设置了文旅板块。和歌山市

① 和歌山市政府网，https：//www. city. wakayama. wakayama. jp，2023 -06 -01.

② 山口市政府网，https：//www. city. yamaguchi. lg. jp，2023 -06 -01.

政府网站首页板块分别为生活、市政、设施、政务、文旅。点击“文旅”后，直接进入观光旅游板块的网页。观光旅游网页又分别设置了和歌山观光、旅游景点、民俗庆典、自然、历史和美食。版面设计美观大方，清晰明了，获取文旅信息方便简单。首页是和歌山市的各景点照片，照片拍摄得美妙绝伦，直达视觉感官，极富美感。

山口市政府官网，分别有生活、工作、观光、市政、疫情等共 12 个板块，观光排在第 3 位，依然是清晰明了。点击“观光”板块后进入文旅首页，首页是艺术视觉力非常强的高清照片展示，照片下方依次为旅游景点、体验、民俗、住宿、美食特产板块。

两个城市的政府官方网站都凸显了“文旅”板块地位，位置醒目，链接简单。首页都提供了当地著名景点或美食特产的高清照片，艺术水准高，视觉感官受到强烈冲击，观后印象深刻。

（二）官方与民间旅游协会的结合

政府的官方网页有文旅板块，除此之外，还会提供当地多个民间旅游协会的链接。民间旅游协会一般以协会形式出现，不带有商业目的。旅游协会网站的文旅资源更丰富，信息更详尽，和官方网站形成互补。一方面有了官方背书，旅游协会的信息信任度更高，另一方面，旅游协会提供丰富的文旅信息，有助于文旅资源的开发和利用，促进当地经济发展和就业。

（三）有效利用社交媒体，增强互动

除门户网站外，还在门户网站提供了社交媒体账号。门户网站和社交媒体齐头并进，最大限度地将文旅信息传播出去。和歌山市提供有脸书、推特和连我（LINE）社交媒体账号。山口市提供山口观光联合协

会（Instagram）、山口观光联合协会（YouTube）、新山口高铁站观光交流中心（Instagram）、山口市观光大使（Instagram）等社交媒体账号。社交媒体具有传播快、方便、同类群体关注度高、互动性强等特点，有效利用社交媒体可以提高曝光度，扩大宣传力度。

（四）多语言的处理

两市的网站均提供了多语言供选择。但是，两市关于多语言的处理又完全不同。和歌山市网站使用语言为英语、韩语、汉语（简体中文和繁体中文）。但是，多语言并不是人工编辑，而是提供内嵌在网页内部的自动翻译，且网站有提醒，大意是该语言版本为机器翻译，可能会出现意思不能完整传达的情况。笔者使用浏览器内嵌的自动翻译功能查阅中文版和英文版，发现基本不影响对网站信息的理解。

山口市网站采用语言为英语、西班牙语、韩语、汉语（简体中文和繁体中文）。其语言为人工处理，语言准确度高，更符合目标语言群体的阅读习惯。

关于外语的处理，采用人工还是网页自动翻译不好说孰优孰劣，但是在外语处理过程中，采用人工方式却利用翻译软件来处理，这就是问题了。机器自动翻译的信息可以保证基本准确，可以最大限度传递大量信息，人工成本低。而人工干预的外语处理精度高，更符合目标语言，但人工成本较高，需要有专业人员。各个民间旅游协会的多语网站均为人工处理，保证了准确度和专业性。

（五）推出特色服务，提高旅游质量

和歌山市政府通过网站，设置专门科室助推特色宣传报道。例如，利用当地景点或特色拍摄电影、广告、各种视频或照片时，该科室负责

联系对接，会提供最大便利，必要时还会提供资助。这一举措大大刺激了市民和游客的关注度和参与度，有力提高了城市知名度和影响力。山口市政府整合当地人才资源，为有需求的游客提供专业的多语言导游服务。导游服务明码标价，服务内容受政府监督。这既提供了高质量特色服务，又促进了当地就业。有政府提供保障，避免了服务过程中的各种纠纷。

四、 建议与对策

（一）设置泉水专栏，丰富推介形式

泉水是济南重要的旅游资源，需要把这“独一份”做重点推介。应在市政府官方网页、文旅官方网页以及各大机关媒体网页设置泉水专栏，重点推介泉水文化。信息由文旅部门统一提供发布。设置泉水专栏，增加泉水关键词，提高搜索曝光度，增强搜索引擎的泉水济南指向性。泉水专栏，既要有图片展示，也要有视频；既要有关于泉水资源、泉水历史的深度报道，也要有泉水故事的书写。泉水相关的旅游线路和旅游产品也要同步推介。比如，七十二名泉探寻路线、市区名泉路线、步行泉水游路线、自行车泉水游路线、自驾车泉水游路线、泉水历史文人探寻路线、泉水文化体验路线等旅游线路的开发，以及泉水游所在地的酒店住宿、特色美食等介绍，既要形式多样，又要内容丰富，站在游客角度，提供多样化旅游产品，满足大众多样化需求。

（二）尊重阅读习惯，提高语言精度

旅游产品的介绍与说明，时效性不强，稿件一旦采编完成后，不需

要每天更新。因此采用人工介入，提高外语精度并不困难。语言表达要力求准确，这是基础。在准确的基础上，还需要追求贴切适当，即需要考虑文化差异，以及符合目标语言群体的阅读习惯。这就需要提高新闻采编人员的外语水平，或请专业人士或母语者校对。如果人力有限，可针对新闻网页，推荐海外用户使用自动翻译方式，人工智能介入，反而比人工效率高，信息更准确。可以集中有限的人力维护、推广社交媒体。

（三）利用社交媒体，打造网红产品

在宣传推介的同时，注意网络互动。有效利用各种社交媒体，不仅使宣传介质多样化，还要增加互动，提高游客的关注度与参与度。日本著名的化妆品零售商“松本清”，面向中国游客开设了微信公众号和微博，用汉语推出各种化妆品信息及优惠活动，这一举措大大提高了该连锁店在中国游客中的认可度，取得了巨大成功。这是利用社交媒体做海外宣传的成功案例。使用境外常用社交媒体，账号（二维码）可以印制在各种官方产品上，以及各种国外游客可能触及的区域，比如机场候机厅、飞往各国航班的机票、飞机餐食的包装等。

（四）打造泉水文化，推广城市宣传

除了线上，还要积极策划各种线下活动。比如，邀请国外青少年来济南体验泉水游，组织国外青少年参加泉水相关的征文比赛、演讲比赛等。使用语言不用拘泥于汉语，可使用他们的母语，然后再通过他们国家的知名媒体刊发征文比赛获奖作品。获奖人员可以受邀来济南体验泉水游。这种方式，成本并不高，但是取得的效果及连锁反应值得期待。事实上，日本很多城市都在采用类似方式。中国（中国外文局、驻日

大使馆）也在日本面向青少年组织日语征文比赛，获奖人员受邀到中国研修访问，效果好，反响热烈。至于费用，完全可以通过企业赞助方式来实现。对企业来讲，这也是成本极低的自身宣传与推广。前期可以先在友好城市组织推广。疫情之前，友好城市和歌山就积极支持山东省大学生日语演讲比赛，连续多年提供奖品，邀请特等奖获得者赴和歌山观光交流，达成了非常好的宣传效果。

（五）集中优势力量，共享外宣资源

泉水宣传，城市推介，需避免各自为战。应集中各方力量，形成统一的外宣资源，在此基础上再鼓励多形式宣传创新。比如由文旅主管部门统一外宣资源，或整合宣传资源，或招标购买服务，集中力量，降低成本，最大化发挥资源效用。

（六）官民媒体合作，国外媒体推介

政府官方网站不仅有文旅板块，还要给予旅游协会空间。通过旅游协会提供更多旅游资源和信息，政府起到桥梁纽带作用。同时，文旅管理部门还要做好旅游市场秩序维护和监督，保障旅游市场健康发展。

对外宣传与推介，仅依靠自身力量，宣传效果会受到较大限制，需要和国外媒体以及境外旅行社合作，适时投放泉水游产品宣传广告。通过国外主流媒体和境外旅行社宣传推介，根据当地游客心理与需求，对泉水游产品进一步包装。这种方式，受众面广，接受度高，效果好。

五、结语

泉水是大自然给予济南的恩惠，应该擦亮这张名片，让泉城济南更加开放包容。虽然现在还存在诸多问题，但是只要想把城市经营好，站在海内外游客立场，以第三方视角，用好用足资源，擦亮泉水品牌，讲好泉水故事，以泉会友，以泉出海，以泉助济，谋策略，求效果，就一定能助力济南提升城市软实力。

高扬济南诗派旗帜　深挖济南文化软实力

侯　环*

摘　要：“海右此亭古，济南名士多”，济南自古人杰地灵。明清时期，更诞生了独特的“济南诗派”，对后世产生了深远的影响，也给城市增添了更多的文化底蕴。今天的济南正在大力推动文化强市建设，济南诗派是济南诗城、名士之城的历史见证，对提高济南人的文化自信、增加城市荣誉感、打造文化济南、提升济南文化软实力有着重大的意义。

关键词：济南诗派；济南文化软实力

一、“济南诗派”是济南城市文化软实力集中且有力的体现

文学史上，以地域名命名的流派并不多，只有江西诗派、公安派、桐城派等少数为人所信服。“济南诗派”明确亮出自己的“旗帜”，其体系完备，特色鲜明，人员众多，成果丰富，而且影响深远，这正是济南城市文化软实力最为集中且有力的体现之一。

田雯在其《论诗》中称：“古今来文章之大莫善于诗。”中国古代

*作者简介：侯环，济南大学副教授。

的文化财富、文化积累首在诗词。“济南诗派”及其创作是济南最宝贵的文化资源、文化财富之一。“济南诗派”纵横明清两代，延亘数百年之久，名家辈出，创作丰赡，这是济南这座城市永恒的价值和骄傲。“济南诗派”的产生，不仅是在济南这块土地上涌现出众多的诗人，而且出现了众多歌咏济南的诗歌作品；不仅是培育了济南人的诗情诗性，而且塑造了济南人的文化精神与文化人格。

明清济南诗派，对接着宋代“济南二安”的诗歌传统，使得济南作为诗城更加名副其实，享誉海内。已故学者徐北文称“济南自古是诗城”，更是表达了今世之人对于济南诗派崇敬并期望发扬光大的心情。今天的济南正在大力推动文化强市建设，济南诗派是济南诗城、名士之城的历史见证，对提高济南人的文化自信、增加城市荣誉感、打造文化济南、提升济南文化软实力有着重大的意义。

二、济南诗派的构成渊源、人格精神与审美风格

“济南诗派”是一个自明至清延续不断、存在时间达数百年之久的诗派，对明清诗歌与社会文化产生过重大的影响，在明清各阶段都出现过享誉诗坛的领军人物。

明代嘉靖年间，边贡、李攀龙等人开济南诗派风气之先，之后的万历、晚明诗坛，济南诗派有杨巍、王象春、邢侗、刘亮采等。清初顺治年间，以京师三大家之一的刘正宗为首，高扬“济南诗派”旗帜。康熙年间则有以王士禛、田雯为领军人物的济南诗派，这是“济南诗派”最为兴盛期，其人数与创作、规模与声势均已超越李攀龙时期。

（一）诗派构成论

清初山左诗人谢重辉有论述济南诗派的《济南》组诗，共四首：

之一：

成宏以后论风雅，许李边刘派最真。

可惜袭生吟独苦，不逢健笔斗清新。

之二：

万历词人十辈余，杨邢之外各遗书。

粗才遁句峥嵘甚，古调淳风似弗如。

（渔洋曰：杨谓梦山太宰，邢谓子愿太仆。读《问山》诸集乃知此论之公。）

之三：

念东句比乐天真，子底才名李杜伦。

更有词场唐梦赉，时从逸处见嶙峋。

之四：

低头蚕尾思怀古，放眼山姜喜斗新。

耳食纷纷问流派，不知身是济南人。

（渔洋曰：足征吾郡文献，诗之有关掌故如此。）

这是迄今为止，我们所见到的清代最重要的一组咏歌济南风雅亦即济南诗派的诗歌，王士禛在这四首诗后面的总评中，给予极高评价，他说这四首诗：“足征吾郡文献，诗之有关掌故如此！”这组诗分别描述了明清两代十二位济南诗派诗人，分别是明代的许邦才、李攀龙、边贡、刘天民、袭勖、杨巍、邢侗，清代的高珩（号念东）、王士禄（字子底）、唐梦赉、王士禛、田雯。

值得注意的是，王士禛在第二首诗后加了这样一段评语：“杨谓梦山太宰，邢谓子愿太仆。读《问山》诸集乃知此论之公。”《问山亭诗》，正王士禛叔祖王象春所作也。这样本诗所涉及的济南诗派诗人，实际上便增加到十三位。而这其中的邢侗、高珩、唐梦赉三位重要成员，竟也被今天的研究者所忽视、所遗漏。

（二）人格精神论

济南诗派作为一个地域性甚强的诗歌派别，诗派成员生活在一个大致相同的历史文化背景和地域文化环境之中，所受濡染毫无二致。明清之济南府辖域，隶属齐之旧地，而首府济南又毗邻鲁地，其性格特征无不打上齐鲁文化特别是齐文化的深刻印记。同时，对于诗艺相同的爱好与追求，亦会形成大致相似的人格精神、文化心态与价值取向。

从文化—社会的人格类型论角度出发，以文化学、社会学的观点来看待济南诗派，大致体现出济南诗派以下的人格精神特征。

1. 通才博识型

济南诗派中多为集官员、学者、诗人甚至书画家诸种身份和才能于一身的通才型人物（如邢侗、高凤翰），这是有深厚的历史根源的。

齐文化具有明显的贯通意识，强调文人学者的融会贯通。如齐地大儒郑玄就可以用“通”字来概括其成就。乾隆年间诗人袁枚说：“康熙年间，山左名臣最多。如相国李文襄公之芳之功勋，湖广总督郭瑞卿琇之刚正，两江总督董公讷之经济，皆赫赫在人耳目，而皆能诗。世人不知者，为其名位所掩也。”（《随园诗话》卷十六）他强调山左官员才能的多样性，亦此意也。

查济南诗派的诸多诗人，他们既可为官亦可为民，既可从艺亦可治学，视野开阔，无所不能，在人生道路的选择上自然回旋余地大，游刃有余。这其中，固然绝意官场、绝意仕宦及被黜落者甚多，如明之边贡、李攀龙、刘天民以及清之刘正宗、唐梦赉等，究其原因除了齐人性格中的耿直率真、不谙（或不屑）官场规则外（他们大多孤傲耿介、恃才傲物、高洁清正、不善逢迎），也显然与他们通才通识的身份及优越感有关。

2. 文化审美型

虽则通才博识，所涉甚多，但要以文化为主导，以审美为旨归。于风雨沧桑、朝代更迭中，以独立不移之意志坚守文化的薪火传承，乃齐鲁文人学士一大风骨。“夫自战国以来，天下并争，惟齐鲁之间，学者弗废。汉兴，言《易》，自淄川田何；言《书》，自济南伏生；鲁诗则浮丘伯；齐诗则辕固生；《春秋》则齐胡母生；《论语》则琅琊王卿、胶东庸生。遭秦灭学，传经书后，多是齐人……他国则否。亦可见其俗之美也。”（元代于钦《齐乘卷之五·风土》）

在精神与物质的关系上，诗派成员大多掊物质而张灵明、任精神而轻禄位。在他们看来，人格比高官厚禄更重要（如李攀龙受上官无理慢待遂谢病告归）。他们强调文化、诗歌的不朽价值，更渴望有一块精神高地。他们不是一般意义上的文学或诗歌爱好者，文化（或诗歌）是他们的生存方式，是精神家园，是生命价值的最高实现，是可以托付终身、泽被后人的事业。他们有着普遍的文化人格和开阔的文化视野，亦因此，他们不拘泥于政治宦途之一选，并通过审美实现对现实人生的超越性价值。

在济南，流传着许多明代“前后七子”边贡、李攀龙关于白雪楼、万卷楼的动人故事。其一，边贡致仕（或说罢职）回乡后，在德府前筑起万卷楼，蓄书籍、金石甚富。想不到嘉靖十一年（1532），书楼为大火所焚。边贡仰天大哭曰：“嗟乎，甚于丧我也。”从此一病不起，于次年辞世，终年 57 岁。其二，李攀龙在陕西提学副使任上谢病告归后，曾在大明湖南岸百花洲中筑“湖上白雪楼”，楼建水中央，四面环以水，须以舟渡。楼分三层，最上层为吟咏处，中层居姬人蔡氏，下层为客厅。俗客来，则不放舟。李攀龙高卧楼上不出。若有文士到来，亦先试其诗文如何，那办法是：“先请投其所作诗文，许可，方以小蚱蜢渡之，否者遥语曰：‘亟归读书，不烦枉驾也。’”（参见王士禛《带经堂诗话》《轶闻类》）

这种高自标置的文人清骨，实为古城济南之文化特征与流风遗韵。究其实质，这早已不仅是两座楼的现实命运，白雪楼、万卷楼的象征意义在于，显示出楼的主人对文化艺术的迷恋态度，特别是坚强深挚的文化自信心，这其中，当然也有对传统文化薪尽火传的使命感。

3. 洒脱超逸型

开明、开放一向被认作齐文化的基本特征。自姜太公治齐，“通商工之业，便鱼盐之利”，便奠定了开放的模式。田齐创立稷下学宫，招揽天下贤士数千人，复在文化传统和学术思想上兼容并包，百家学说来者不拒，使得齐地充满“兼容”“独立”“自由”的学术空气，成为百家争鸣的圣地。

济南诗派除传统儒家思想外，更接受了诸子百家及道释神仙黄老之术的多种影响，有“齐气”亦有“逸气”。因而其在处世态度上不执不泥，既有清高孤傲的文人风骨，简淡脱俗、急流勇退的仙风道骨，又有用之则行、舍之则藏和达则兼济天下、穷则独善其身的进退之道。他们不恋栈不慕官，更注重身心的自由境界；他们或寄情泉石，或大隐于市，显示出洒脱、超逸的阔达胸怀与处世的灵活态度。

这样的例证不胜枚举。不独明代前后七子边贡、李攀龙告归后筑“万卷”“白雪”以畅情志，其他如刘天民、刘亮采祖孙之壮年归隐历城吊枝庵与长清灵岩寺读书吟诗，邢侗在古犁丘筑来禽馆接纳众生，唐梦赉筑志瓕堂著述会禅，实可谓进退自如、恬然自适。

（三）审美风格论

在审美风格上，济南诗派表现出以下特征。

1. 感时伤世，悲凉劲健

已故学者徐北文先生研究“齐风”特点指出：“齐地诗歌所味，其男则多喜射箭，颀长勇健；其女则天真烂漫，热情活泼；其性情则耿直豁达，而富于幽默感，非斯文秀士、工愁娘子可比也。”如李攀龙，胡应麟称其“七言律绝，高华杰起，一代宗风”，《四库总目》谓之“才力富健，凌轹一时”；又如王象春称自己的《齐音》是与杨柳、竹枝截然不同的风骨劲健的“北方词”，而刘正宗则“笔力甚健”“诗多感伤之概”。王士禛《蜀道集》《南海集》中的作品也多雄健泽厚、气势豪放。

2. 唯美与尊古的美学倾向

明代七子诗学以规摹汉魏盛唐的复古思想为主要特征，而为其复古思想张本的就是其“法式”观和“格调”论。李攀龙、王世贞等对诗文法式从字法、句法、章法、声律、用典等方面均做了详细指陈，而其格调论更是从诗歌的内部规律切入的。李攀龙强调诗歌本身的艺术特征，反对把文学视同理学的附庸，认为“里巷歌谣非缘经术；《招隐》之篇，无涉玄旨，义各于其所至，是诗之为教也”（《蒲圻黄生诗集序》）。

王士禛的唯美追求则更为自觉。袁世硕先生指出：“他标举神韵不同于特重诗之社会功用的诗教说，也超越了从诗之发生认定诗之本体的言志、缘情、抒性灵诸说，以及以格律声调为本的格调说，而是突出了诗应当独具的素质。”“他是将神韵视为诗本体的一种最基本的素质

的。”而神韵，正是其毕生全力研讨并追求的审美境界也。（参见《王士禛全集·前言》）

前后七子“文必秦汉，诗必盛唐”的复古主张，也极大地影响了后世济南诗派诗人们的价值取向。他们一般在美学和艺术上仰慕往古，这彰显了其精神世界的高扬，特别是对中国优秀古典文化的强烈自信，但也会产生因循守旧甚至抱残守缺的不良倾向。

3. 孜孜不倦的艺术创新

新奇新异的美学追求，在唐梦赉、田雯、王苹身上表现尤甚。如田雯论诗提倡新奇，甚至不唯诗奇，人也要奇。济南诗派倡导诗歌叙事的创新，讲求叙事技巧是文学意识的最大觉醒。济南诗派的谢重辉和唐梦赉的诗歌叙事，更令人叹为观止。

4. 多样性的统一

明代，既有边贡的沉稳古淡，又有李攀龙的浑涵雄深；几乎与李攀龙同时或稍后，济南诗派的杨巍又以“天分超卓、自然拔俗”之姿态，“不染尘埃，独发清音”，而杨巍与邢侗一道，被称为“古调淳风”，美不胜收也！而王士禛与田雯又是两种互为映照的不同风格。

（四）渊源论

一雀之微也不会无因落地。济南诗派的产生与发展不是偶然的，它有深刻的历史渊源，自是冰冻三尺非一日之寒。

作为一种艺术形式，诗歌具有独特的个性，它最忌写实，它需要超越时空的飞动的不同寻常的想象力与创造力，以及生动酣畅的表达力。而这些，都根植于齐鲁文化特别是齐文化古老传统的丰厚沃土中。

济南诗派有着深刻的思想文化渊源。齐人传统哲学思想中出奇的想象力为诗歌腾飞插上翱翔的翅膀，在先秦诸子中，论起恢宏新奇的想象力来，也许无过于阴阳五行家的齐人邹衍了，而邹衍哲学中那种超现实或曰非现实的想象力、创造力正为诗歌创作所必需。齐人传统文化思想与文学实践中丰富的表达手段为诗歌创作提供了思维、语言及形式基础。

济南诗派有着深厚的诗歌传统渊源。《大东》首唱，韵语先工，济南是中国诗歌的发祥地，诗歌传统渊源深厚。济南最早的诗篇，可溯至中国第一部诗歌总集《诗经》中的《大东》（见《诗经·小雅》）一诗。该诗出自谭国大夫，谭国旧址在今济南市城子崖附近。《大东》是济南最早的诗歌，然其想象力之丰富新奇，其比拟意象之生动传神，实在不愧为三百篇中上乘佳作。另外，《诗经》还收有《齐风》11 篇，皆齐地出产。济南出诗人，尤其出名诗人之多令人惊羡。《大东》之后，秦汉以来，济南诗坛依然名家璀璨，人才辈出。清乾隆间济南府齐河县诗人郝允秀作《客有询济南历代诗人者，作此答之》一诗，其中所咏济南诗人高达四十五位之多。明代即济南诗派产生之前，尤可称道者，为宋代之李清照、辛弃疾。“济南二安”，当之无愧地成为宋代词坛也是中国词坛最为灿烂的双星。

济南诗派的产生有着地域、地理渊源。济南山水秀丽，七十二泉天下闻名，自古以来咏歌济南山水美景的诗作不胜枚举。灵山秀水，正是济南之为名士乡的前提，“山水奇秀，必多遒文丽藻之士”（董复亨《函山先生集序》）正是人们对济南何以屡出杰出诗人的解答。济南风物多蕴诗性。如泉边杨柳，澄波桥影，烟雨奇观，又如湖光山色，风荷田田，泉水清湖，列屏碧山，佛山倒影，沾衣荷香，都会令人渺然有吴儿洲诸之想、羽化升仙之念，以至诗情飞扬。

清人王培荀将济南称作“诗地”“诗城”，显然，济南诗派在这里产生、发展顺理成章，理有固然。

三、打造“诗城词都”文化品牌，还济南诗派以应有的位置

自明迄清，济南诗派延亘数百年之久，名家辈出，鹰扬虎视，代不乏人，创作丰赡，人格精神高扬而超越，艺术风姿独特而多彩，历史文化渊源辽远而深厚，一个历时如此久远、业绩如此恢宏的地方诗派，在中国文学史上实不多见，遗憾的是，济南诗派长期乃至长年地被忽略了。各种中国古代文学史上从无一笔提及，《齐鲁文化通史》也只有寥寥数句：“明代中叶至清初，山东诗人大都追步李攀龙诗风，形成所谓济南诗派。”其实，济南诗派不仅代表济南和山东，也代表中华文化，在全国诗坛独树一帜，在中国诗坛、中国古代文学史上均应有济南诗派的应有位置。

两宋以降，中国诗坛一直在祧唐还是宗宋的课题上争执不休。清代康熙年间，政局逐渐稳定，追求盛唐之音的王士禛的“神韵说”应运而生，然王士禛有着宽容淳雅的个性，并不排斥宋调。此时，作为宋诗派代表的田雯横空出世，以“主真求变”“趋新求奇”“祖杜宗黄”的诗学诗论，竖起宋诗派的旗帜。而其后的王苹，又以慷慨悲歌、激楚苍凉的审美风格，“实苞唐宋”（沈廷芳《教授王先生苹传》）。钱锺书在《谈艺录》中论说唐诗宋诗不同的诗学风格：唐诗多以丰神情韵擅长，宋诗多以筋骨思理见胜。济南诗派宽容大度，包含多种流派风格，广收博取，可谓兼有唐宋诗的情韵与气度之美。

济南诗派坚持之中有创新，不断引进源头活水。后世济南诗派的诗人，对济南诗派的前辈遗产，不是不加分析地全面承袭，而是在继承的同时，有发展，有变革，有扬弃，甚至另辟蹊径（如杨巍），他们虽然

无一例外地对前辈诗人如边、李怀有深深的感情与敬意，却不一味模仿，而是在坚持之中有创新，在创新之中有坚持。这才是济南诗派历经数百年而不失守、不枯竭，并创造出一次又一次的发展高潮即所谓“大昌期”的深层原因。

如今，大力进行文化建设的济南正在打造“诗城词都”品牌，为进一步擦亮泉城文化品牌符号，提升城市文化软实力助力。作为历史文化名城，济南从古代走到今天，每个进步的足迹都弥漫着诗词的气息和韵律，这也是济南城市文化软实力最“硬”的底气。

提升济南城市科技创新软实力的思路和对策

周 笑*

摘 要： 济南面临贯彻落实黄河重大国家战略的重大机遇，肩负加快建设“强新优富美高”新时代社会主义现代化强省会的重要使命。本文从科技软实力定义，济南城市科技软实力取得的成效、面临的机遇和挑战、提升路径等方面展开分析，认为济南市在深化科技体制改革、优化科研生态、营造科技创新环境方面取得了一系列进展，但也存在高层次人才吸引不足、政产学研结合不够紧密、资源配置不合理、科技创新社会氛围不足等问题，需要进一步深化科技体制改革，强化人才引育力度，加快创新资源集聚、加强“政产学研用金服”深度融合，深化科技交流，推进科技协同。

关键词： 软实力；科技创新；济南市；对策建议

当前，我国已迈向经济社会发展全面转型阶段，提升软实力越来越成为区域、城市内涵式高质量发展的内在需求。科技创新是经济社会发展的强大驱动力和战略支撑力，无论是经济发展“硬实力”还是文化繁荣“软实力”，抓住了科技创新，就抓住了发展全局的“牛鼻子”。

---

*作者简介：周笑，山东社会科学院城市与区域发展研究所助理研究员，博士。

党的二十大报告提出："必须坚持科技是第一生产力、人才是第一资源、创新是第一动力，深入实施科教兴国战略、人才强国战略、创新驱动发展战略，开辟发展新领域新赛道，不断塑造发展新动能新优势"；"不断提升国家文化软实力和中华文化影响力"。

作为国家历史文化名城、黄河流域中心城市、山东半岛城市群核心城市、省会经济圈龙头城市，济南城市能级不断提升。与之相对应，增强城市软实力，提升城市竞争力，也是济南提高自身发展、融入国家发展大局的应有之义。济南市第十二次党代会报告指出："加快建设创新涌动、富有活力的现代化强省会""推动文化繁荣兴盛，全面提升城市软实力"。聚力科创、以创新驱动发展，不断成为济南发展道路上的强大驱动力。

一、科技软实力的定义

1990年，美国哈佛大学教授约瑟夫·奈首次提出"软实力"的概念，他认为"软实力"是指："相对于经济、科技、军事力量等表现出来的'硬实力'而言的文化、制度及意识形态等方面的影响力"，"是一国文化和意识形态的感召力，是通过吸引而非强制获取所需结果的能力……"按照其"软实力"的概念，科技软实力是相对于科技物质要素表现出来的硬实力而言的科技其他要素，包括科技创新文化、科技政策制度、科技人才素质、科技公共服务能力、科研生态等要素形成的影响力，是一种非物质的无形实力，体现国家科技创新能力和科技竞争力的关键能力。① 科技软实力决定了科技硬实力的效用和价值创造，是影

① 李继樊．论科技的软实力及评价［J］．探索，2011，157（01）：117－121.

响科技创新由大向强转变的关键因素。

就区域和城市发展而言，科技软实力的功能表现为对外的吸引能力和对内的综合配置能力：一是科技软实力对区域或城市外部科研人才、机构、资金等要素的吸引能力；二是科技软实力对区域或城市内部科技人员、团队的凝聚力、协调力和引导能力；三是科技软实力对科研机构、科技企业的运行、要素流动的配置能力。区域或城市科技软实力强，就能促进科技要素的合理配置、功能充分发挥、运行速度提高，从而实现效率最大化。

二、 济南城市科技创新软实力取得的成效

（一）深化科技体制改革，激发创新活力

1. 探索实施“揭榜挂帅”机制

济南市坚持科技创新和制度创新“双轮驱动”，深入实施“赛马制”“揭榜挂帅”等机制，不论资质、不设门槛、选贤举能、唯求实效，变“伯乐相马”为“赛场赛马”，着重真研究问题，形成真榜、实榜，让想干事、能干事、干成事的科技领军人才、团队挂帅出征。自 2021 年以来，分别组织实施了省人工智能重大科技创新示范工程、市人工智能典型应用场景和济南科技计划项目“揭榜挂帅”，充分调动各方科研力量参与关键技术攻关，面向全国发布榜单，征集揭榜方，搭建了“谁能干就让谁干”的赛场。2022 年，济南市进一步优化科技资源配置，聚焦智能制造与高端装备、精品钢与先进材料、生物医药与大健康、大数据与新一代信息技术四大主导产业的 10 个重点方向，面向全国发布了 15 项“揭榜挂帅”榜单，金额共计 3355 万元，撬动市场主体

研发投入2.17亿元，有效助力破解制约高质量发展的难题，多个项目形成了较好的示范带动效应。

2. 创新财政资金投入机制

济南市加快建设全国首个科创金融改革试验区，高标准打造科技成果转移转化“1+6+N”平台、国家科技成果转移转化示范区，全市技术合同成交额从2012年的30.38亿元增长到2022年的614.52亿元，全社会研发投入从2012年的95.53亿元增长到2022年的306.7亿元，研发投入占GDP比重达到2.68%。2022年，科创金融特色园区——齐鲁科技金融大厦挂牌知识产权及科技金融项目1908个，挂牌金额23.29亿元，成交金额8.11亿元。济南高新区在全国首创“科创经纪人”成果转化模式，先后完成2个批次共计8个项目立项，其中首批4个项目突破全部关键技术，申请专利12项。

3. 深化科研经费“放管服”改革

济南市开展“科研经费包干制”试点，对项目负责人充分放权，由科研团队根据创新需求自主选题，科研经费统筹使用；同时，加强对科研项目和经费的审核、监督、监管。通过为科研人员“松绑”、为创新活动“减负”、为成果转化“增效”，激发高层次人才科研团队活力，加大科技成果转化应用激励力度，助力关键核心技术攻关和科技成果转化实现新突破。

（二）突出要素集聚，持续优化科研生态

1. 建设重大科创载体平台

围绕全力争创综合性国家科学中心，济南市高标准推动综合性平台建设、新型研发机构建设、重大实验室和大科学装置建设、海外创新创业基地建设。一是推动综合性平台建设。加快形成自贸试验区、综合保

税区、开发区等高能级开放平台体系，加快推进齐鲁科创大走廊、新旧动能转换起步区、中国科学院济南科创城、国际医学科学中心等重大载体建设，积极构建“一廊一区一城一中心”科技创新发展格局。二是推动新型研发机构建设。引进大气物理研究所碳中和应用研究中心等15家“中科系”院所落地济南。持续推进山东产业技术研究院、山东高等技术研究院建设，打造全省科技体制机制创新样板。三是推动重大实验室和大科学装置建设。加快建设量子信息国家实验室济南基地，统筹整合驻济高校、科研机构，高起点组建泉城、微生态生物医学、粒子科学与应用技术3家省实验室，省级以上重点实验室达104家。四是加快建设电磁驱动地面超高速科学研究与测试装置、大气环境模拟系统科学装置等一批大科学装置。五是推动海外创新创业基地建设。探索形成了“金控海投基金+海外创新驿站+总部空间（合作空间）+基地联盟”四位一体工作体系，被中国科协称为“离岸基地济南模式”。

2. 创新人才引育模式

济南市大力实施人才强省会战略。2022年，济南市人才资源总量突破263万，各类人才净流入15.8万人，综合科技创新指数连续四年名列全省第一，获评“2022中国年度最佳引才城市”，入选“外国专家眼中最具吸引力的中国城市”。济南市高标准建设人才管理改革试验区，支持高端科技人才创新创业，优化创新人才流动机制。制定紧缺人才清单，靶向引进和培育一批具有国际水平的杰出人才、领军人才和高层次创新创业人才团队，实施泉城院士智力集聚计划，提升院士专家工作站建设实效，壮大工程师和高技能人才队伍；鼓励企业在全球建设“人才飞地”，企业引进高层次人才支付的一次性住房补贴、安家费、科研启动经费、子女教育费等费用，可按照相关法律规定在计算企业所得税前扣除。济南市先后出台“高校20条”“双创19条”、人才政策

“双30条”等高含金量政策，通过济南人才网、“海右”人才公众号等新媒体平台发布人才政策指引，不断提高政策的知晓度。同时，建设“数据才智”人才大数据平台系统，自动核验比对人才信息、匹配个体人才政策，推行免申即享、免审即享服务，让政策与人才“无缝衔接”。

（三）提升服务水平，营造科技创新环境

1. 发挥财政资金的引导作用

济南市充分发挥财政资金的引导作用，落实政策奖补资金，调动企业和科研人员的创新积极性，营造良好的科技创新环境。济南市深入贯彻落实山东省政府关于科技创新的决策部署，积极创建国家区域科技创新中心，统筹安排财政专项资金，加大投入力度，落实财税政策激励科技创新，支持优化科技成果转化政策创新。2020年以来，济南市累计落实科技型企业研发费用加计扣除额633.05亿元，惠及企业19795家（次）；争取落实省、市企业研究开发财政补助资金17.92亿元，惠及企业10224家（次），增强了创新创造活力。落实高新技术企业财税优惠政策。2020年以来，济南市累计减免高企所得税77.97亿元，减免城镇土地使用税7.42亿元，为2942家高企争取省“小升高”补助资金近3亿元。积极落实市级奖补政策，济南市累计为2323家企业拨付市级高企认定奖补资金5.46亿元。

2. 强化政策培训的引导作用

为进一步加强政企沟通联系，健全完善企业服务长效机制，打造“亲企、惠企、助企”的良好营商环境，济南市科技局制定下发《关于组建济南市科学技术局企业服务专员队伍的实施方案》和《关于组建科技创新企业服务队的通知》，组建由21人组成的企业服务专员队伍，

重点联系服务 97 家企业，建立横向协同、上下联动的服务企业工作体系。企业服务专员队伍秉承“亲企惠企助企，全心全力全程”的服务理念，紧紧围绕“主动作为、靠前服务，有求必应、无事不扰”的服务原则，主动深入企业了解情况、宣传政策、收集和解决问题、促进发展，进一步拉近政府与企业的距离，为企业提供全链条、全天候、全过程、全生命周期的一站式服务，确保惠企政策更到位、企业解困更高效、营商环境更优化。

三、 济南城市科技创新软实力面临的机遇和挑战

（一）济南城市科技创新软实力面临的机遇与政策红利

当前，济南面临重大发展机遇期。2019 年 9 月，黄河流域生态保护和高质量发展上升为重大国家战略，明确了济南“黄河流域中心城市”的定位；同年，国务院印发《中国（山东）自由贸易试验区总体方案》，赋予济南先行先试的改革权、试验权、先行权；2021 年 4 月，国务院批复同意《济南新旧动能转换起步区建设实施方案》。三大国家战略在济南交汇叠加，不断拉伸着强省会高质量发展的前景空间。济南新旧动能转换起步区享受自贸试验区、国家级新区、国家自主创新示范区和全面创新改革试验区“四区合一”的政策红利，拉开了济南的城市发展空间，让济南具备了进一步提升综合承载能力的基础条件。自贸试验区济南片区的加快建设，全国首个科创金融改革试验区落户济南，等等，都为济南的发展带来了战略红利，为提升济南科技创新软实力创造更好的发展机遇和更大的空间。

（二）济南城市科技创新软实力存在的问题与挑战

与其他先进城市相比，济南市科技创新软实力还存在较大差距，面临的问题与挑战主要表现为以下几个方面。

一是吸引高层次人才，特别是顶尖人才的创新能力还有待加强。2021 年，济南两院院士有 15 人，而武汉、西安、成都、长沙这些省会城市分别为 64、53、34、31 人。济南市在人才引进政策中还存在诸多问题，与先进城市比较，无论是人才引进政策规划、制定和执行，还是人才引进的整体素质等各个方面，还存在很多差距和不足。① 海归人才回济创业也存在创业扶持不足、服务体系不完善、知识产权保护不到位以及配套服务较弱等问题。②

二是政产学研结合紧密度不够。由于科研院所、高校对经济市场把握不足，产出的科研成果无法与企业充分共享，科研成果的市场化程度不高，不能带来有效的投资收益，造成创新资源与资本在一定程度上存在浪费现象。

三是创新资源整合不足，配置不够合理。济南创新资源“碎片化”，创新创业主体支撑力不足。与上海、深圳等城市相比，创新资源不能进行有效配置，导致创新系统发挥作用不够充分，科技创新资源利用率不高，影响科技创新对高质量发展的支撑作用。

四是还未形成科技创新的社会氛围。目前，济南市宣传科技创新的形式还以悬挂横幅、发放宣传页等传统形式为主，支持科学研究特别是

① 左方锐．新旧动能转换背景下济南市人才引进政策的问题与对策研究［D］．山东大学，2022.

② 李浩然，刘甲坤．海归创业人才效能影响因素分析——以山东济南留学人员创业园为例［J］．时代经贸，2022，19（08）：105－109.

基础研究的环境与氛围以及在全社会形成尊重知识、创造、人才的良好氛围还需要进一步优化。

四、提升济南城市科技创新软实力的思路与对策

建立具有区域竞争优势的科技创新软实力是建设“强新优富美高”新时代社会主义现代化强省会的必要条件。针对吸引高端人才能力不足、政产学研结合度不够、资源配置不合理及科技创新氛围不足等问题，提升济南城市科技创新软实力需在以下几个方面作出努力。

（一）加强顶层设计，进一步深化科技体制改革

面向新旧动能转换、绿色低碳高质量发展、黄河流域生态保护和高质量发展等重大战略需求，建立健全上下协同、部门联动的科技创新协调与决策机制，实施布局优化、统筹推进的科技创新体制机制改革。在布局优化上，以服务国家重大战略需求、打造科技创新策源地为目标，根据创新驱动发展战略的新要求、科技创新新形势新特征，推动形成新旧动能转换起步区建设、齐鲁科创大走廊、科创金融改革试验区、国际医学科学中心、高校集聚融合发展的多元协同科技创新体系布局。在统筹推进上，全面修订完善科技创新政策体系，建立健全科技企业诉求建议直达机制，按照不同科技创新类型，聚焦基础研究、十大重点产业、现代种业等“卡链”“断链”关键技术难题和新能源、新材料、“双碳”最新前沿技术，创新重大科技项目立项和组织管理方式，继续落实“赛马制”“揭榜挂帅”“技术总师负责制”等机制，赋予科研单位更多自主权。

（二）优化平台建设，强化人才引进和培养力度

着力完善人才引育机制，加强平台载体建设，打造“引进有政策、培养有措施、服务有保障”的人才发展生态，将科技创新人才高地建设打造成“科创济南”的重要抓手。支持用人单位发挥引才主体作用，遴选一批创新能力突出、发展潜力巨大的科技领军人才。持续做优泰山学者、泰山产业领军人才等人才工程，打造专业水平领先、覆盖全市重点产业领域的高层次人才队伍。实施外国专家倍增计划，面向重点行业领域，引进急需紧缺的外国高端人才。设立外国专家服务驿站，提高人才服务能力和水平，优化人才创新生态。发挥各行业商协会等社会组织在引才引智中的作用，着重引进与济南产业发展相关的科研团队和技术人才，壮大全市科研力量。

（三）加强要素集聚，促进“政产学研用金服”深度融合

以政府搭台、校企对接、共建共享的方式，推动人才、创新、产业、资本深度融合。加大校地、校企合作力度，推动地方、企业优势资源与有关高校、科研院所、团队及其他社会科技资源紧密结合，以项目为纽带整合资源，大力研发关键核心技术，破解产业发展中要素集聚不力、公共研发不足、成果转化不畅的问题，加速推进科技成果转化和产业化，全方位服务济南产业转型升级。强化创新主体培育，推进组建创新联合体，打造具有更强创新力、更高附加值的产业链。推进科技与金融融合，强化科技资金引导作用，优化金融支持创新服务体系，吸引各类社会资本服务科技创新。加大科技服务力度，政府部门要突出主动作为，坚持精准施策，全面开展服务企业活动，加强科技政策宣传和惠企政策落地实施。

（四）推进科技协同，服务和融入发展新格局

主动融入和服务国家、区域重大战略，优化区域内创新发展格局，深化区域外科技交流合作，坚定“走出去”，扎实“引进来”，有效聚集各方科技资源和创新力量，参与国内外资源共享平台和技术市场建设，形成区域一体化发展协同创新机制。着眼国际视野，主动布局并积极融入全球创新网络，加强与欧美、日韩及“一带一路”共建国家和地区的合作，提升国内科技合作水平，促进创新资源双向开放和流动，全方位提升科技创新的国际化水平。着眼国家战略，积极对接京津冀、长三角等国家战略区域，深化与黄河流域城市群的科技协作。着眼省内发展，以济青科创智造廊带建设为重点，加快形成“产研院创新圈、超算中心创新圈、未来产业创新圈、山东大学创新圈”四圈联动格局，发挥济南在省会城市群的科技带动作用和辐射作用。以此，形成陆海内外联动、南北有机衔接、东西双向互济的区域科技创新格局。

参考文献：

[1] 费艳颖，姜国峰．科技创新对国家文化软实力提升的风险探析［J］．理论学刊，2013，236（10）：77－80＋128.

[2] 陶希东．城市软实力的构成要素及建设路径［J］．人民论坛，2022，744（17）：106－109.

[3] 张云伟，张亚军，崔园园，等．未来五年上海提升城市软实力的思路和对策［J］．科学发展，2022，161（04）：21－29.

Ⅳ 济 南 实 践

济南市全面提升城市软实力问题研究

中共济南市委党校

摘　要： 城市软实力是新时代城市综合竞争力的重要组成部分，也是城市持续发展能力的基础性要素集合。本研究认为济南城市软实力提升面临系列瓶颈问题，包括城市软实力认识研究不够深、城市文化知名度影响力不够强、“重外轻内”导向不够优、“硬实力”带动性不够强、推进的组织制度不健全等。因此，在深入把握系统观念不够强、市场化思维缺乏、数字化思维滞后等深层次原因基础上，提出要塑优城市公共空间，提升现代城市品质，全面做优城市软实力的外延形态；促进市域整体协同性，完善现代城市功能，优化夯实城市软实力的基础保障；提升城市文化软实力，展现现代城市魅力，擦亮城市软实力的气质名片；聚焦世界产业前沿，推动城市经济高质量发展，夯实城市软实力的硬核基础；优化组织保障举措，增强城市公共政策吸引力，筑牢城市人文软实力的内在保障。

关键词：济南；城市软实力；提升路径

城市软实力是新时代城市综合竞争力的重要组成部分，也是城市持续发展能力的基础性要素集合。济南市第十二次党代会明确“推动文化繁荣兴盛，全面提升城市软实力”重要部署，将全面提升城市软实力作为城市发展的战略牵引，这也突显了相关理论研究的必然性、重要性、紧迫性。因此，深度分析全面提升济南城市软实力的指标体系、突破方向与对策建议，不仅能进一步深化济南城市软实力提升的基础性理论，也能为相关部门全面推动提升城市软实力提供决策参考，具有重要的理论与实践意义。

一、济南市全面提升城市软实力的基本内涵与指标体系

（一）城市软实力的基本内涵

“软实力”是20世纪80年代末约瑟夫·奈首次提出的概念，它区别于基本资源、军事实力、经济力量、科技水平、硬件设施等构成的有形“硬实力”，最初强调的是文化产品、价值观念、政治制度等的影响力和感召力。随着学者研究与行政实践的深入，“软实力”已经成为探讨国家、产业、城市、企业等不同竞争主体的重要向度。关于城市软实力，有研究从城市竞争的角度概述为“以文化、政府管理、市民素质等非物质要素提升城市文化影响力、政治吸引力、市民凝聚力和城市形

象亲和力等”①，也有研究认为是“建立在城市文化、城市环境、人口素质、社会和谐等非物质要素之上的文化号召力、教育发展力、政府执政力、城市凝聚力、社会和谐力、形象传播力、区域影响力、环境舒适力等构成的合力”②，还有研究将城市软实力归结为“文化号召力、教育发展力、科技创新力、政府执政力、城市凝聚力、社会和谐力、商务吸引力、形象传播力、区域影响力、信息推动力、国际沟通力以及法制健全力等十二个方面”③。笔者以为，上述研究都具有重要的学术价值与参考意义，但城市软实力作为城市综合实力的主要内容，应具有提升城市综合竞争力的鲜明实践指向，即为了扩大城市影响力、增强对外吸引力、提升服务保障力而开展的城市文化建设、城市品质提升、政府政策执行优化、形象品牌传播甚至于城市空间塑造等，都应该纳入城市软实力的系统性范畴。

（二）衡量城市软实力的评价指标体系

综合国内外不同标准的评判，本课题认为城市软实力的评判标准应该由如下内容构成：一是城市基础资源品质，包括城市公共基础设施及数量、城市生活质量、城市经济发展水准、城市历史文化资源数量、历史名人数量、知名景区景点数量等；二是城市产业发展力，包括各类产业规模、产业质量、研究单位、产业产品与品牌等；三是城市消费活力，主要是用于消费的比例与总额；四是城市创新力，主要是城市人才

---

① 浙江大学管理学院课题组．浙江省丽水市“十一五”软实力建设研究课题总报告［R］．2006：29－33.

② 陶建杰．城市软实力评价指标体系的构建与运用——基于中国大陆50个城市的实证研究［J］．中州学刊，2010（03）：112－116.

③ 王会玲，陆兰英．城市软实力内涵研究［J］．学理论，2013（32）：63－65.

数量、专利论文质量、企业创新性投入与发展等；五是城市文化吸引力，包括文化会议与活动、文化旅游接待人才、国际友好城市个数等；六是城市政策管理，主要包括公共服务文化发展水平、政府政策举措的实施效果等；七是城市全球影响力，包括文化产品进出口总额、外国游客数量、国际交流事件、居民对外来人员的接纳度等。这些要素都是紧扣城市软实力之上升华出来的目标体系。

二、 济南市全面提升城市软实力的瓶颈问题与原因分析

（一）济南市全面提升城市软实力面临的瓶颈问题

一是关于城市软实力认识与研究不够深。当前，关于济南城市软实力的实践研究不够深入，对济南城市软实力的界定尚未形成科学体系，党员领导干部的认识仍然停留于仅从城市文化建设层面提升城市软实力，呈现出碎片化的零散认识状态，影响城市软实力全面提升。

二是城市文化知名度影响力不够强。尽管近年来济南泉水文化、黄河文化、齐鲁文化、红色文化对外影响力、知名度、美誉度不断增强，但是距离城市软实力全面提升要求仍然有一定差距。仅从黄河文化影响力来看，当前关于济南在黄河文化中的地位仍然认识不清，造成了济南黄河文化影响力体现在理念而非实践层面；与郑州、西安等城市相比较，郑州早已提出打造黄河文化主地标城市，而济南理念不够新与举措不够实的问题，造成了济南市在黄河文化影响力上跟其他城市已经形成了一定的差距；济南黄河文化的对外影响力不够，仅从中国旅游城市吸引力来看，济南市与黄河流域副省级城市、省会城市比较存在一定的差距，各项指标排名靠后，在中国旅游城市吸引力排行榜中，济南仅列

30 位左右，而西安位于前 10 位，郑州则位于 15 位左右。

三是“重外轻内”导向不够优。城市软实力构建既要注重城市品质、文化资源开发等内功，也要注重宣传推介。当前，济南城市软实力建设中更多侧重于聚焦现有的资源对外宣传推介，而在一定程度上忽视内在城市精品景观空间的雕琢打造，缺少网络媒体中因城市特色活动、景观景点而形成的城市知名度“自燃”现象。关于城市文化的宣传推介力度还不够，总体上还是规模偏小、参与度不高、知名度不大，至今没有形成固定的主会场和随时可参与的核心项目，应有的带动作用尚未发挥出来；缺乏核心文化品牌，品牌效应没有发挥，对城市文化资源的发掘，目前主要集中于与城市相关的历史典故和诗词文本，尚未深入发掘城市文化的内涵。

四是“硬实力”带动性不够强。以经济高质量发展为主内容的城市“硬实力”是全面提升一个城市软实力的重要基础，也是城市软实力的重要支撑。调研发现，当前围绕保护城市软实力提升的举措，更多聚焦于公共服务设施，围绕城市软实力形成的产业总体规模偏小、企业数量质量不高，没有形成自身的特色和品牌，存在着特色不突出和竞争力不强的问题，尚未探索出“硬实力”与“软实力”互动共促的新格局。尤其是对丰富的城市文化资源的产业化开发，仍然存在对历史文化资源的挖掘和整合提升不力的问题，“硬实力”带动性不够强的问题已经成为影响全面提升城市软实力的重要因素。

五是推进的组织制度不健全。缺乏关于全面提升济南城市软实力的中长期规划，近期内进行的城市软实力提升也缺少前瞻性的科学规划引领。这造成城市软实力提升不成体系不成品牌，在一定程度上存在“各自为战”的问题。城市软实力建设领导机制有待优化，不能仅从宣传思想文化领域上发重力，而忽视城市基础设施建设、城市市民素质养成、城市经济融合带动等系统性影响，缺少关于全面提升城市软实力的人才、资金、政策的专项支持。

（二）济南市全面提升城市软实力面临瓶颈问题的原因分析

习近平总书记说："马克思主义哲学深刻揭示了客观世界特别是人类社会发展一般规律，在当今时代依然有着强大生命力，依然是指导我们共产党人前进的强大思想武器。"深刻分析当前济南提升城市软实力面临的复杂问题，坚持哲学思维探究问题的根源，对复杂问题简单化理解，有助于我们弄清楚问题的根源，进而提出有针对性的对策建议。

一是系统观念不够。城市软实力资源的开发利用以及相关产业的发展，缺乏整体性的战略管理开发理念，缺乏从济南全市整体的角度进行谋划设计，缺乏融合全省乃至全国的同质文化资源为我所用的眼界。这就造成了当前济南城市软实力提升局限于一个景点、一个产业、一个文化企业，影响力、知名度和竞争力有限，不符合现代化强省会建设内在要求。从市域内看，济南历史文化资源丰富，但缺乏整体性的规划，造成了济南城市软实力资源的开发保护利用各自为战的现象，没有形成"大旅游"的格局，没有整体性的工作机制；同时，也忽视了齐鲁文化、泉水文化、名士文化、非物质文化遗产、红色文化、地域饮食文化等的共同性开发，导致城市的持久吸引力不够。

二是市场化思维缺乏。城市软实力提升既要发挥政府的作用，也要聚焦市场化带来的内生吸引力。从城市资源的开发理念看，缺乏市场化思维和资本观念，仍然局限于旅游层面或者政府宣传视角，没有基于市场的角度发掘城市特色资源深层次的商业价值，开发思路上由此也缺乏创新性与开拓性，不会运用现代市场经济手段包装开发城市软实力资源。从城市软实力的相关产业层次看，文化产品的品质较低、质量较差，没有让人耳目一新的特色文化创意产品。从产业链情况看，对城市软实力的提升也没有形成更具特色的新兴业态与产业形式，产业开发仍然局限于景点旅游层面，既没有形成高品质的产业品牌，也没有与康养产业、绿色产业、文创产业、休闲产业等新兴业态相融合，造成了“就软实力谈软实力”的困境，缺乏“跨界”与“混搭”形式。城市品牌是城市软实力提升的灵魂与关键，但当前济南城市软实力仍然缺乏品牌意识和品牌观念，尚未明确形成品牌战略，限制了济南城市的知名度与美誉度的全面提升。

三是数字化思维滞后。从黄河文化宣传推介的理念看，黄河文化的宣传缺乏用户思维、简约思维、跨界思维等新兴互联网理念，仍然采取政府主导、跨地区宣传、主流媒体推介的传统推介方式，造成了宣传推介不能产生最大效果。从文化内涵挖掘看，当前黄河文化的推介内容单一，仍然主要以黄河文化资源本身去展现，而缺乏对深层文化内涵的挖掘；推介宣传不够，对于短视频、微信、微博等网络媒体的运用不够新颖与有效，形式上仍然采取传统宣传片的方式，产生较好影响力的宣传推介较少，尤其是对年轻人的宣传推介方式相对落后，宣传策划的口径也较为狭窄，对国际会议、文化艺术活动、学术活动等形式的运用不够，仍然聚焦于传统的宏大叙事方式，没有在“小”“新”“深”等方面下功夫。

三、 济南市全面提升城市软实力的具体路径与对策建议

（一）塑优城市公共空间，提升现代城市品质，精心打造城市软实力提升的外延形态

高品质推进城市建设，高标准完善城市功能，是现代城市建设与治

理的发展趋势，关系着现代化强省会的高质量发展、高品质生活和高水平治理，更直接关系济南城市软实力的提升。城市公共空间是现代城市居民进行公共交往的开放空间，其“颜值”与品质直接关系城市的功能品质。全面塑优济南城市公共空间，要不断增强城市公共空间的人文功能，提高城市建筑方案设计水平，凸显城市公共空间的文化内涵，注重通过对空间布局、建筑风貌、景观设计赋予具有地方特色的文化元素和符号，彰显内在文化涵养，塑造具有“泉城”特色的城市风貌；要精心打造城市公益景观小品，丰富城市公共文化空间色彩，打造书吧、展览及文艺沙龙等新型文化业态，实现城市公共空间的精致化、实用化，不断增强城市内在意蕴与外在魅力。提高城市的品质要不断加强公共服务设施建设，探索建立“十五分钟”公共服务文化生活圈，全面优化公共文化基础设施的规划建设，将济南塑造为“看得见一城山色，听得见泉水叮咚，闻得见满城书香”的现代化文化新城。

（二）促进市域整体协同性，完善现代城市功能，优化城市软实力提升的基础保障

城市建设发展不均衡，城乡功能品质不充分，已经成为影响现代化强省会城市功能品质建设的重要问题。唯有始终聚焦城市品质功能发展中的不均衡不充分问题，坚持系统思维深度，落实好城市建设发展的各项任务，方能建成功能完备、品质优越、特色鲜明、富有活力、宜居宜业的高品质现代化典范城市，方能展现全面提升济南城市软实力之“全面”，形成“无死角”的城市软实力新格局。因此，全面优化提升城市软实力，要做好市域统筹，谋划市域各地区间的协同发展，建立一体化的发展大格局，建立健全各项基础设施；要认真做好城市更新，加快推进老旧小区改造，全面提升市域范围内各社区楼宇的现代化品质，

优化改善城市居民的整体生活环境；要不断推动县域经济内涵式高质量发展，创建县域居民高品质生活，补县域城市基础设施短板，建设宜居宜业的县域建设新标杆；要落实乡村振兴战略，不断健全乡村公共服务体系，加强乡村公共文化平台建设，提升乡村文化建设品质，全面推动社会主义新农村建设。

（三）提升城市文化软实力，展现现代城市魅力，擦亮城市软实力的气质名片

城市文化软实力是全面提升济南城市软实力的核心内容，能够铸就城市的灵魂，擦亮城市的名片，提升城市的气质。全面优化提升现代化强省会的软实力，就要实施城市文化品牌战略，打造具有国际知名度的城市文化名片，聚焦于“山水圣人”中华文化枢轴建设，联动孔子、泰山等世界级文化资源，联动沿黄九省区，引领黄河沿线城市文化交流，不断打造形成世界级影响力的黄河文化品牌战略；要打造城市文化深度挖掘区，高标准建设城市文化景观带，组织挖掘开发济南各类型自然、人文、历史等资源，梳理形成错落有致、饱满鲜活、内涵丰富的城市文化景观带，使其成为夯实济南城市文化影响力的基础性条件；要聚焦世界产业前沿，做大做强做响优质文化产业，引导形成优质城市文化特色产业集群，打造精品城市文化旅游带，构建全方位、全领域、贯穿全年的城市文化旅游主题活动。

（四）聚焦世界产业前沿，推动城市经济高质量发展，夯实城市软实力提升的硬核基础

城市经济发展水平是衡量城市软实力的重要标准，也是全面提升城市软实力的重要基础。因此，聚焦世界文化产业发展前沿，结合济南的城市

资源禀赋与区位优势，制定产业发展规划，引导形成优质特色产业集群，增强城市创新活力，就显得尤为重要。全面提升济南城市软实力就要积极打造“城市会客厅”，集中布局博物馆等综合性文化馆群，打造展现黄河文化、齐鲁文化的重要地标，夯实城市产业发展的区域环境基础；要立足于中华优秀传统文化、红色文化、泉水文化等资源，大力发展文化创意设计、工艺美术、游戏游艺、影视、动漫、出版等产业，培育数字艺术、网络视听、文化电商等新型业态，形成相关特色产业集群，打造形成中华优秀传统文化“双创”的产业高地；要不断推进老旧工业厂房再利用，引导布局集艺术创作、创意设计、影视制作、广告策划、休闲娱乐等多业态文化产业园区；要引导企业创新，加大扶持力度，支持重点文化企业做大做强，中小微企业做特做优；要打造精品黄河文化旅游带，依托于新旧动能转换起步区，规划建设泺口古镇、黄河文化展览馆、百里黄河风景带、鹊华秋色园等重点项目，推动黄河国家文化公园建设，打造济南黄河文化主地标，推动黄河文化旅游与工业、体育、医疗康养等融合发展，打造一批工业旅游示范点，鼓励发展水上运动、房车露营等旅游项目，建设一批温泉康养、森林康养、田园养生等康养旅游基地。

（五）优化组织保障举措，增强城市公共政策吸引力，筑牢城市软实力提升的内在保障

首先，要加强组织领导。各级党委政府要自觉把提升城市软实力放在全局工作的突出位置，纳入经济社会发展总体规划，加强统筹协调、加大投入保障、加以推进落实，切实履行软实力提升建设的政治责任和工作责任。健全党委统一领导、党政齐抓共管、部门分工负责、社会力量积极参与的领导体制，形成推动全面提升济南城市软实力的强大合力。充分发挥市委宣传部的统筹协调机制的作用，协调解决城市软实力

发展建设的重大问题，推动重点规划、重点任务、重大工程、重大项目、重大措施落实。探索体制改革，统筹推进城市软实力建设发展体制机制改革，打通堵点淤点，激发整体效应。强化督导考核，健全督查机制，将软实力建设发展各项指标任务列入各级政府考核指标体系。强化结果运用，各区县将规划纲要提出的目标任务纳入经济社会发展全局，建立健全领导体制和协调配合机制，调动各级党委、政府推动城市软实力建设发展的积极性主动性自觉性。强化规划实施精细化管理，完善规划执行、评估、考核等工作体系，提升规划目标任务的约束力和权威性。将规划明确的约束性指标和重大任务进行细化分解，编制实施行动计划、年度计划，形成重大项目、重大平台、重大改革、重大政策具体清单，健全政策协同和工作协同机制。

其次，要强化政策保障。加强资金支持，注重国家、省级、市级相关政策的集成，落实支持城市软实力提升的各项政策；充分发挥财政资金的引导作用，支持城市软实力提升中的重大工程实施和重点项目建设；建立稳定的公共服务经费保障机制，重点保障基层提供基本公共服务所需经费；完善政府购买服务机制，通过多种手段引导社会力量参与城市软实力建设发展；加强财政资金全过程绩效管理和绩效评价结果应用，提高资金使用效益；进一步完善城市软实力建设发展的有关政策制度，形成关于软实力相关产业发展、文化保护等系统的制度保障机制。

最后，要强化人才支撑。积极引育人才，加大相关人才激励，优化城市人才服务保障，实现济南市软实力相关人才数量与质量的大提升，全面改善人才的结构分布，夯实全面提升济南城市软实力的人才基础。继续优化营商环境，深化“一次办好”改革，提升文化人才与文化企业的服务力与保障力，全力优化城市软实力建设发展的软环境。加强高层次文化人才队伍建设，发挥示范引领作用，培养造就一批德才兼备、业绩突出、影响广泛的文化名家大师、领军人才和青年英才。加大高端文化人才引进力度，完善引进管理办法和各项扶持政策，从海内外招引一批高、精、尖专业文化人才及团队。加强文物领域人才队伍建设，打造学术型、技能型、管理型人才兼备的专业队伍，加快文物保护、藏品管理、展览策划等领域紧缺人才培养。实施广电专才优才培育工程，招引和培育一批视听行业领军人才和青年创新人才。

（执笔：魏建国）

城市文化软实力构建中的“新黄河力量”

济南日报报业集团

摘　要： 作为山东省与济南市省市一体化打造的平台型新媒体旗舰，由济南日报报业集团主管主办的“新黄河”客户端，根植于《济南时报》强大的传统基因，自2021年4月28日上线以来，创新新媒体传播平台，全国影响力初步显现，被业内称为“新黄河现象”，在报道、活动、新媒体产品等诸多方面为城市文化软实力建设作出重大贡献。未来，“新黄河”将继续坚持稳中求进思路，发挥主流媒体责任，扎实开展对外宣传推介，不断创新表达形式，让正能量实现大流量、让大流量澎湃正能量。

关键词： 城市文化；项目品牌；新媒体矩阵；国际化新媒体；传播形式

城市软实力是指一座城市传统文化与现代文明、价值认同与品质认可、内在形象与对外影响、政府服务与社会治理等多种非物质元素聚合显示出来的软力量。党的二十大报告提出，要不断提升国家文化软实力和中华文化影响力。对一座城市而言，只有拥有了强大的软实力，才有发展的后劲。提升城市软实力是增强城市综合发展实力的必然选择。

作为历史文化名城，济南有着文化软实力的“天然基础”，而在科技不断发展，新媒体发展日新月异的今天，主流媒体在城市文化软实力的构建中无疑发挥着越来越重要的作用。作为山东省与济南市省市一体化打造的平台型新媒体旗舰，由济南日报报业集团主管主办的“新黄河”客户端，根植于《济南时报》强大的传统基因，自2021年4月28日上线以来，创新新媒体传播平台，全国影响力初步显现，被业内称为“新黄河现象”，在报道、活动、新媒体产品等诸多方面为城市文化软实力建设贡献了重要力量。未来，“新黄河”将继续坚持稳中求进思路，发挥主流媒体责任，扎实开展对外宣传推介，不断创新表达形式，让正能量实现大流量、让大流量澎湃正能量。

一、“纸端”品牌持续发力，深入挖掘城市文化底蕴

作为传统媒体的中坚力量，报纸依然是城市文化软实力建设中不可忽视的力量。

《济南时报》从1996年创刊起，一直重视文化报道，重视挖掘济南这座城市的文化底蕴，注重保护传承优秀传统文化，大力弘扬泉城特色文化。在国内媒体的文化副刊领域，《济南时报》一直坚持高品位和影响力。《济南时报》记者曾经面对面采访过巴金、冰心、曹禺、施蛰存、乔羽、莫言、王蒙、张炜等一大批文学巨匠。他们很多人已经作古，但依然名留青史；有的人已经获得了诺贝尔文学奖，蜚声世界。他们都曾与《济南时报》有过交集，对《济南时报》有高度的肯定。《济南时报》文化副刊还曾邀请前外交部长、诗人李肇星等名人到报社做客。

多年来，《济南时报》坚持推出高质量人文内容，尤其是在挖掘名士文化资源、聚焦文化“两创”方面，采写、编辑了大量影响广泛的稿件，推出的“考古济南”“古村落里的济南”“济南记忆”等系列报

道，深受专家、学者重视，受到广大市民和读者的欢迎。

“海右”副刊是《济南时报》多年来重点打造的副刊品牌，在报纸减版的情况下，报社对“海右”副刊给予了不遗余力的支持，在如今每周约104个版的时报中，“海右”副刊依然保持了每周10.5个版（含连载）的数量，占总版数的1/10。“海右”副刊版面设置比较丰富，有人文、温故、阅读日、大家、语闻等。在如今全国的都市报领域，坚持原创、坚持人文精神的“海右”副刊是一道独特的风景线。

下一步，“海右”副刊将继续加大对济南本土文化资源的挖掘，会开设“两宋齐州文学”等栏目，挖掘曾巩等宋代文学名家与济南的故事，继续追溯泉城千年文脉。

二、线下活动风生水起，让济南的城市文化软实力影响全国

城市的文化软实力，深厚而无形。大型活动的举办无疑能不断地激活这种软实力的魅力，让济南的城市文化软实力影响全国。

近年来，济南日报报业集团践行“融媒赋能，伴生城市成长”的大融合理念，围绕中心大局，助力城市发展，讲好济南故事。正是在这一理念的指导下，衍生出了一个融媒体平台＋文化的城市文化推广行动——由济南日报报业集团发起，济南时报承办的中华“二安”诗词大会，这可以说是2020年济南“冬天里的一把火”。活动从线上海选，到线下预赛，再到总决赛，吸引眼球无数，除了在山东引起巨大反响之外，还吸引了来自北京、黑龙江、浙江、重庆、广东等地的选手。2020年11月17日，中华“二安”诗词大会总决赛在济南省会大剧院隆重举办，30位选手在经过几轮激烈的比赛之后，最终决出了冠亚季军。活动最后宣布推出的中华“二安”·文化济南“五个一”推广行动，对

活动整体价值的提升起到了至关重要的作用。

中华“二安”·文化济南“五个一”推广行动的发起，让“二安”文化、济南文化的宣传有了平台和抓手。来自济南日报报业集团各媒体的记者组成全媒体报道团队，深挖“二安”文化内涵，以文字、图片、影像的全媒体报道方式，用更生动的故事、更鲜活的形式、更密集的节奏、更新颖的视角，展示济南这座历史文化名城的底蕴与魅力，呈现济南人刚柔相济、敦厚阔达的底色与担当，为擦亮“二安”这一超级文化 IP、加快打造“文化济南”担负起职责与使命。

为继续延续中华“二安”诗词大会热度，中华“二安”文旅节应运而生——由新黄河·济南时报与济南市文旅局共同举办的中华“二安”文旅节·宋风游园会，于 2022 年 7 月 2—3 日在大明湖超然楼举行。活动内容包括诗词擂台赛、汉服秀、文创市集、二安诗词寻踪、宋风小剧场演出、二安文化知识讲座和荐书活动等。周末两天的大明湖畔，诗词、汉服、演出、文创展示、古风游戏……各种融合传统与现代的国潮元素集中亮相，现场非常火爆。很多市民、游客慕名而来，一些家长、家委会带着孩子们前来打卡，现场参与互动答题，感受浓厚的诗词文化氛围。抖音发起的“中华二安文化旅游节”“漫步济南邂逅二安”“如果李清照也有朋友圈”等话题，总阅读量近 300 万。微博发起的“中华二安文化旅游节”话题，阅读量 23.6 万，“二安”话题进入同城热搜。在经历一番沉浸式体验后，很多市民游客对以“二安”为代表的济南文化有了更深入的了解。

在中华“二安”诗词大会、“二安”文旅节·宋风游园会成功举办的基础上，下一步将强化“二安”诗词大会 IP，继续举办中华“二安”诗词大会和“二安”文旅节，让“二安”这个济南文化的名片更加闪亮。

三、项目品牌实力凝聚，专业优势助力城市文化软实力建设

在以报道和活动全力助力城市文化软实力建设的同时，“新黄河·济南时报”还发挥团队作战的专业优势，在多个项目中贡献了重要的媒体力量。

“海岱考古大家谈”口述历史项目是山东省文旅厅与济南日报报业集团于2022年—2023年合作开展的重要文化工程，具体由新黄河专业人文采访团队负责项目执行。此次活动是贯彻二十大精神，贯彻落实习近平总书记关于考古工作一系列重要讲话和重要指示，贯彻落实总书记视察山东重要讲话、重要指示批示精神的具体举措。“新黄河”执行团队拿出最高的专业水准，最佳的工作状态，力争把“海岱考古大家谈”做成精品工程，做成山东省实践“两创”“两个结合”的典范之作。

“海岱考古大家谈”口述历史项目将形成以下项目成果：整理山东考古大家口述历史文本实录；拍摄制作“海岱考古大家谈”口述历史影像纪录片；荟萃“海岱考古大家谈”精编内容，出版《海岱考古大家谈》一书。该项目将全面反映几代山东考古人不忘初心、接续奋斗的心路历程，展现山东考古的辉煌历史和不凡成就，为山东考古继续前行积累重要的精神资源。

2023年8月27日，“海岱考古大家谈”口述历史项目成果发布会在山东书城举行，项目完美收官，获得广泛好评。

在此基础上，“新黄河”人文采访团队将酝酿推出后续项目，将该项目成功的经验在考古文博界、美术界、文艺界、教育界等领域广泛推进。该项目为城市梳理了文脉，为文化“两创”保存了珍贵记忆。

此外，继参与济南“东亚文化之都”答辩申报活动后，“新黄河”

团队再次深度参与了“东亚文化之都”城市新媒体联盟及“东亚文化之都·济南”LOGO视觉系统形象、主题宣传语、活动创意的征集工作。2022年1月，“新黄河”联合“东亚文化之都”相关城市新媒体单位联合发起“东亚文化之都”城市新媒体联盟，向世界传递东亚文化，表达东亚声音，传播东亚形象。1月1日至4月底，配合市文旅局工作，“新黄河”发布“东亚文化之都·济南”LOGO视觉系统形象、主题宣传语、创意活动三大“征集令”，进一步提升济南城市影响力和美誉度。活动反响热烈，除山东本地应征者外，还有来自广东、四川、河南、北京、湖北、安徽、湖南、贵州、黑龙江及中国香港等地的设计师或设计工作室参与其中。主题宣传语应征者更是涵盖各年龄段、各行业的文学爱好者。最终，活动共收到LOGO视觉形象投稿接近400件、主题宣传语和活动创意5000条。经初评、网选、复评等阶段，评选出“东亚文化之都·济南”LOGO视觉系统形象一等奖1名、二等奖2名、三等奖3名，主题宣传语入选奖5名。活动影响广泛，进一步彰显了济南报业和“新黄河”的社会影响力。

四、新媒体集束发力，为城市文化软实力打造矩阵平台

媒体转型中，“新黄河·济南时报”的文化报道除了保持原有优势，在媒体融合、举办文化活动、执行文化项目等领域均取得了突破，形成了“新黄河·济南时报”的文化品牌矩阵。在此基础上，“新黄河”创新“两创”传播形式，采用音频、短视频、漫画、长图、海报、H5等多种形式，以活泼、生动的方式给用户和广大网友讲述黄河故事、齐鲁故事、泉城故事，让黄河文化、齐鲁文化、泉城文化“活”起来。

为了做好中华优秀传统文化的创造性转化与创新性发展，“新黄河·

济南时报”在文化报道领域推出“海右电台”“海右读书”（百家号、抖音、喜马拉雅、企鹅号）等融媒体品牌，用融媒体的手段推广优质人文内容。在疫情期间，《济南时报》文化副刊部以优质人文内容为抗疫助力，获得了市委宣传部抗疫文艺宣传先进集体称号。目前“海右读书”已成为百度优质创作者，百家号不到一年已更新近400篇，已有多篇阅读5万+的文章，在偏小众的人文领域里殊为不易。

在“新黄河·济南时报”的文化品牌矩阵中，“海右电台”是用音频+文字的融媒体手段推广优质人文内容，其中《诗人的另一面》系列介绍古代诗人不为人知的一面，广受欢迎。“ART济南”是以原《艺周刊》为依托创办的艺术类微信公众号，目前粉丝近万，无论是粉丝数、平均点击量还是影响力，都属于济南艺术类微信公众号中的“头部”平台。

2022年，“新黄河·济南时报”联合济南市青联、济南市文艺志愿者协会、济南市朗诵艺术家协会、济南文艺评论家协会等单位发起“青年领读计划”：从4月23日世界读书日到5月4日共青团建团百年，每天推送1—2位青年领读人，总共推出济南籍明星李一桐等20位青年领读人诵读名家名篇，社会反响非常好，活动截止后还不断有各界人士要求参与。4月23日世界读书日当天，活动在客户端、朋友圈、微博等联动，时报微博#青年领读计划#话题阅读量达到40.6万。

2022年5月，“新黄河”联合全国12家主流媒体，推出大型融媒活动“全民悦读·邀您共读”。“新黄河”执行的山东作家莫言经典文学作品《红高粱家族》直播活动，邀请了全国政协委员、山东师范大学教授李掖平等共读《红高粱家族》经典片段，引发轰动效应，在全国100多家媒体同步直播，全网斩获1200万+播放量。

2022年5月18日国际博物馆日，粤广中视网策划举办全国“五省联动”“对话博物馆的力量”大型直播，“新黄河”在山东博物馆进行直播，获得央视频首页推荐。

五、《黄河 Style》微刊，创新国际化新媒体传播形式

依托于高科技的新媒体，需要不断创新更具影响力的传播形式。由“新黄河”客户端主办的中英文双语多媒体电子微刊《黄河 Style》，可谓创新国际化传播形式的典型。

2023 年 4 月 18 日，由中国社会科学院、中国公共关系协会、山东省人民政府主办的黄河文化论坛在东营举行。数百位来自国内外的专家学者和业界嘉宾齐聚黄河入海口，以“弘扬黄河文化　讲好黄河故事”为主题，共同完成关于黄河文化的数件大事，包括沿黄九省（区）签订系列战略合作协议，探讨黄河文化国际传播等。在黄河文化论坛闭幕式上，由“新黄河”客户端主办的黄河文化国际传播新媒体微刊《黄河 Style》正式上线。中国公共关系协会会长、国务院新闻办公室原副主任郭卫民，山东省委常委、宣传部部长白玉刚现场签发了《黄河 Style》微刊。

一条大河，就是一部历史，一篇浩荡的史诗，生生不息，以它的水和土，馈赠中华儿女，以典籍与国宝，铸就中华民族的根与魂。在新时代，黄河又被赋予了新的内涵，注入了崭新而丰富的时代价值。以更国际化的传播语言、更鲜活生动的方式讲好黄河故事，把黄河文化传播到更广阔的国际文化视野中，具有重要的现实意义。《黄河 Style》就是这样一个植根新平台、运用新形式的新媒体。黄河文化国际传播新媒体微刊《黄河 Style》的上线，标志着讲好黄河故事多了一个新的国际声音。《黄河 Style》第一期的主题是沿着黄河遇见海。第一期分为“根”

“红”“水”“民”“文”五个单元。“根”的部分主要讲述黄河的历史，以及中华民族的“来处”；“红”的部分聚焦黄河流域红色文化，讲述延安精神、沂蒙精神；“水”的部分主要讲述黄河的生态保护，展现黄河生物多样性；“民”的部分主要讲述黄河流域人民的家国情怀、奋斗故事；“文”的部分主要讲述黄河流域的“两创”实践。

在形式上，《黄河 Style》兼具了传统媒体的权威性与新媒体的创新性，综合运用音频、视频、文字、图片、动画等多种媒体手段，承载内容丰富，传播效果突出，用多媒体形式讲述黄河故事，力求传播方式的综合性、立体化、国际化。读者既可以通过视频看到黄河流域的壮美图景，也可以通过多样的图片了解沿黄生态的多姿多彩，还可以通过文字阅读到黄河文化的古老与新姿。

自正式上线后，《黄河 Style》至今已推出 27 期。众多聚焦黄河文化和城市文化软实力的稿件，将为城市文化软实力的构建贡献更多的力量。

（执笔：钱欢青）

国际化提升城市软实力的内在机理与对策建议

中国国际贸易促进委员会济南市分会

摘　要： 城市国际化水平，是城市国际影响力的集中体现。国内外发达城市无一不是国际化水平较高的城市，往往也是软实力较强的城市。济南市委、市政府提出建设“强新优富美高”新时代社会主义现代化强省会奋斗目标，强调提升对外开放水平，开展高质量“双招双引”，为提升济南国际化水平，增强城市软实力指明了前进方向，提供了目标指引。

关键词： 国际化；城市软实力；济南

城市国际化水平，是一个城市政治、经济、科技、文化等综合实力的反映，是城市国际影响力的集中体现。提升城市国际化水平，扩大深化与世界各国人、财、物、信息、科技及文化等方面的交流合作，提高城市国际辐射力、吸引力，有利于增强城市软实力。

一、 国际化提升城市软实力的内在机理

城市国际化包含金融国际化、贸易国际化、生产国际化、信息国际化、科技国际化、产业国际化、开放国际化等七个主要方面，城市国际化战略着眼于跨国社会经济联系的建立，在国际合作中寻求发展机会，

具有全局联结性、国际指向性、实施策略性三大特征。提升城市国际化水平，增强城市软实力，主要有三方面的内在机理。

（一）提升城市国际化水平有利于提升城市国际知名度及美誉度

国际会议是全面展示一座城市基础设施承载力、政治影响力、经济影响力、学术影响力的载体，如果能达成某项协议，将会极大提高城市的国际知名度和影响力，像国际上著名的“多哈宣言”“巴黎协定”等，都让相关城市声名鹊起。全球性博览会，如世博会等，是城市向世界展示自己的国际舞台。国际体育赛事也是城市露脸的大好机会，如奥运会、世界杯、亚运会、马拉松这些大型国际赛事。电影节、音乐节、动漫展、书画展、图书展等文化盛会，也使举办城市赢得世人的关注。国际经贸展会是城市在某些专业领域的体现，我们熟知的法兰克福、汉诺威等城市，每年举办世界瞩目的重大展会，吸引成千上万各国厂商参展，各国大量记者和游客前去参观、报道，影响力可触达世界十几亿人。国际性产业如硅谷、国际化公司如华为等，皆令所在城市知名度和美誉度大幅提升。

（二）提升城市国际化水平有利于增进与其他城市和地区间友好交流合作

举办具有国际影响力的国际化会议、展会、体育赛事、文化盛会等，将吸引全球专业机构和人士同台交流互鉴、同场竞技，如北京世园会、上海世博会、戛纳电影节、格莱美音乐节、奥运会、世界杯等都是具有世界影响力的国际盛会，往往汇聚世界目光，吸引各国竞相参与，相关领域的各国精英汇聚一堂，开展竞技交流合作，各类媒体竞相报道，人流、物流、信息流等集聚，极大促进国际经贸、科技文化交流合作和人员往来。国际经贸展览会如广交会、进博会则是各国工商界开展技术经贸交流合作的重要载体，培育具有国际竞争力的国际化企业、产业，吸引国际知名跨国公司投资，有利于促进产业合作、人才交流、技术合作等，从而构建全球化产业链、供应链。国际文旅会议宣传推广具有国际吸引力的文化、旅游、娱乐等资源，有利于促进相互交流，增进相互理解。

（三）提升城市国际化水平有利于优化营商环境

当前，世界处于百年未有之大变局，经济全球化遭遇逆流，脱钩断链严重威胁全球产业链供应链安全稳定。一方面，大力提升城市国际化水平，拓宽招商引资渠道，招引跨国企业投资，引进先进生产设备，吸引外国管理者、专家和技术人才集聚，倒逼营商环境优化，对标对表国际一流营商环境，推动政务服务、城市文化等非物质要素以及教育、医疗、住房、交通等基础设施条件改善。另一方面，跨国企业集聚易于产生溢出效应，本土企业学习国际先进管理经验、经营理念和高新技术等，助推企业国际化、市场国际化、产业国际化、产业园区国际化、城市国际化，从而形成城市国际化水平提升和营商环境优化相互促进的良性循环。

二、 济南市贸促会提升城市国际化的做法和成效

2022 年 5 月，习近平总书记在庆祝中国贸促会建会 70 周年大会暨全球贸易投资促进峰会上发表重要视频致辞，对新时代贸促工作提出明确要求：“开拓奋进，追求卓越，织密服务企业网，扩大国际朋友圈，在推动高质量发展、构建新发展格局、推动建设开放型世界经济中再接

再厉，争取更大成绩。”济南市贸促会认真贯彻落实总书记指示要求，围绕市委、市政府建设“强新优富美高”新时代社会主义现代化强省会奋斗目标，立足本职、服务企业、服务产业、广交朋友，为促进济南与世界各国各地区民心相通、贸易畅通，提升济南城市国际化水平、增强城市软实力奋力开拓创新。

（一）积极参加世博会

济南市贸促会代表市政府连续参加了2015年米兰世博会、2017年阿斯塔纳世博会和受疫情影响延期至2022年举行的2020年迪拜世博会，在迪拜世博会上，中国馆举办了“山东活动周·济南日”活动，活动以“魅力济南，泉映世博”为主题，是济南首次以“城市日”的形式登上世博会舞台，向世界全面宣传济南深入推进黄河流域生态保护和高质量发展国家战略的机遇之城、活力之城、开放之城形象，全面展示泉城“山、泉、湖、河、城”水乳交融的人文风貌和经济高质量发展成就，极大提升了济南国际化形象和知名度。同期举办了济南—中东经贸文旅推介会，推介济南外经外贸和人文旅游合作机遇，签署系列战略合作协议，为深化济南与中东地区经贸文旅合作打下基础。

（二）促进产业国际化

2021年以来，着眼济南激光产业基础和产业国际化发展定位，着力打造全球激光产业盛会和重要招商引资平台，吸引国内外激光产业资金流、技术流、信息流、人才流向济南集聚，推动激光产业转型升级，提升济南在全球激光产业链、供应链的影响力、竞争力。从中国国际贸易促进委员会、中国科学院、中国工程院、清华大学、中国光学光电子行业协会、激光加工国家工程研究中心、山东省科学院激光研究所等国内知名研究机构，到德国中小企业联合会、德国弗劳恩霍夫协会、韩国机械产业振兴会、欧洲光电产业协会、韩国光技术院、德国米特维达应用技术大学激光研究所、德国机械及制造总协会、日本科技振兴机构等国外专业科研机构，从中国工程院院士、中国科学院院士、俄罗斯自然科学院院士、俄罗斯工程院外籍院士等高端专家学者，到德国通快、美国高意、瑞士百超、意大利萨瓦尼尼、比利时瑞铁、德国威士登、新加坡铭肯、大族激光、邦德激光等国外激光龙头企业和重点用户代表，数度花落济南的世界激光产业大会吸引了众多国际顶级专业机构参与，汇聚了全球激光产业的目光。大会突出市场化、国际化和专业化，采用线上和线下同步、会议和展览同步、贸易促进和投资促进同步形式进行。2021 年，近百家企业线上参会，“一对一”洽谈 150 余场次，达成意向金额 3000 万元。2022 年，大会同期举办的展会展览面积达到 6 万平方米，参展企业 500 多家，参会观众约 5 万人，现场成交相关激光上下游设备 188 台套，成交金额 24.8 亿元。2023 年，大会期间“齐鲁光谷”“济南综合保税区激光产业全球保税维修中心”等项目揭牌，3 家激光企业签约落地，投资金额 2.35 亿元，签订产业发展基金协议，产业基金规模约 5 亿元，3 个激光产业项目洽谈顺利，总用地 100 亩左右，预计总产值 20 亿元左右。

（三）促进市场国际化

高水平办好“魅力济南”商品展，促进贸易畅通。充分发挥与相关国家商协会机构联系广泛紧密的优势，重点面向“一带一路”共建国家和 RCEP 区域，线上线下帮助企业开拓国际市场。举办“云展会”“云洽谈”，为企业创造线上“一对一”精准洽谈机会，组织企业出国线下参展，开展“济南制造”“济南品牌”国际化推广，帮助企业稳定传统市场，开拓新兴市场，维护产业链、供应链稳定。计划到2024年，“魅力济南”商品展成为服务企业数量千家以上、工商企业高度认可的、济南市重要的国际经贸会展品牌。2015年以来，济南先后在全球15个国家，以“展中展”形式举办“魅力济南”商品展17场次，我市240多家中小企业参展，帮助企业申领开放型经济发展引导资金约1200万元。2020年新冠疫情以来，共组织1200多家企业参加17场线上展洽会，面向韩国、巴基斯坦、东盟、非洲等“一带一路”共建国家和地区，促成意向成交2.4亿元。

（四）开展国际化联络

构建重点突出的沟通联络机制。东盟是济南第一大贸易伙伴，2021年，东盟向中国贸促会申请设立了“中国—东盟商务理事会济南联络办公室”，是第一个设立在北方、第一个设立在省会城市贸促会的地方联络办公室，形成了济南、山东乃至中国北方地区与东盟间重要的经贸协商机制。随着RCEP正式生效实施，济南正在积极申请设立“RCEP工商咨询理事会中国委员会济南联络办公室”和“中国—菲律宾商务理事会济南联络办公室”，以加强济南与RCEP区域国际贸易投资合作。搭建畅通有效的对话合作平台，举办“对话泉城·中国（济南）国际商协会产业对话”，RCEP区域13国22家国际商协会参加，持续扩大国际朋友圈。实现中国和老挝首次职业教育合作，莱芜职业技术学院与老挝国立大学合作打造“汉语桥——感受中国冶金创造之美”项目，促成金裕企业有限公司向尼山世界儒学中心（中国孔子基金会秘书处）捐赠100万元，成立中国孔子基金会世界文明发展专项基金，借助贸易推动国家之间的人文交流。2021年，市贸促会组织企业向柬埔寨捐赠防疫物资9200件，柬埔寨王国副首相兼外交大臣、柬埔寨王国驻昆明总领馆专门发函致谢。深度参与“对话山东”——韩国·山东、日本·山东、德国·山东三场产业合作交流会，融入更多“济南元素”，促成中韩医疗科技产业园项目、中日肿瘤免疫研发治疗中心项目签约。

（五）护航国际化经营

扎实开展调查研究、代言工商工作。2019 年以来，13 篇政务信息被中办、国办采用，其中 9 篇获得国家领导同志批示。搭建政企沟通平台，举办优化外资企业营商环境座谈会，帮助企业解决急难愁盼问题，让外商外企真切感受到山东人的好客、济南城的温度。打造“贸促商学院”培训品牌，面向企业举办各种培训，打通政策最后一公里，2022 年，累计举办 24 场共有 500 多家企业 2000 余人参加的培训。精准提供商事法律服务，出具一般和优惠原产地证明书等法律文件，为企业涉外商事法律纠纷提供仲裁、调解服务，及时搜集发布相关国家和地区经贸摩擦预警和风险信息，持续织密服务企业网。2020 年至 2022 年，累计出具不可抗力事实性证明书 15 份，涉及贸易金额 10.5 亿美元。2022 年，调解涉外贸易纠纷 8 起，累计签发原产地证 10956 份，涉及贸易金额 12.31 亿美元，帮助企业减免关税 202 万美元。

三、 济南在城市国际化方面存在的短板和不足

（一）产业国际化程度不高

产业国际化是城市国际化的重要支撑。尽管济南产业门类齐全，先进制造业、现代服务业等快速发展，但是龙头企业少，产业国际化示范

效应不强。部分龙头企业虽然在海外设立分公司，但跨国经营水平不高，国际化经验不足，主要集中于销售、售后服务等方面，海外设厂、设立研发中心等的企业屈指可数。部分产业创新力、竞争力不强，缺乏影响力大、带动力强的龙头企业，主要以国际贸易方式参与国际竞争。济南世界500强等外商投资企业和知名国际金融机构还不多，亟待加强招商引资，以补强城市国际化发展短板。

（二）常住外籍人士较少

同北京、上海、广州、深圳等国内城市相比，济南的常住外籍人士占比较小。近几年，受疫情等因素影响，常住外籍人士减少，特别是在企业、高校、医院、科研机构中的顶尖管理、研发等人才还比较欠缺。缺乏具备创新能力的高素质人才，将进一步制约城市科技创新能力，亟须增强政策对人才的吸引力，为高新基础产业提供有力支撑，加强关键核心技术研发。

（三）城市国际配套有待加强

济南国际化商业、教育、医疗等配套功能尚处于起步阶段，整体发展尚未成熟，高端资源集聚力不强。现有的国际化配套设施空间分布不均，无法实现城市全覆盖；设施能级与其他一线城市仍存在明显差距，亟待进一步提高相关设施数量、质量，以满足外籍人士相关需求。

（四）重大影响力的国际化活动匮乏

重大影响力的国际化活动对城市国际化具有强烈的拉动提升作用。博鳌亚洲论坛使举办地从一个小渔村成为世界知晓的南国名镇，成为海南推进对外开放和建设自贸港的一块“金字招牌”。乌镇，一座宁静而古朴的江南小镇，因举办世界互联网大会而蜚声海外。济南虽然每年举办众多国际化活动，但是缺乏有重大影响力的国际化会展、体育赛事、文化盛会等，从而使得济南国际影响力相对较弱。

四、提升城市国际化水平、增强城市软实力的对策建议

（一）推动产业国际化，提升城市软实力

产业兴，则城市兴；产业强，则城市强。通过做强主导产业、强化产业集聚、推进产业国际化等措施，有效增强城市核心竞争力，提升城市国际化水平。一方面，引导济南本土企业走出去，开拓国际市场，开展海外投资，并在海外设厂、设立研发机构、延揽海外人才等，帮助企业解决国际化经营中的困难问题，推动本土企业国际化经营。另一方面，积极引进来，大力开展招商引资，尤其是服务好已经落地的外资企业，持续优化外资企业营商环境，开展以商招商，不只是谈土地、谈税收、谈优惠，而要更多地谈服务、谈配套、谈技术、谈趋势，让国际资本真正感受到，投资济南就是融入了全球产业链和供应链，引进国际知名企业和专业人才，吸引产业集聚，打造一批具有核心竞争力的产业集群，推动产业国际化发展。通过产业双向国际化，强化产业集聚和溢出效应，提升产业核心竞争力，建设产业强市，以国际化产业集聚的硬实力提升城市软实力。

（二）推动环境国际化，提升城市软实力

突出资源特色，优化生态环境。学习借鉴国际先进城市经验，着重在高品质、厚底蕴、富内涵上下功夫，提升城市建设质量。要持续推动济南老城区的历史文化保护性开发，以鲜明的“山泉湖河城”特色风

貌和厚重的儒家文化底蕴蜚声海内外。要建设一批富有活力的国际社区和国际街区，提升济南国际化宜居城市品牌显示度。完善服务供给，优化人文环境。要推动教育医疗康养国际化、科技与贸易交流国际化、金融国际化、传播全球化，提升机场、火车站、大剧院、博物馆、图书馆、体育场等窗口国际化水平，树立济南形象、济南窗口。进一步营造“量身定做”的人才环境，把人才的认定权充分交给市场主体，为各类人才搭建充分发挥价值的舞台，畅通便利国际化人员交流往来，汇聚全球各国精英和游客。通过完善城市基础设施、建设智慧城市、促进城市文化发展、优化服务供给等方面的努力，使济南更加宜居、宜业、宜游，建设“有温度”的城市，增强济南城市国际化软实力。

（三）推动消费国际化，提升城市软实力

消费连接内外，消费国际化满足人民对美好生活的向往。充分发挥空港、中欧班列等国际物流运输载体和自贸区、综保区等对外开放载体的作用，积极融入高质量建设“一带一路”、高水平实施 RCEP 项目，大力发展跨境电商，瞄准国际品牌、时尚潮流与消费创新，聚焦“国际”，紧扣“消费”，突出“中心”，高水平谋划商业活跃、到达通畅、消费便利的多层次城市消费空间体系。加快打造业态多元、主题鲜明的消费新地标，推动泉城路、洪家楼、中央商务区、唐冶片区等重点商圈转型升级。顺应消费发展新趋势，强化新型基础设施建设，更加重视数字消费等新型消费，大力发展线上购物等新业态，着力推动文化、商业、旅游、会展、体育、健康、创意、设计的深度融合，通过培育市场主体、包容审慎监管、强化区域合作，达成消费与产业互促共进，实现内外消费协同发展，建设辐射省会城市群经济圈、北接京津冀、南连长三角的区域消费中心城市。加快完善国际化教育、医疗等相关基础设

施，实现外籍人士相关需求便利化，带动相关产业升级、消费升级。通过消费国际化，更好满足人民对美好生活的向往，建设消费友好型城市，实实在在增强城市软实力。

（执笔：申永胜）

筑牢乡村人才软实力“底座”打造乡村振兴新高地

济南市发展和改革委员会

摘　要： 济南市第十二次党代会报告中明确指出：“硬实力让城市强大，软实力让城市伟大。城市既要有筋骨肉，更要有精气神。”作为国家历史文化名城和东部沿海经济文化大省的省会，推进人才振兴，是济南全面提升城市软实力的应有之义，也是必须扛起的重大责任使命。在竞争日趋激烈的当下，一座城市除了要拥有经济总量、基础设施等硬实力外，还需要有让大众拥有幸福感、认同感的软实力，这是吸引人才的招牌，也是留住人才的底蕴。这样的城市才具有竞争力，实现可持续发展。长期以来，人才领域重城区轻乡村的现象不同程度存在，乡村人才持续外流、总量不足、结构失衡、素质偏低、老龄化严重等问题较为突出。乡村人才总体发展水平无法满足全面实施乡村振兴战略的现实要求。进入新发展阶段，乡村人才供求矛盾将更加凸显。因此，深入回答好如何加快推动济南乡村人才振兴等问题，提出更具操作性、创新性、有效性的对策建议，具有十分重要的理论意义与实践价值。

关键词： 城市软实力；城乡融合；乡村人才振兴；功能定位；实践指向

天下之治，人才为要；治国经邦，人才为急。人才作为城市软实力的重要组成部分，是城市活力和希望的重要体现。提升城市软实力，必须牢固树立“人才是经济社会发展的第一资源”理念，将人才优势转化为知识优势、科技优势、产业优势，赢得竞争的主动权。中央一号文件要求，把乡村建设摆在社会主义现代化建设的重要位置，全面推进乡村人才等各方面振兴。人才振兴是实施乡村振兴战略的重要推力，是落实产业兴旺、生态宜居、乡风文明、治理有效、生活富裕总要求的有力保障。乡村振兴，人才先行，全面推进乡村振兴，人才振兴是突破口。当前，黄河国家战略在济南全面铺开，“强省会”伟大事业加速领跑，济南正处于历史上最好的发展时期之一。但是我们应当清醒地看到，我们追求的发展是全域协同、和谐并进的发展，是城乡一体、共融共享的发展，是统筹规划、基础互联的发展。站在更广尺度和更高视野，在“十四五”乃至今后更长时期，实现上述发展目标，必须在乡村振兴上补短板强弱项，特别是在人才方面要下苦功出硬招。笔者认为，为做好我市乡村人才振兴工作，建议以“一心带动、两圈支撑、两带延伸、区域联动”为机体，以“乡村人才软实力评价标准”为两翼，以产业发展为引擎，举全市之力打造乡村人才振兴软实力示范带、示范区、示范点，坚持“人才就是软实力”，让人与人美美与共、人与城相互成就，真正将其作为乡村振兴软实力高地融入核心发展理念和改革重点，全面优化经济社会发展空间，促进济南加快实现建设“强新优富美高”新时代社会主义现代化强省会的宏伟目标。

一、新时代推进乡村人才振兴、提升城市软实力的功能定位

（一）提升乡村人才振兴软实力是高水平践行重大国家战略，引领核心增长极，推动济南崛起成势的使命担当

习近平总书记指出，积极培养本土人才，鼓励外出能人返乡创业，鼓励大学生村官扎根基层，为乡村振兴提供人才保障。2018 年 6 月，总书记在山东考察时强调，要打造乡村振兴的齐鲁样板。济南要实现在打造乡村振兴齐鲁样板中走在前列，发挥省会龙头作用，全面助力全省乡村振兴工作，就必须高度重视乡村人才振兴。乡村本土人才成长在农村、成才在田间，是乡村人才振兴的主力军。济南落实乡村振兴战略，需要培养一批承担推动农业高质高效、乡村宜居宜业、农民富裕富足的乡村本土可用之才。放眼全国同类城市，济南所属乡村经济总量偏小、结构失衡、发展偏弱、后劲不足，严重制约着济南全域高质量发展。例如，乡村占比较大的平阴、商河等县以占全市 19.4% 的地域面积和 11.8% 的常住人口，仅贡献了 6.1% 的生产总值与 5.9% 的财政收入，贡献度明显低于省内青岛、烟台、潍坊等地市所属县域，弱县偏弱的现象已经长期存在。济南要进一步提升区域经济竞争力，实现建设“强新优富美高”新时代社会主义现代化强省会的目标定位，必须拓展以乡村人才振兴为手段的乡村振兴全域布局，以更大的空间尺度来整合优化配置软实力资源。

（二）提升乡村人才振兴软实力是拓展新空间，实现发展新突破，带动城市能级全方位进步的战略选择

站在新的起点上推动乡村人才振兴，既面临难得机遇，也面临不少困难和挑战。我们应深入贯彻习近平总书记关于“三农”工作的重要论述，以新发展理念为统领，以产业发展为基础，以和美乡村建设为重点，以发展壮大农村新型集体经济为支撑，以城乡融合为动力，以共同富裕为目标，推动乡村振兴齐鲁样板取得更为明显的实质性进展。济南拥有国家批复的新旧动能转换起步区，在全国、全省承担着加快动能转换、做好引领示范的重大责任。目前来看，济南发展的旧动能多集中在周边郊县郊区及乡村地区，且新旧动能转换较为困难。因此，以打造乡村人才软实力示范工程为契机，推动中心城区、城乡接合部、县域空间功能的重新定位，加快区县经济特色化、错位化发展，有利于为新旧动能接续转换提供发展空间，促进空间资源的错位高效利用，提升济南经济发展活力和综合竞争力。

（三）提升乡村人才振兴软实力是塑造城市格局，展现城市深厚底蕴，实现可持续发展的应有之义

在城乡融合发展上提档升级，以县域为重要切入点，以人才为抓手，加快推动城市基础设施向农村延伸、公共服务向农村覆盖。要在精神文明建设上提档升级，扎实开展乡村文明行动、移风易俗治理，让农村不断焕发文明新气象。以人才为支撑，在推动乡村善治上提档升级，抓实党建引领、村民自治、法治保障，让农村既充满活力又稳定有序。城乡融合、均衡发展是进入新常态背景下济南经济社会保持健康稳定的必然要求。济南市乡村地区广大，乡村人口较多，经济发展薄弱。例如，2022年历下区和商河县的GDP相差近10倍，财政收入也相差约8倍，区县间发展差距进一步拉大。将乡村经济纳入济南全域经济，能够进一步强化其主体功能，强优弃弱，优化布局，推动中心城区和郊区、县域、乡村之间产业与资源的相互分工与协调，促进城市布局协调一体发展。

（四）提升乡村人才振兴软实力是密切圈层协同，推动区域发展提质增量，实现软实力“一圈同城，共建共享”的战略需要

推进区域乡村人才协调共进，深入实施区域协调发展战略、区域重大战略、主体功能区战略，优化重大生产力布局，构建优势互补、高质量发展的区域布局和空间体系。创新区域间乡村人才培养、引进、管理、使用、流动和激励等制度，打造乡村人才振兴的制度优势。建立圈层联动推动乡村人才振兴机制，形成齐抓共管的工作合力。当前，山东省提出构建“一群两心三圈”区域发展格局。在三大经济圈中，省会经济圈战略地位重要，产业基础良好，自然资源丰富，文化积淀深厚，在承接产业转移、配置生产要素、拓展经济腹地等方面享有得天独厚的优势和条件。济南作为省会经济圈的龙头城市，随着省会经济圈一体化建设的推进，与周边6地市在乡村振兴特别是乡村人才资源共享方面有着广阔的发展前景。

二、济南市乡村人才振兴工作成效显著

济南市高度重视乡村人才振兴工作，连续投入大量人力、物力和财政资金，下大力气提高全市“三农”人才层次，加快基层生产生活环境整治提升，保障广大农民连年增产增收。

（一）强班子育骨干

大力实施“头雁队伍提升”行动，优选“头雁”。通过在外能人回引、退役军人选任、优秀书记跨村任职、机关干部下派等形式，累计调整优化村“两委”班子成员数千名。公开遴选数百名村党组织书记，分多轮累计选派数千名第一书记，到农村开展帮扶。例如，章丘区双山街道三涧溪村，在村党支部书记高淑贞带领下实现脱贫致富，村集体净资产上亿元，被评为“全国乡村治理示范村”。

（二）强服务聚人才

统筹优秀干部资源，分多批选派人员到县乡挂职，选聘乡村振兴工作队队员上千名。针对乡村教师、医生等专业人才，开辟职称“直评直聘”绿色通道，政策惠及数千名乡村基层人才。从复旦大学等知名高校选派科技副职近百人，开展医生、科技工作者下乡等累计 1.2 万人次，培养农村实用人才 12 万余人，形成了助推发展攻坚的强大动力。例如，章丘区绣惠街道施家崖村，在村党支部的影响下，多名在外人才先后回村加入创业队伍，带领群众致富增收，昔日的空壳村，如今变成了远近闻名的小康村。

（三）强产业助振兴

坚持“以产引才”“以产聚才”，围绕“产业链”打造“人才链”，形成“吸引一个，带来一群”的“雪球”效应。以平阴玫瑰、章丘大葱、历城草莓、莱芜生姜等优势农产品为单元，进行链条化打造和品牌化开发，发展核心种养基地 50 万亩、各类经营主体 1000 余家，产值超过 170 亿元。例如，市中区陡沟街道仁里村，打造了集多肉、花卉、苗木、水族、山景产销一体的“产业综合体”。长清区五峰山街道陈庄村，形成了集蒲公英开发种植、加工、销售于一体的综合产业链，带动村集体、村民实现增收。

（四）强治理促和谐

高标准打造示范标杆，建成乡村振兴齐鲁样板村 105 个、市级以上美丽乡村示范村 284 个、美丽乡村示范线路 20 条、乡村振兴示范区 16 个。推进党组织领办合作社、“乡村振兴党建联合体”等，坚持党建引领，组织群众、整合资源，实现增收致富，1006 个贫困村全部摘帽。例如，天桥区桑梓店街道小寨村，是少数民族聚居村，坚持党建引领，广泛发动和依靠群众，先后被评为“全国民主法治示范村”“山东省民族团结进步模范村”等。莱芜区雪野街道王老村、南部山区西营街道黄鹿泉村等贫困村，现在都成了全国文明村、全国乡村旅游重点村。

三、济南市推进乡村人才振兴，提升城市软实力的现实困境

（一）缺少系统谋划，实践路径不明，发展差异较大

全市上下均对乡村人才振兴高度重视，但在系统谋划上主要停留在理念和目标等宏观层面，缺少分区分片精准举措。从全市整体看，济南市正处于城乡融合和城镇化的关键期，需要大量人才集聚整合，而济南市乡村地域广大，农业人口和乡村数量较多，突出表现为乡村经济落后等问题。例如，全市现有行政村 5565 个，集体经济规模 3 万元以下的村 21 个，仅商河就占 19 个；3—10 万元的村 3078 个，多在长清区、济阳区、莱芜区等；100 万元以上的村 427 个，商河 948 个村仅占 7 个，

南部山区254个村仅占1个；集体经济收入50万元以上的村多在中心城市甚至城中村，而10万元以下的村多在距中心城市较远的区县。分区域看，从地处外沿和城乡接合部的历城区、长清区、章丘区、济阳区、莱芜区、钢城区、平阴县、商河县等，到中心城区范围的市中、槐荫、天桥、高新区等，均存在数量规模不等的乡村与城市整体割裂失衡的现象，得不到有效辐射带动，严重制约了空间拓展、功能优化和人口集聚，导致城市品质提升、资源要素配置、产业转型升级、公共服务供给等问题长期难以得到有效解决。

（二）现实差距较大，自身基础薄弱，村庄萎缩突出

长期以来，受历史习惯和自然条件限制，县域经济落后，部分村庄规模小、资源禀赋差、布局结构分散、人口外流严重，人才工作根本无从谈起。在2021年全省县域经济高质量发展差异化评价中，济南市参评区县无一获评先进县及进步县称号，总体呈现强县不强、弱县更弱、整体落后的特征。章丘区500人以下的村约占三分之一，南部偏远地区不少村庄甚至在100人以下，济阳区小于500人的村占村庄总数的46.2%。笔者实地调研的平阴县某村，村里常住人口只有130余人，除了3个上小学的孩子，村里基本都是60岁以上的老人，年轻人都到城区或外地打工，更别说吸引外来人才。随着农村人口向城市不断转移，济南市村庄萎缩问题会越来越严重。

（三）人才标准缺乏，评价指标不明，“一个方子吃药”

强省会必须强乡村，强乡村必须兴人才，兴人才必须明确乡村振兴所需要的人才评价指标体系。同时，不同类型的乡村应有不同的人才需求，比如，城中村、近郊村、城乡接合部、工矿区、纯乡村等，对人才

需求的标准是不一样的。现实中，济南市还没有具体的乡村人才评价标准，政策路径大同小异，“一个方子吃药”，暴露出不少问题。

（四）产业布局不优，结构不够合理，支撑能力不足

产业是决定人才的根本支撑，是人才干事创业的起点，是人才发挥聪明才智的平台。但从全市看，产业布局不够优化，乡村地区产业较为匮乏，缺乏统一规划，无资金无土地，更无管理人才、技术人才等支持。受济南市中心城区高端产业植入与发展空间受限的矛盾影响，原有城区范围内部分产业需要向外围县区转移，但是产业协作不够紧密，产业链上下游缺少关联配套，本地配套率、产销率不高，园区及配套设施不足，没有形成良好的产业生态。

四、济南市推进乡村人才振兴，提升城市软实力的创新路径

全面提升城市软实力是济南优化城市治理效能，打造强大要素吸附力和人才吸引力，让城市更有魅力和活力，建设现代化、国际化、智慧化、绿色化省会城市的重要举措。吸引人才特别是实现乡村人才振兴事业的突破性发展，不仅事关济南的软实力发展，而且涉及更大范围经济空间和竞争态势的重构。所以，这不只是经济地理空间的简单拓展，更涉及区域内空间布局、资源调配、管理方法、产业形态等一系列转型升级。

（一）统筹乡村人才振兴软实力格局，分类确定人才战略定位

1. “一心”即济南市中心城区，突出增强省会中心辐射带动效应，打造“人才软实力核心辐射带动区”。遵循“十四五”规划和 2035 年

远景目标要求，突破中心城区行政区划边界限制，一方面以城市更新为抓手，对城中村宜拆则拆、宜改则改、宜留则留，彻底解决中心城区乡村遗留问题，使之与城市融为一体，享受共同的人才资源，形成重点突出、相得益彰、具省会气质的发展格局。另一方面，以中高端人才本地培育、外来引进、交流合作等为主，市级层面统筹人才管理使用，让人才从中心城区、城乡接合部到外围乡村广泛流动、精准使用，释放全市辐射带动效应，形成共建共用共享的良好态势。

2. “两圈”即环中心城区城乡接合部和省会经济圈，打造“乡村人才软实力优化提升区”。一是环中心城区城乡接合部，按照城市空间总体规划和未来城市边界划分，遵照城镇化规律要求，对环绕中心城区的坚持融合共建、分类整合、审慎推进，将其逐渐发展成为城市基本服务策源地、人口集中聚居地、产业链条汇聚地，进而集聚中高端要素，发展不同层次产业，拓宽发展空间，提升优化功能品质，建设美丽宜居、充满活力的类中心城区。例如历下、市中、槐荫、高新与长清、济阳、商河、平阴等，借助县域结对帮扶机制，加大域内乡村人才对接，提升交流层次和合作质量。二是省会经济圈，依托省会经济圈人才合作交流机制，加快推进济南市特别是外围区县和远郊乡村与周边6个地市形成协同发展格局。例如，济南市“西兴”区县与泰安、德州、聊城接壤，槐荫区与齐河县隔河相望，长清区与泰安市共享泰山，平阴县与东阿县、肥城市地缘相近、产业相连、人员相亲。发挥济南人才极核带动作用，加强与周边城市乡村人才资源共享，优先在城市接壤边界区域打造人才交流互动合作高地，推动产业链接融合联动，提高资源整合利用率和产业集中度，延伸县域和乡村产业链价值链，建设布局合理、错位发展、协作密切的区域发展体系，推动形成“功能分工＋资源共享＋产业阵地”的乡村人才振兴多中心分布格局。

3. “两带”即黄河流域乡村人才振兴软实力示范带、水陆通道乡村人才振兴软实力示范带，塑造强劲有力的人才辐射源与增长极，打造“乡村人才合作软实力拓展区”。以黄河沿岸为骨架，以国务院刚刚批复同意的济南新旧动能转换起步区为核心极和引爆点，打造黄河流域乡村人才振兴软实力示范带。充分挖掘黄河流域沿岸乡村纽带作用，统筹堤防加固、河道整治、滩区治理、生态保护修复、水资源利用和文化传承保护，以人才为导向，以文化为灵魂，以生态为脉络，实现绿色发展一体化、基础设施一体化、产业协作一体化。这条示范带是济南市落实黄河国家战略、积极融入“双循环”新发展格局的重要阵地，是济南市担负省会责任使命、推动黄河流域打造乡村振兴样板的桥头堡。通过黄河、小清河等水路和高铁、城际铁路、轨道交通、高速公路等陆路建设，把济南市沿线乡村与交通基础设施紧密联系起来，在沿线建设产业载体平台和功能配套基地，促进人才流动互通，形成发展连绵区域，打造水陆通道乡村人才振兴软实力示范带。加快高铁线路“米”字型建设，加速形成“三环十二射”高快一体路网，推进小清河复航工程等，进而实现交通沿线乡村地区基础设施互联互通，加大人才吸引和交流便捷度，拓宽乡村人才腹地。

（二）建立人才软实力评价标准，打造科学系统精准化体系

1. 建立乡村人才实用标准。标准范围是以乡村一、二、三产业为主业的农村劳动者，包括本土的和外来的。人才类别包括生产类人才、经营类人才、技能型人才和农业技术人才等四大类。在评价标准方面，生产类人才评价侧重产业生产的示范带动效应和增收致富情况；经营类人才侧重产业规模效应、吸纳劳动者数量、经济效益等；技能型人才侧重在产业方面具有较高水平的技能或特长，能带动劳动者掌握该技术或

进入该行业，在自身获得一定经济收入的同时，让当地农民增收致富；农业技术人才侧重有一定的科技创新能力，能在实践中开展探索性的实验，分析解决技术中的某些难题，能根据实际有针对性地引进、推广新品种和先进技术，取得一定经济效益和社会效益，有较强的奉献精神，群众认可度较高等。在市级和县区级层面建立乡村人才数据库，提升信息化、智能化水平，实行动态管理，优胜劣汰。

2. 分基础论条件有序推进。将济南市所有乡村地区按照基础条件划分成先行示范区、正常推进区、持续攻坚区。条件优越、发展质量好的乡村地区列为先行示范区，对标对表先进地区，加快实现农业农村现代化。基础一般的乡村地区列为正常推进区，利用现有政策，争取乡村振兴尽快取得阶段性成果。基础薄弱、任务艰巨的乡村地区列为持续攻坚区，需进一步加大政策、财政、人才支持力度，巩固脱贫攻坚成果，并衔接好乡村振兴工作。

3. 人才评价标准地域类型化。济南市乡村地域因区位条件、资源禀赋等不同，呈现城郊融合型、产业带动型、区域中心型等多种类型，所以必须以所处地域类型为基础确定人才评价标准。具体地域人才评价标准包括域内与中心城区紧密相连，承接城市外溢功能，与中心城区互补互动的城郊融合型人才评价标准；以域内产业发展及示范效应为主题，以二、三产业强劲带动本地发展，专业化、现代化、规模化，吸纳劳动力强的产业带动型人才评价标准；域内属于所在地发展中心或潜力型中心，吸纳人口聚集、形成一定经济规模，提供区域中心服务的区域中心型人才评价标准；域内以农业为主，依托丰富的耕地资源，着力突出农业发展优势的农业主导型人才评价标准；域内具有独特资源优势可利用，保护开发浓厚历史文化、特色景观、绿植集中等自然文化资源并实现可持续发展的特色优势型人才评价标准；域内位于重要生态功能区或生态脆弱地区，以生态保护和安全为主的生态涵养型人才评价标准；域内位于交通要道或沿线，通过发挥区位优势和汇聚资源要素来带动当地发展的沿边发展型人才评价标准；域内资源禀赋不足、人口外流严重，周边全域统筹、全域规划，合理布局优势项目人才配置的空心撤并型人才评价标准。通过不同类型地区对应不同人才评价标准，克服唯学历、唯资历、唯虚表倾向，让乡村以自身实际为出发点引才而为己用，而不是为了政绩、考核引才来充“脸面”、扮“花瓶”，提升引才实效。

（三）加快推进“软硬兼施”，实现产业与人才同频共振

一座城市，既需要硬实力的支撑，更需要软实力的浸润。立足不同乡村地区产业发展实际，坚持需求和问题导向，搭建乡村需求与人才需要信息对接“金桥”。倡导“不求所有，但求所用”“不求常在，但求常来”理念，让人才引培与产业起步同频率，人才融合与产业推进同场域，人才进步与产业发展同成长。

1. 推进区域化产业链垂直分工，勾勒“产业人才蓝图”。按照“研发人才在中心城区、制造人才在周边区县，孵化人才在中心城区、转化人才在周边区县”的思路，充分发挥中心城区的高端要素集聚优势和周边区县的空间资源优势，通过市场主导、政府引导，在人才分工基础上增进合作，推动在中心城区逐步形成以服务经济为主的产业结构，在周边区县逐步建成一批特色制造业基地，推动各区县逐步形成主导产业各具特色的横向分工，逐步形成济南市城乡产业人才地图。

2. 推进区域化空间布局合理划分，布阵全市人才“一盘棋”。按照济南市主体功能区规划，进一步明确各区县主体功能乡村人才定位，结合各区县产业基础、资源要素和发展需要，科学谋划各区县产业定位，构建形成由中心城区向城乡郊区分布的“产业基地—产业园区—特色

小镇—产业社区”的产业空间布局体系，推动市域内产业联动，避免产业同质和无序竞争导致的人才资源浪费，对重复建设、盲目竞争行为加以必要的干预和限制。“以产业定人才，以人才促产业”，提高乡村地域园区承载能力、“亩产效益”，发挥园区“产业兴乡”平台作用，完善园区配套，盘活存量资源，提高用地效率，实现园区绿色、集约、高效发展。

3. 推进区域化现代产业体系发展，树立人才发展“全链条全周期”理念。坚持“产业村—产业聚集区—全产业链”并行发展，深入实施特色人才振兴工程，特别是围绕创建“一村一品”示范村镇和产业聚集区、培育带动能力突出农产品加工企业、打造百亿级特色农业产业集群等方面，推动人才和产业两条“链条”同步建链补链延链强链，加快融合发展，实现人才成长和产业发展的良性循环。

（执笔：盛波）

提升公安软实力
厚植新时代强省会建设的平安基础

济南市公安局

摘　要： 将“软实力”理论移植到公安机关警务效能建设的研究范畴，不仅是可行的，而且为公安机关警务效能提升提供了一个崭新视角。近年来，济南市公安机关始终牢记宗旨使命，忠诚履行职责，勇于担当作为，战胜一系列挑战、打赢多条线硬仗，有力维护了全市政治社会大局持续稳定。群众安全感、满意度逐年上升，济南成为全国唯一连续12年命案全破的省会城市和毒情最轻的重点城市，“平安济南”已成为提升城市软实力的亮丽名片。当前，加强公安软实力建设势在必行，是厚植新时代强省会建设的平安基础。

关键词： 软实力；公安文化；公安软实力；平安建设

公安软实力，是将国家层面的软实力概念移植到公安机关中的体现。公安软实力是以硬实力为基础，在日积月累的公安实际工作中不断发展并逐步沉淀下来的各种文化、价值观、精神力量和对外影响力。理论界认为，借鉴软实力的内涵，公安软实力应包括三个层次的内容：一是公安文化的吸引力①，是指日常公安工作不断累积的、带有公安职业

---

① 张国祚，兰卓．关于公安文化软实力的思考［J］．湖南社会科学，2021，208(06)：120－127.

特色的精神文化活动及其产品所发挥的感召功能；二是公安环境的同化力，指公安机关给人民群众提供公共产品与公共服务时，依靠现有警务资源形成的政策环境、经济环境、文化环境和创新环境，人民群众在公安机关现有的公安环境中，受公安机关政策和行为影响，逐步形成责任感和使命感并反作用于公安工作的动力；三是人民警察形象的塑造力，其中，警察公共关系、群众工作的逐步开展是人民警察形象塑造的路径选择，人民群众满意度和执法公信力是衡量人民警察形象建设的重要依据。

当前，公安机关科技发展迅速、技术装备先进，全警硬实力得到有力保障。然而，反观全警警营文化、制度建设、警务运行机制、民警综合能力尤其是运用现代科技的能力尚有短板存在，对于“什么是公安软实力”“怎样提升公安软实力”还存在模糊认识。如何通过公安软实力的提升，让公安“硬实力”更硬，是当前全警亟待探索的重大理论与现实问题。

一、济南提升公安“软实力”的探索实践

济南公安重点把握公安“软实力”的三个“区别于”和三个“紧密联系”。一是区别于公安硬实力，并与之紧密相关。硬实力体现公安的“人财物”（警力、财力、装备等），为公安提供实体支撑；软实力体现队伍的“精气神”（制度机制、队伍素质等），为公安提供智力支持，两者共同构成公安实力的肌体与魂魄。二是区别于城市软实力，并与之紧密相关。城市软实力侧重城市环境、精神文化、管理制度、市民行为等；公安软实力侧重思想文化、执法行为、服务水平、管理能力、队伍形象等。对此，根据公安机关对于城市最重要的价值、群众最直接

的感知和自我最基本的要求三个层面，找到“平安”这一最大公约数，把“建设平安强省会”作为“提升公安软实力”的落脚点。三是区别于文化软实力，并与之紧密相关。广义的“公安软实力”概念更加宽泛、更加务实，既包括内部的以文化人、凝心聚力工作，更强调外部感知，注重评价队伍管理、执法服务和创新应用等，其外延大于公安文化软实力。

长期以来，济南公安高悬国务院授予济南交警“严格执法、热情服务交警支队”荣誉称号，坚持凝价值之魂，牢牢把握核心价值导向这一软实力的灵魂，坚持不懈地用党章党规和习近平总书记系列重要讲话精神凝聚警心，深挖济南交警品牌文化这座精神富矿，立精神坐标，筑精神支柱。坚持固立身之本，把每名民警都视作济南公安事业大厦中不可或缺的一颗“小石头”，倡导“小石头也能砌高墙、小石头也能筑大路”，提出“向能力聚焦、为荣誉而战”，把一招一式练扎实练过硬，使民警的素质能力、作风形象更加符合人民警察的职业气质和文化属性。坚持聚蝶变之力，在“济南交警”的旗帜引领下，“单项创品牌、整体创一流”成为全市各级公安机关的不懈追求，济南特警先后赴多地维稳处突、抗震救灾，摘得“全国特警示范队”的桂冠，济南刑警、济南网安、济南出入境等工作品牌逐渐叫响，“交警效应”变“公安效应”，成为济南交警精神生生不息、发扬光大的时代写照。

面对新形势新任务，济南公安坚持创新探索，围绕政治本色、宗旨情怀、执法理念、文化传承、队伍作风、改革创新等六个维度，开拓提升“六力”的推进路径，即政治建警统领力、品牌形象感染力、规范执法公信力、警队文化凝聚力、警务改革驱动力、干部队伍执行力，并把打造忠诚公安、亲民公安、法治公安、文明公安、活力公安、效能公安“六个公安”作为工作目标。

（一）忠诚公安建设方面

济南公安坚持把对党绝对忠诚作为首要政治品质，深化忠诚教育，切实把“学思用”连成一线、“知信行”融为一体，确保队伍绝对忠诚、绝对纯洁、绝对可靠。

一是坚持公安姓党政治属性。始终把抓党建工作作为公安工作铸魂强筋的固本工程，坚持“以党建带队建、以队建促工作”的工作思路，不断创新党建工作方法，积极构建济南公安特色党建体系，深入推进特色党建品牌创建活动。强化理论武装，抓实“以上率下引领学、集中研讨专题学、全警参与覆盖学、政治轮训系统学、创新形式灵活学”五学联动，不断筑牢队伍高举旗帜、听党指挥、忠诚使命的思想根基。

二是积极打造党建品牌。出台《加强全市公安机关新时代党的建设工作的意见》，从顶层规划全局政治建警。立足公安机关职责任务，全面实施“黄河安澜·生态警务”行动方案，大力推进黄河文化遗产的传承和保护，打造“警徽耀黄河”党建品牌，坚决扛牢沿黄公安机关使命担当。各分县局根据自身特点，积极创建具有各自特色的党建品牌。例如，历下分局通过“领航、铸魂、强基、培元”四个工程，创建“六有”① 党建品牌；莱芜公安发扬“用生命捍卫使命”的精神，用“一身正气、一鼓作气”的局风和“厚德崇法、公正廉明”的局训指引公安工作，连续三年荣获全省“优秀公安局”称号，其“四个一”机制、执法监督委员会等创造了全国品牌，群众安满度连年位居全省前列。

---

①“六有”是指，党委有号召力、党建有引领力；支部有向心力、队建有凝聚力；党员有执行力、工作有创新力。

三是强化教育警示。充分发挥线上“公安网络学院”，线下“初心馆”“使命馆”等党建文化生活馆作用，开展革命传统教育和爱国主义教育。抓牢“三个规定”“十个严禁”“六项规定”等教育警示，让全警自觉勤俭节约，不讲排场、不比阔气、不铺张浪费、不以权谋私、不以权徇私，以敬畏之心对权、感恩之心对位、知足之心对利、平常之心对名。如历下公安创新学习形式，每周五开设一期“晨习课堂”，由局领导按照分工，结合当前时政、中心工作、作风建设等内容，采取视频会议形式上大课，引领全警强化思想淬炼，擦亮忠诚底色。

（二）亲民公安建设方面

全心全意为人民服务是党的根本宗旨，是济南公安注入灵魂、融入血脉的传承基因。济南市公安局自成立以来，始终坚持以人民为中心的发展思想，秉承“以敬畏之心尊重群众、以赤诚之心守护群众、以谦和之心善待群众、以感恩之心服务群众”的亲民文化核心理念，把民事当家事，把群众当家人，让每一名民警、辅警把亲民作为习惯、形成自觉意识，永远保持同人民群众之间的血肉联系。

一是说行办成，忠实践行“人民公安为人民”的宗旨。积极改进服务群众工作方法，打造“说行办成”便民品牌；迭代升级线上“一网通办”，依托爱山东“e 警通”上线新批次便民惠企服务场景，提升“e 警通”品牌效应和综合效益。推动 13 类 145 项高频服务事项“一站办理”，实现高频公安政务服务事项网上可办率 100%。实施“零门槛”落户政策，积极开展服务引才工作，推出 27 项便利举措，开通人才和惠企“绿色通道”，服务 24 家企业 694 人次，为经济高质量发展引才聚能。

二是榜样引领，不断提升服务群众能力水平。济南公安结合文明单位创建和文明典范城市创建工作，定期组织出入境、户籍、车驾管等与群众有密切联系的窗口单位开展文明模范窗口展评活动。充分发挥济南交警、一级英模张保国等榜样引领作用，激发全警“见贤思齐、争先创优”的思想自觉和行动自觉。组建身边榜样宣讲团，在内外宣传平台开设“最美民警辅警”等专栏，创作公益宣传作品，以榜样“星火”推动传承荣誉“薪火”。

三是多措并举，增进群众对公安工作的理解和支持。扎实开展“我为群众办实事”“双报到”“百万警进千万家”“警民携手共创文明典范城”活动，展示公安机关新面貌、新变化、新业绩，树立好亲民、爱民、为民的良好公安形象。推进“济南公安在您身边”宣防行动，将精彩的文艺节目、便捷的公安业务办理和丰富的法律法规知识等送到群众身边。统筹社会资源和“泉城义警”等志愿服务力量，深化警民共建、警企共建、警校共建、警军共建等工作，壮大济南公安“朋友圈”。用好群众身边“微信群”，及时推介安防知识、发布温馨提示、汇报工作成效，走好网上群众路线。

四是壮大声势，构建“大宣传”工作格局。在深入践行“事事关乎形象、人人都是名片”工作理念同时，认真做好“报、网、台、微、端、屏”的警媒融合文章，讲好新时代警察故事。仅 2023 年上半年，济南公安主题教育、护航重点项目、典型选树、黄河安澜生态警务、四级巡防等亮点工作就被央媒关注报道 320 余次，省市级平台发稿 5360 余篇（次）。如“文化喊话”宣防模式引发现象级传播，实现了“正能量、有流量、接地气、能出圈、无负面舆情”的良好传播效果，树立了“爱民为民”形象，增添了“天下泉城”温度，成为建设城市“软实力”的一次生动实践。

（三）法治公安建设方面

近年来，济南公安围绕建设法治示范城市和法治政府工作目标，全力提升公安工作法治化水平和执法公信力，法治公安建设取得了长足发展。

一是深入推进全警学法普法行动。推进“互联网＋教育训练”新模式，建立“济南公安网络学院”，创建运营全省公安机关首个公安法制部门微信公众号“泉城公安法制”，积极宣传执法规范化工作经验，刊载最新法学理论实务文章，整理发布指导性案例，利用民警碎片时间开展培训学习。出台政策积极鼓励年轻民警参加国家统一法律职业资格考试和执法资格考试，不断壮大高端法律人才队伍，使专业人才资源与形势相适应。

二是提升一线民警执法能力和素养。组织全市相关部处支队和各分县局等执法执勤民警，根据不同阶段的执法重点，灵活性地开展有针对性的培训，提升一线执法民警的执法能力。加快推进派出所执法管理标准化建设，规范一线民警执法行为，推广“教科书式执法模式”。举办枪王擂台赛，以“五长练兵”推进“泉城砺剑”行动，通过实战实训实考，切实提升一线民警执法素养。

三是强化执法监督管理。印发《济南市公安机关执法监督管理委员会工作规则》，对委员会的职责任务、组织架构、工作流程进行优化细化，切实发挥委员会总结、指导、监督本级和下级公安机关执法活动的职能；同时，研发了“一码清”管理平台，一案一码，与案件相关的物品、卷宗等全部实施关联。认真贯彻“规范执法是生命线、不出问题是底线”的理念，提出“全警抓法制”，特别是“全警抓监督”的要求。完善执法监督委员会议事机制，推行实体化运作。

四是探索规范执法新模式。历下公安探索推行法制员驻所工作机制和律师驻所机制，创新推出了法治工作新模式，引领法治工作走向一线、迈向实战，提档升级。市中分局多措并举，采取快侦快办、专案专办、深究细查工作思路，打击“现行”、打击“系列案”、打击“串案”，取得战果与效率双丰收；注重执法协作，积极加强与分局各业务大队的协调配合，统筹资源，突破提升。莱芜分局注重“三种方式”，着眼打造执法办案先锋。以学习打基础，以实战促强化，以总结促提升，共同促进执法效率、执法公信力、依法处置能力“三个明显提升”。

五是推动执法办案管理中心提质增效。制定《关于进一步推进执法办案管理中心工作提质增效的八项措施》，在全面落实“三个中心”建设基础上，拓展打造集“执法办案、涉案财务管理、案件管理、执法服务、执法培训”为一体的“五大中心”。目前，全市建成执法办案管理中心 14 处，总面积 2. 72 万平方米。全面推行集中办案，刑事案件原则上在案管中心办理，八类刑事案件必须在中心办理。

（四）文明公安建设方面

一是加强公安文化阵地建设。对内利用办公环境，因地制宜建好、用好党建文化长廊、民警之家、心理健康室、警察书屋、荣誉室等文化场所，打造“一警一品牌、一队一特色”的文化品牌。对外协调社会公共资源，打造一批具有济南公安特色的文化广场、长廊和基地，构筑“公安文化风景线”。目前全市已设立法治文化公园、广场等 334 个，在广播、报纸等开设普法栏目 19 个，构建强大宣传阵地，打造书香警营。把家风建设作为重要阵地，发挥公安亲属的感情支撑及坚强后盾作用，组织家属联谊会、警察家庭才艺大赛和亲子活动，推动文明警营创建。

二是丰富警营文化生活。通过开展多种形式的风采展示活动，给民警提供展示才华的平台；开展多种多样的文体活动，强健全警心智体魄；通过开展“我们的节日”等系列主题活动，厚植家国情怀，以民族传统文化培育济南公安文明新风。

三是加强警营文化人才培养。济南公安注重挖掘和培养创作人才，激发全警参与文化共建的热情。加强与省市文联等社会团体和专业高校的合作交流，探索建设公安文化创作基地，培养一批基层公安文化带头人。采取考察学习、交流访问、参加高层级文化活动等多种形式，吸收借鉴先进地区文化建设经验成果，拓宽文化建设思路，增强济南公安文化发展活力。

（五）活力公安建设方面

一是提升数智赋能实战能力水平。积极引入新技术，不断推进智慧赋能、数据驱动，构建治安防控新格局。在科技兴警的背景下，利用智慧技术，不断提升公安创新活力。比如，市局专门印发《关于推进全市公安机关执法办案场所智能化改造的实施方案》，并同时下发《规范指引》和《技术规范》为推进派出所和内设机构执法办案场所智能化改造设立标准和提供指引。在全局选拔既有执法办案经验又精通信息化的复合型人才，组建市级公安执法数据分析战队，按照“大数据引领实战、服务实战”的设计理念，在法制部门营造学习大数据、利用大数据的浓厚氛围。

二是鼓励全局创新工作方法。市局强力推进如实受立案改革，创新“五步十抓”工作机制，出台《受立案工作规范》，推广二维码亲临报警，设置警情网上自动分流，严格市局、分县局、派出所“三级案管巡查”，抓好“每案必评、每案必访”；强化超期案件集中整治，该机制在全省法治公安建设高质量发展现场会上推广，并入选2020年度“全市政法工作十大改革创新项目”①。

① 济南政法10件惠民实事和改革创新项目揭晓［EB/OL］. http：//sd. people. com. cn/n2/2020/1127/c399091－34442961. html.

三是推进警务机构优化调整。在机构、人员整合的基础上，深入推进机制融合，打破警种间、部门间工作壁垒、信息壁垒，聚焦优势整合，激发全警动力合力，比如济阳公安将网安大队、指挥中心、情报中心、信通、合成作战中心深度融合，通过集中整合资源手段，民警综合素质得以提升，队伍战斗力得以增强。实施“双轮工程”，在保留职数的同时推进派出所机制整合，按照“1639”① 标准，打造“一室两队”样板派出所。推动派出所标准化建设，探索试行警（探）长制，全面清理不合理考核，提升基层综合实力。在出台《推动警力下沉实施办法》的基础上，研究制定警力下沉措施和相应激励政策，最大限度充实基层派出所警力。

四是深化辅警管理制度改革，推动辅警管理工作高质量发展。济南公安高度重视辅警管理工作，将其纳入党政工程、法治工程、一把手工程。坚持民警、辅警“双警一体”管理模式，在政治教育、日常管理、考核激励、文化建设等方面推动实现警辅融合；为提升辅警从警荣誉感，济南公安出台《济南市公安机关警务辅助人员奖励工作意见》，开展“星级辅警”“青春建功标兵”“十佳女辅警”评选活动，累计表彰奖励1600余人次。推出以“中国好人”曹心罂、“四星辅警”马元煜龙、“济南好人”吕玮为代表的先进典型，增强了辅警的职业荣誉感和自豪感。提高辅警职业保障水平，极力争取政府财政支持，推动全市辅警人均年经费保障标准在5年内实现“三级跳”。同时，特殊岗位补助按省辅警管理政策标准、加班费参照民警标准执行，让辅警切实享受到改革带来的红利。

---

①“1”即争创“济南黄河北第一派出所”品牌，“6”即配齐6职所领导，“3”即民警达到30人，“9”即总警力达到90人。

（六）效能公安建设方面

一是持续强化作风建设。狠抓纪律规定执行，严格执行新时代政法干警“十个严禁”、《公安机关人民警察内务条令》和公安部严禁违规宴请饮酒“六项规定”，以不间断、常态化的检查监督和追责问责，督促问题整改，督促民警养成习惯。深化“无违纪违法科所队”创建，用最小作战单元“零违纪”推动全局作风大提升。出入境管理局创新推行作风建设“三个一”机制，定期开展思想教育、队列训练和内务检查，并进一步完善值班备勤、警容风纪一系列规章制度；结合全警实战大练兵、创城迎评等工作，推出窗口服务等工作，定期开展岗位练兵比武和业务技能专题培训，每季度推选“满意之星”；聘请社会监督员进行广泛监督，营造“天天都是关键时刻、事事坚持最高标准、人人保持最佳状态、时时展现优良风貌”的干事创业氛围。

二是激发全警荣誉意识。济南公安聚力打造“身边好公安”品牌，构建及时发现、跟踪培养、宣传推广、结对共进、储备使用“五位一体”荣誉激励机制，扎实开展“我推荐我评议身边好人”工作，先后涌现出 37 名国家级、省级、市级“身边好人”，营造了崇德向善、见贤思齐的浓厚氛围。高度重视典型培育选树工作，把推选“身边好人”作为典型培育选树的重要工作来抓，在常态化培育典型的同时，重点培育助人为乐、见义勇为、诚实守信、敬业奉献、孝老爱亲五大类典型。为在派出所、看守所、拘留所等岗位工作满 20 年、30 年的民警申报年度基层工作荣誉奖，激发广大基层民警工作热情。

三是推进正向考核激励机制。大力表彰和奖励在各项重点工作、专项行动和安保任务中有突出表现的集体和个人，鼓舞士气，提振锐气，从正向激励发力，确保全警始终保持高度统一的思想意志、持续高涨的战斗热情和决战决胜的最佳状态。为促进队伍教育管理和表扬激励更加全面化，大力开展即时表扬奖励，秉承“按绩施奖、随战随奖”的表彰理念，将民警中的好人好事、典型事迹以活泼生动的形式及时展现，激励全警争先创优、担当有为。例如，市中分局每月严格参照民警日常绩效考核成绩，组织评选10名不同警种岗位的“市中警星”，公开组织颁奖并大力宣传，增强民警的荣誉感和自豪感。在月度受奖的警星范围内，评选年度“十佳市中警星”和“十佳市中先锋”，作为年度榜样典型人物，形成梯队良性发展。

二、济南公安软实力建设面临的问题

济南公安软实力提升项目自启动以来取得了显著成效，但从多方调研看，目前依然面临很多现实问题。

一是各界对公安职业的关心支持亟须加强。人民警察作为“和平年代最危险的职业”，时刻面临来自法律、生理、心理和社会层面的风险压力，客观要求党委政府和社会各界对公安队伍给予特殊关爱。特别是，近年来阻碍公安民警辅警依法执行公务、暴力抗法事件、民警辅警因公伤亡的情况时有发生，报假警、虚假投诉、威胁、诬告、陷害等“软暴力侵权”日益增多，公安民警辅警的名誉、人格和尊严遭受极大挑战。提升公安软实力是一项全民工程、全警工程、系统工程和长期工程，但在繁重的公安业务工作面前，公安软实力建设容易被当作“无用功”，亟须社会各界从执法权益维护、专项经费支持、警务改革供给、人文关怀关爱等方面予以侧重支撑。

二是缺少久久为功的软实力推进，偏重于立竿见影的硬实力建设。软实力是一种终极竞争力，其效能的产生是缓慢的、持久的，更决定着长远的未来，需要一以贯之、久久为功。在推进公安软实力建设的过程中，公安机关内部更偏重于立竿见影的硬实力建设，部分单位还没有认真思考和持续推进提升公安软实力。同时，公安软实力建设长远规划设计刚刚起步，尚处于低阶状态。

三是品牌建设任重道远。各单位在推进警营文化、发好公安声音方面投入极高热情，做了大量工作，呈现了各具特色、群星闪耀的亮点，但是距离形成具有济南标识、全社会共同认知的品牌还有差距，济南公安的整体“品牌溢价”功能有待提升。在推进公安软实力建设的过程中，充分结合本地地域、人文、管理等特点，是一项难度颇大的命题，有时往往只是就事论事，没有充分融入基层治理，不善于“说好警察故事”，不利于向内外传递公平、公正的法治理念。

三、济南公安软实力建设对策建议

聚焦软实力提升重点问题，从增强政治建警统领力出发，坚持以文化人，激励全警奋发有为的精神姿态，为提升公安软实力加油赋能。

首先，各级党委政府应当高度重视公安工作，支持公安机关依法行使职权，当好坚强后盾。加强和改进从优待警、关爱民警工作，做到政治上激励、工作上支持、待遇上保障、健康上关心民警，提升公安队伍的创造力、凝聚力、向心力和战斗力。全面落实中央改革部署，加快构建职能科学、事权清晰、指挥顺畅、运行高效的公安机关机构职能体系。加大政策、编制、经费、装备、辅警管理等保障力度，落实津贴补助、医疗救治、人身保险、轮休补休等措施，在职数比例、编制挖潜、安保补贴等方面拿出切实可行的解决办法，进一步调动广大民警工作积极性。

其次，在建设发展的总体规划和布局上，把软实力的建设与提升纳入公安机关建设的整体战略范畴。在谋划硬实力建设发展思路的同时谋划软实力建设与提升的思路，软、硬和谐并进。一方面，要加快公安工作现代化、科技化、信息化的硬实力建设步伐；另一方面，也要积极进行公安理论、公安组织体制机制的创新，久久为功地推进软实力建设。在公安实践工作指引下，软实力与硬实力相互依托、相互转化、相互渗透，才能共同发生效用。

再次，要坚持济南公安精神的历史传承，做到与济南本土历史人文元素充分融合。在主打“海右文化”“泉文化”等特色品牌文化基础上，进一步发掘具有济南公安特色且艺术性和美学价值兼具，又充分展现公安工作真实状况和人民警察精神风貌的文化产品。在充分体现“忠诚，为民，公正，廉洁”的人民警察核心价值观基础上充分发掘济南公安文化特色，明确公安工作中最根本、最核心的方向和要求。

最后，立足公安主业，围绕核心竞争力，加强舆论引导。在对公安队伍内部舆论引导方面，突出公安软实力对公安工作的重要意义，让公安民警辅警心怀大局、服务大局，自觉自愿参与到软实力建设中来。在对人民群众舆论引导方面，要把党的理论和路线方针政策与人民生活相联系，挖掘公安工作中体现社会主义正能量、体现社会主义法治的素材，将其进行整理和传播。要讲好公安故事，贴近人民生活，真实反映公安工作，形成正面影响力。

（执笔：孙同玉、公维友、亓伟伟、李昆）

以生态文明软实力持续擦亮泉城生态底色

济南市园林和林业绿化局

摘　要：“生态兴则文明兴，生态衰则文明衰。”良好的生态环境是人类文明形成和发展的基础和条件。加强生态保护修复，提升生态绿化品质，对于增强城市亲和力、承载力、感召力意义重大，是城市软实力的重要体现。近年来，济南市园林和林业绿化局深入贯彻落实习近平生态文明思想，坚持绿水青山就是金山银山理念，大力推进生态保护和修复，园林和林业绿化事业高质量发展迈出坚实步伐。本文在阐述济南市园林和林业绿化建设实践经验基础上，分析面临的形势和存在的问题，探索提升生态文明软实力的思路和方向，为持续擦亮新时代社会主义现代化强省会生态底色提出对策建议。

关键词：生态文明；园林和林业绿化；软实力；济南

当今世界，软实力越来越成为一座城市综合竞争力的重要组成部分。软实力不仅体现在社会、文化、法治等领域，还体现为良好的生态环境品质——它是人们健康生活的基础，是最公平的公共产品和最普惠的民生福祉，也是展现城市良好形象的重要构成要素。近年来，济南市园林和林业绿化局坚持完整、准确、全面贯彻新发展理念，站在人与自然和谐共生的高度，科学推动城乡生态绿化高质量发展，全市绿水青山美丽画卷越铺越广，金山银山发展之路越走越宽，低碳绿色和生态友好正逐步成为济南城市形象、品质和责任感的重要标志。

一、 济南市生态绿化建设及保护修复实践

（一）落实重大国家战略，助力打造黄河下游绿色生态走廊

大河汤汤，华夏泱泱。黄河是中华民族的母亲河，保护黄河是事关中华民族伟大复兴和永续发展的千秋大计。济南与黄河渊源深厚，2019年9月，黄河流域生态保护和高质量发展重大国家战略正式提出，济南第一次真正融入国家战略发展大局、生态文明建设全局和区域协调发展布局。济南市园林和林业绿化局按照省、市关于黄河重大战略的工作部署，高位谋划、高效推动，努力擦亮沿黄绿色新名片。

1. 研究编制专项规划。组织专业队伍，开展黄河济南段183公里、581平方公里生态保护情况调查研究，全面摸清资源本底和现状问题，编制形成《济南市黄河生态保护规划详细研究》，统筹谋划保护、修复、重建、安全、服务“五位一体”的黄河流域生态保护目标体系和实现路径，努力为构筑完善可持续发展的绿色生态系统、彰显黄河流域“山水城共融”独特魅力品质提供“济南样板”。

2. 推进沿黄防护林带更新提升。优先使用“耐盐碱、耐瘠薄、抗旱耐寒”乡土植物品种，合理搭配常绿树、花灌木、色叶树、观赏草、宿根地被，加快淤背区空白段复绿，着力修复生态网络断点。2020—2022年累计完成沿黄生态造林8184亩，栽植白皮松、栾树、五角枫、

白蜡等各类苗木20万余株，宿根地被110万平方米，初步构建起黄河沿线连续完整、季相分明、绿色低碳的生态屏障。

3. 提升黄河沿线景观风貌。立足“自然生态野趣、节简安全宜游、彰显黄河文化”要求，统筹考虑区域方位、地形地貌、景源潜力、市民意愿等要素，新建集生态性、景观性、功能性为一体的郊野公园6处、景观节点7处，绿化提升面积1997.5亩，组织实施百里风景区中心景区景观提升913亩，高质量建设鹊华楼周边、百年铁路桥等5处景观节点，着力打造“泉城后花园、游玩好去处”，持续增进市民百姓绿色福祉。

（二）坚持普惠共享，推动城市绿色提质增效

繁华都市在青山绿水环绕中彰显品质，现代生活在鸟语花香映衬下更显和谐，绿意盎然、景色如画的景象是城市品质的重要体现。济南市园林和林业绿化局在继承和发展传统园林经验的基础上，创新提出“绿色园林”理念，通过近自然、群落式、低维护、可持续、无污染的方式，充分发挥绿地多元功能，打造绿色生态、美好宜人、低碳环保的城市绿意空间。到2022年底，济南城市建成区绿地率达到37.46%，绿化覆盖率达到41.91%，人均公园绿地面积达到12.94平方米，展现出环境优美、宜居宜业、特色鲜明的良好城市形象。

1. 系统推动“千园之城”建设。2019年10月，济南对标深圳等先进城市，提出了“千园之城”建设目标，力争用3年时间，规划、建设一批不同类型、不同层次的公园，大幅增加公园数量，提升服务半径覆盖率。2019—2021年建设行动开展期间，全市建成各类公园428处，全市500平方米以上公园达到1086处，“千园之城”建设目标全面达成。三年行动结束后，济南市园林和林业绿化局对建设成果继续巩固，

全市500平方米以上公园已达1141处。

2. 系统推进国土绿化。认真落实科学绿化试点示范省建设工作要求，研究出台《加强科学绿化十条措施》，坚持科学绿化和近自然理念，深入开展国土绿化攻坚行动。同时，以近自然经营为核心理念，实施森林抚育，优化森林结构，提高森林生态系统质量和碳汇能力。2020—2022年，全市共完成造林25.18万亩，完成森林抚育13.6万亩，创建市级绿化示范村200个。

3. 系统打造绿道连通体系。以山体绿道为引领，有序推进各类绿道建设，串联山、水、林、园等绿色开放空间，打造“有景致、有特色、有温度”的绿道网络。2022年底，全市各类绿道达到1149公里，初步构建起绿色通勤、健身游憩、亲近自然的生活步道和体验空间体系。其中，大千佛山风景区绿道蜿蜒曲折100公里，连绵于千佛山—佛慧山—平顶山—金鸡岭—卧虎山—蝎子山—蚰蜒山—兴隆山，为市民提供了“依山而游、枕林而憩”的全新户外休闲生活体验，被人民网赞誉为“通往百姓心中的幸福之道”。

4. 系统提升城区绿化品质。实施“行道树复壮、大树培育、破硬换土、精准治裸”等四大工程，共建成特色景观道路（街区）300条（处），完成246条道路1.8万株行道树复壮，217条道路1.5万株行道树栽植基础破硬整治，培育大树1.9万株，裸土覆绿700万平方米。围绕市民诉求，研究制定8大类36条主动治理措施，深入开展居住区和背街小巷常见树木管护、行道树影响道路照明、遮压高压电线等“常见问题”专项整治，加强老旧小区绿化提升。创新引、防、建、换、治工作法，治理杨柳法桐飘絮24.5万株，获央媒点赞。

（三）厚植绿色本底，强化生态保护与修复

习近平总书记指出：“我们要像保护眼睛一样保护自然和生态环

境。”生态环境是城市发展的根基，加快建设人与自然和谐共生的美丽家园，彰显新时代城市发展的核心价值，蕴含了新时代城市化进程中人与自然关系定位的新理念，是绿色低碳转型背景下中国城市现代化发展路径的必然选择。济南市园林和林业绿化局持续加强本领域生态保护与修复力度，强化生态资源保护管理，努力使绿色成为城市最动人的底色、最温暖的亮色。

1. 加强森林生态系统保护。推深做实林长制工作，建立起林业生态（林长制）综合管理体系，创新“林长+”，在全省林长制工作绩效评价中，连续三年获“优秀”等次，2021、2022年度位列全省第1位。强化林地用途管制，严格占用林地审批监管，严厉查处乱砍滥伐、非法开垦、非法侵占林地等违法行为。加强林业有害生物防控和森林防火能力建设，筑牢森林生态安全防线，巩固生态建设成果。

2. 加强湿地生态保护修复。对山东济西国家湿地公园、山东黄河玫瑰湖国家湿地公园、山东莱芜雪野湖国家湿地公园、山东济南白云湖国家湿地公园、平阴浪溪河省级湿地公园、章丘龙山湖省级湿地公园、长清王家坊省级湿地公园7个湿地公园实施生态保护修复。2021—2022年，共完成生态修复70.78公顷，新建生态监测点位22处，科普宣教设施10处。

3. 加强山体生态保护修复。积极回应市民群众“爱山、护山、修山、治山”呼声，持续开展城市山体生态保护修复。2018—2022年，全市共绿化提升山体140座，完成山体造林54万亩，建成并开放山体公园85处。高水平完成佛慧山景区生态恢复工程，实现还绿还景于民，并荣获山东省工程建设“泰山杯”一等奖和全国建设工程质量最高荣誉奖“鲁班奖”。

4. 加强野生动植物资源保护。开展古树名木认定和名录公布，建立古树名木智慧云平台，实施养护复壮。积极推进自然保护地整合优化，开展以鸟类为主的野生动物资源专项调查，推动野生动物保护监测评估体系建设。开展野生动物收容救助，做好野生动物疫源疫病监测，加强人工繁育重点保护野生动物监管。加强重点区域联合执法检查，严厉打击涉野生动物违法行为。加强古树名木、野生动物保护宣传工作，普及古树名木与野生动物法律法规及科普知识，提高广大市民保护意识。

二、 面临的形势和存在问题

（一）面临的新形势、新期盼

目前，随着我国步入新发展阶段，社会主要矛盾已经转化为人民日益增长的美好生活需要和不平衡不充分的发展之间的矛盾，人民对美好生态的需要日益迫切，对城市生态环境品质和多元功能提出了更高要求，对共享绿色生活提出了更高期盼。党的二十大报告站在人与自然和谐共生的高度谋划生态文明发展，把建设人与自然和谐共生的现代化作为建设社会主义现代化的特征之一，指出尊重自然、顺应自然、保护自然，是全面建设社会主义现代化国家的内在要求，进一步提升了生态文明建设的战略地位，为新时代园林和林业绿化高质量发展提供了行动指南、根本遵循和强大动力。

新时代，新济南，面临着贯彻落实黄河流域生态保护和高质量发展国家战略的重大机遇，肩负着加快建设新时代社会主义现代化强省会的重要使命，十二届市委提出了“强、新、优、富、美、高”的强省会奋斗目标。“美”，就是实现生态环境美，加快发展方式绿色转型，协同推进降碳、减污、扩绿、增长，推动形成节约资源和保护环境的生产方式、生活方式、空间格局，重点是大力推进生态保护修复、坚决打赢污染防治攻坚战、推动资源节约集约利用、加快形成绿色低碳生产生活方式，这为园林和林业绿化工作设立了更高标准。

（二）面临的问题与挑战

1. 园林绿化方面。公园分布均好度不高，综合性公园数量不足，部分公园功能相对单一，服务功能多元化不够，山体公园数量多，特色少；绿地总量偏少，绿量增长方式单一，重点项目带动作用不明显，让人“眼前一亮、为之一振”的“点睛之笔”，尤其是在全国有影响、有分量的精品亮点工程不多；居住区、单位庭院等社会绿化管理不到位，监管手段单一，协调力度不够，绿地精细化管理还有差距。

2. 林业绿化方面。既有林地郁闭度偏低、绿量偏少；林长巡林发现问题、解决问题，提升林业生态建设管理水平的作用发挥还不够充分；林长制考核手段激发活力不足，部分区县落实森林资源保护发展目标责任还不到位；部分自然保护地管理机构不健全，完整性保护修复不够；林业产业优势不明显，品牌效应不突出，低产低效园占比较高，林果示范园质量参差不齐，新优林产品不足。

3. 资源保护方面。森林防火基础设施建设存在短板，护林员等一线值守人员队伍管理不够规范，基层指挥员指挥能力需进一步提升；林业有害生物监测预报体系还不健全，个别区县防控力量、物资、经费投入不足，防治手段单一，工作成效不一；建设项目使用林地绿地的集约节约度不够充分，恢复与补偿性建设水平不高。

4. 数字赋能方面。信息化建设呈现碎片化，现有系统上下左右对接协同不够，应用场景单一，数字化建设投入与行业发展需求还有差距；数字化思维亟待提高，内生动力不足，专业人才储备不够。

三、 济南市提升生态文明软实力的思路和方向

济南市园林和林业绿化局将坚持把生态文明建设作为提升城市综合竞争力和持续发展的重要内容，统筹山水林田湖草沙等生态要素，以南部泰山山脉生态屏障区、北部黄河流域生态保护带为主要生态控制区，以玉符河、徒骇河、大汶河、小清河等为重要生态廊道，以雪野湖、济西湿地等自然保护区、森林公园、湿地公园、重要湖库、水源地为补充，形成“南山北水多廊多点”生态格局，构建布局合理、功能完善、生态良好、山水城绿交融的全域生态空间体系。学习借鉴先进城市的经验做法，立足济南自然资源禀赋优势，研究提出具有泉城特色的城市生态绿化新路径，探索开展“一十百千万”行动，加快构建山水人城和谐相融的城市新图景，为提升济南生态文明软实力贡献绿色力量。

（一）重塑“一城山色”

“一城山色半城湖”诠释了泉城济南在众山环抱中的钟灵毓秀、安静恬适，“遥看齐州九点烟”道出泉城旖旎的山水风光和厚重的文化底蕴。山是泉城济南的骨，方寸之间便可见山，在北方城市中并不多见，是城市不可多得的资源禀赋。近年来，济南市持续开展山体修复、绿化提升和山体公园建设取得了显著成效，形成一批可复制、可推广的绿色经验。下一步，我们还将继续保护和修复山体生态，因地制宜开展山体公园建设，提升改善城市景观风貌，丰富城市空间层次，将近郊山体打造成优质便利的市民休闲健身游憩好去处，实现还山于民、还绿于民、还景于民，重塑“一城山色”济南名片。

（二）实施“十大行动”

1. 科学绿化行动。加快编制国土空间绿化规划，梳理现有林地状况，拓展造林重点，探索造林新模式，统筹谋划全市国土绿化布局。坚持落实《加强科学绿化十条措施》，持续推进造林绿化、森林抚育，科学提升国土绿化的质量和成效。

2. 品质提升行动。坚持问题导向，启动经十路等道路绿化提升，推进实施行道树整治，持续加强老旧小区绿化提升，强化园林式居住区（单位）培育，坚持开展立体绿化、裸土覆绿、飘絮治理。优化绿地动态管理考评，严格分级分类管理。推广绿化联盟、园林驿站等做法，推动共建共治共享。

3. 城园共融行动。顺应新时代城市公园建设新需求，以满足人民群众多元化需求为目标，推进公园品质提升，探索推进“公园 +”实践。结合公园特点，深挖历史文化价值，打造“公园 + 文化、公园 + 花事、公园 + 科普”等公园市集新场景新业态，举办特色“公园 +”系列活动，让市民游客“更愿来、留得住、带得走”。

4. 生态修复行动。持续推进沿黄防护林带提升，丰富植物种类，优化群落结构，构建林田水相依、河清岸绿的沿黄生态体系。加大沿黄湿地生态系统整体性保护修复力度，逐步形成布局合理、功能完善、规模适宜的湿地保护生态体系。加强重点区域生态恢复，增强生态系统多样性、稳定性、持续性。

5. 生态安全行动。建立健全森林防火、林业有害生物防控体系，组织开展鸟类（陆生野生动物）资源调查和外来入侵物种普查，科学开展野生动物救护和疫源疫病监测，坚决守牢林业生态安全底线。

6. 林业产业行动。认真贯彻执行林业产业“十条措施”，加大特色产业扶持力度，加快经济林产业发展。强化科技支撑，完善分级技术培训制度。加快品牌培育提升，支持举办平阴玫瑰产品、商河花卉等展览展会。

7. 数字赋能行动。创新“数字总监”“双项目经理制”推进模式，推动《行业数字化转型规划》编制，搭建城市绿化管理、林草湿监管、公园智慧管理服务等应用场景，为生态资源保护、公园景区畅游、绿色工程建设和社会绿化监管赋能增效。

8. 美丽乡村行动。把美丽乡村建设与农村人居环境整治结合起来，大力推进公共场所绿化、乡村道路绿化和休闲绿地建设，鼓励农户开展庭院和房前屋后绿化，增加村庄绿化总量，提升绿化品位和美化水平。

9. 共建共享行动。创新“互联网 + 全民义务植树”试点工作，实现义务植树全年尽责、多样尽责、方便尽责。开放共享试点公园绿地，为市民群众提供帐篷露营、休闲建设、儿童游乐、运动拓展等活动，在家门口即可享受美好时光。

10. 生态文化行动。持续开展“世界湿地日”“世界野生动植物日”“国际生物多样性日”“爱鸟周”等生态科普宣传活动，举办森林文化周等系列生态文化品牌活动，积极培育生态意识，大力弘扬生态文化，推动全民生态环保行动。

（三）建设“古树百园”

按照《古树名木公园规划》，立足丰厚的古树资源禀赋，传承文化价值。充分挖掘古树名木背后的文化典故，进行整理、提炼与提升，将古树保护与文化典故充分融合。建设提升一批古树旅游精品线路，打造出一批“古树园”，让沉寂的古树焕发新的活力，带动周边乡村旅游和特色林产品产业发展，让群众切身感受到古树资源带来的绿色福祉。

（四）营建“千园之城”

持续巩固“千园之城”建设成果，依据城市绿地系统规划，按照居民出行“300米见绿、500米见园”的要求，优化城市绿地布局，整合现有绿地资源，完善绿地功能，融合泉城特色文化，持续推进综合公园、社区公园、街头游园、小区附属游园、口袋公园、小微绿地以及自然郊野公园等建设，营造更多适于休憩健身的绿色空间，满足市民多层次需求，让市民共享宜居环境，增加百姓身边绿色福祉。

（五）串联“万里绿道”

依托独特的“山、泉、湖、河、城”融为一体的风貌特色，以构建“多层级、多类型、多节点、网络化”的城市绿道系统为目标，按照《济南市绿道网规划（2020—2030）》，着力构建“天下第一泉道、一城山色绿道、千年乐水环道、百里黄河廊道、醉美南山游道、齐鲁人文古道、都市活力林道”七大特色体系，推动济南绿道系统再次高标准实现从量到质的全面提升，不断增强市民群众的绿色获得感、幸福感。

（执笔：张昭、陈明）

济南建设黄河流域国际交往中心问题研究

济南市人民政府外事办公室

摘　要： 城市积极参与国际交往、嵌入国际关系体系已成为全球化必然的趋势。建设国际交往中心是新时代城市扩大开放、提升国际化水平的新发展模式。当今世界正经历百年未有之大变局，全球化背景和推进实施“一带一路”，加速了国内中心城市抓住战略机遇期建设国际交往中心的步伐。当前济南重大战略叠加优势凸显，城市空间架构拉开，起步区强势崛起，济南进入历史最好发展时期。顺应新时代全球化城市发展趋势，济南将以国际交往中心建设为抓手，加快城市国际化步伐，塑造更高水平开放型经济新体制，打造黄河流域对外开放门户，率先建设黄河流域对外开放示范区，为济南到 2035 年基本建成“五个中心”和“强新优富美高”新时代社会主义现代化强省会奠定坚实基础。

关键词： 黄河流域国际交往中心；济南市；对外开放门户

一、 研究背景

城市积极参与国际交往、嵌入国际关系体系已成为全球化必然趋势。建设国际交往中心是新时代城市扩大开放、提升国际化水平的新发展模式。贯彻习近平外交思想，坚持以深化外交布局为依托打造全球伙伴关系，让城市间互联互通的理念落实到实践层面。国内除了北京、上海、广州等一线城市外，一些中心城市如武汉、成都、重庆等已率先开启并深化城市国际化进程，以国际交往中心建设为抓手，集聚国际先进资源，推动城市高质量发展并初见成效。

按照《济南市城市发展战略规划（2018—2050年）》，到2025年，济南将建成新兴的国家中心城市，至2035年，基本建成“大强美富通”现代化国际大都市，城市的国际影响力全面提高。至2050年，济南全面建成更高水平“大强美富通”现代化国际大都市，成为绿色发展、诗意栖居的国际典范和享誉世界的宜居、宜业、宜游美好家园。2023年，十二届市委提出要加快建设“强、新、优、富、美、高”新时代社会主义现代化强省会，在新征程上全面推进中国式现代化济南实践。济南市“十四五”发展规划纲要和《济南市黄河流域生态保护和高质量发展规划》明确提出规划建设黄河流域国际交往中心，这是到2035年济南实现建成“五个中心”目标在对外开放层面的应有之义和重大部署。

二、重要意义

（一）有助于真正落实黄河流域生态保护和高质量发展战略

济南作为山东省省会和黄河流域中心城市，理应在推动黄河流域生态保护和高质量发展上在全省走在前。顺应新时代全球化城市发展趋势，只有把握历史机遇，以国际交往中心建设为抓手，吸引集聚全球优质要素，从更大格局中谋划济南发展，打造黄河流域对外开放门户，率先建设黄河流域对外开放示范区，提升济南在全球城市体系中的影响力与辐射力，才能为济南主动服务融入黄河重大国家战略、真正实现“走在前”奠定坚实基础。

（二）有助于提升城市治理体系和治理能力现代化，创建国家中心城市

通过打造黄河流域国际交往中心，有助于努力践行创新、协调、绿色、开放、共享的新发展理念，不断提高连接全球的枢纽能力、服务全球的国际服务能力与现代化精细化品质化城市管理服务水平，从而加速创建国家中心城市进程。同时，通过高水平的国际交往，在以自身生动实践为新时代中国城市治理交出优秀答卷的同时，依托各类形式的国际交往与各种国际组织机构平台，能够进一步分享济南城市治理经验，推动全球城市治理创新。

（三）有助于服务和融入新发展格局，提升国际化水平

建设黄河流域国际交往中心，一方面，是济南从更高站位谋划推进城市国际化建设的积极探索，有助于强化济南与国内外重要城市之间的国际联系与交往合作，打造世界级国际交通枢纽、国际贸易枢纽、国际金融枢纽与国际人文枢纽，使济南成为国内国际双循环的重要战略枢纽城市；另一方面，是济南从更大格局统筹推进对外工作的重要抓手，有助于进一步深化济南与世界各地的互利合作，释放济南对外贸易发展潜力，推动形成多元化商贸格局，使济南成为黄河流域对外开放的关键节点城市。

（四）有助于推进区域协同创新，建设省会城市群经济圈

一是建设黄河流域国际交往中心，能够加快构建济南对外开放新格局，打造国际一流营商环境，有助于济南成为国际资源集聚高地，为经济圈各地参与全球资源配置提供便利。二是有助于更好发挥济南经济中心城市和改革开放“排头兵”作用，不断提升济南在全球创新研发网络上的中心地位，进而辐射带动圈内城市分享创新过程与成果。三是通过协同推进大河治理与高质量发展，能够进一步优化重大科技基础设施布局，推进跨区域园区合作，实现区域内产业专业化分工协作与协调发展。

（五）有助于在实施“一带一路”中发挥示范效应

济南建设国际交往中心，将有力弥补开放型经济短板，推动发展更高质量的开放型经济，建设高能级对外开放大平台，成为“一带一路”枢纽城市。济南承载着“一带一路”建设新亚欧大陆桥、中国—中亚—西亚等中线引擎的重要使命，通过密切国际交往提升城市国际化功能，不论是对中日韩自贸区，还是中欧经济走廊建设都将产生积极的示范效应。

三、面临挑战

当前济南重大战略叠加优势凸显，省市一体化推进强省会建设：经济高质量发展，城市国际化进程加快；对外贸易加速发展，贸易结构持续优化；区域枢纽优势渐显，枢纽型网络功能提升；对外开放载体升级，全球资源配置能力增强；深入开展对外合作交流，凸显城市国际影

响力。济南进入历史最好发展时期，已经具备建设黄河流域国际交往中心的基础与条件，但仍面临许多挑战。

（一）国际局势复杂多变使得外部环境风险增多

自2020年以来，新冠疫情全球大流行同世界百年未有之大变局叠加共振，全球化与“逆全球化”撕裂发展，世界经济陷入深度衰退，保护主义大行其道，大国博弈斗争日趋激烈。全球动荡源和风险点显著增多，我国外部环境的复杂性和严峻性上升，特别是疫情影响持续深远。后疫情时代推进国际交往中心建设面临更多逆风逆水的困难挑战，或将长期存在国际高端资源流动性减弱、外向型产业发展受到冲击等不确定性问题挑战，应对各类风险挑战的任务更加艰巨。如受外部局势变化和疫情溢出影响，对外交往遭遇空前的阻力和压力，开展国际合作面临一定困难。

（二）政府顶层设计还需进一步加强

《济南市国民经济和社会发展第十四个五年规划和二〇三五年远景目标纲要（草案）》中，明确提出济南规划建设黄河流域国际交往中心。目标已经明确，但还缺乏科学前瞻的顶层设计来推动实施。从全国来看，北京已经出台《北京市“十四五”时期加强国际交往中心功能建设规划》，武汉出台《武汉市国际化水平提升“十四五”规划》《武汉市打造国际交往中心实施方案（2021—2025年）》，重庆已印发《重庆市建设中西部国际交往中心“十四五”规划》，西安《西安建设“一带一路”综合试验区总体方案》已经出炉，南京印发《南京市国际友城工作三年行动计划（2018—2020）》，广州印发《广州建设国际交往中心三年行动计划（2018—2020）》，《广州建设国际交往中心“十四五”规划》已经制定完成，进入实施阶段。作为对照，当前济南围绕国际交往中心建设还没有进行系统深入的定位与研究，也缺乏全市域范围内国际交往功能区的划分与布局，亟须通过科学严谨的顶层设计，进一步形成清晰的推进路线、空间布局和元素组合。

（三）经济外向度仍然偏低

经济外向度一般通过进出口贸易总额占 GDP 比重即外贸依存度来进行衡量。近年来，济南外贸依存度从 2016 年 9.8% 增长到 2022 年 18.4%。虽保持稳步增长，但从省际对比来看，与同为黄河流域中心城市的西安 39.0%、郑州 46.9% 相比，仍然维持在较低水平；从省内对比来看，远低于全省平均水平 35%，在全省居于第 11 位。出口依存度是指出口贸易总额占 GDP 比重，是衡量本地经济对国际市场辐射力和竞争力的重要指标。2022 年，济南出口依存度为 10.9%，在全国 GDP 20 强城市中排名靠后，与济南作为黄河流域中心城市和即将打造的黄河流域对外开放门户城市的地位不符。

（四）城市的软硬件环境有待提升

从硬件环境来看，济南城市功能品质已经有了明显提升，但与先进城市相比，仍然存在部分城市基础设施偏粗放式建设，与品质化、人性化、重细节的要求还有距离。从软件环境来看，济南在国际交往中心人才队伍建设、用好用活人才、灵活的国际化人才管理机制等方面还存在进一步提升空间。同时涉外管理服务与保障机制还需完善，在涉外信息平台、国际化社区建设、国际法律咨询、涉外医疗、国际学校、语言服务、外籍人员社保等方面仍需提高专业化水平。

（五）金融资本的国际化水平不高

一是吸引利用外资能力仍需加速追赶。近年来，济南实际利用外资虽总体保持增长势头，但总量与先进城市相比仍有较大差距。2022 年，济南实际利用外资 31.4 亿美元，约为郑州的 2/3、杭州的 2/5、广州的 1/20，利用外资规模总量较小制约了济南对市外资源和国际资源的集聚与利用。二是金融功能出现弱化趋势。金融功能是一个国际化城市的核心功能，其强弱直接影响城市对国际资源的聚集和调配能力。根据深圳综合开发研究院发布的“中国金融中心指数”，济南近三年每年下滑一个名次，反映出金融综合竞争力亟待加强。

（六）对外交流平台数量不足

近年来，济南国际交往平台和沟通渠道虽然不断完善，但与北京、上海、广州等一线城市相比仍有较大不足，在部分领域也与西安、郑州存在差距。例如济南至今只有 1 家领事馆，西安有 4 家，广州有 66 家。同时，国际组织、跨国公司落户数量少，国际影响不够突出。另外，济南在举办世界级重要会议、组织国际活动来加速集聚国际资源、扩大城市影响力方面仍需迎头赶上，城市人文魅力没有得到充分释放，城市文化的国际辐射效应不够强，在常驻境外媒体数量方面还有不小缺口，成为对外传播济南形象的重要制约。

四、对策建议

（一）深度融入全球产业链，提升经济国际化水平

1. 构建现代化高端产业体系。一是加快完善产业链、打造产业集群。编制全市完善产业链、打造产业集群工作方案，聚焦十二条产业链的龙头，集中力量、集中资源、集中政策加大对四大支柱产业的推进力度，针对薄弱环节各个击破，推动打造全产业链以及具有全球影响力的外贸特色产业链。二是实施精准招商策略。建立产业链招商项目库，充分发挥全球招商合伙人、知名商协会机构等专业优势，抢抓双循环格局下跨国公司布局调整“窗口期”，组织实施“点对点”靶向精准招商。加快济南国际招商产业园建设，认真落实省政府《关于建立“要素跟着项目走”机制的意见》，土地、资金、市级压减腾退的污染物排放指标等要素要向带动作用强、补短板作用明显的产业链项目倾斜。

2. 优化对外贸易服务。一是建设黄河流域跨境电商中心城市。充分借助中国（济南）跨境电子商务综合试验区制度优势，进一步提升贸易便利化水平。建设跨境电子商务聚集区，支持外贸企业转型升级，支持电子商务物流企业海外建仓，优化跨境电子商务产业链，加快线上线下融合发展。二是完善对外投资合作促进机制。主动对接驻外经商处、境外商协会以及境外驻济经贸机构，积极组织企业参加中非、中俄、中蒙、中阿以及东盟、亚欧、东北亚等国家级博览会，围绕 RCEP 区域国家策划高层出访，提高企业“走出去”竞争力。三是打造对外贸易创新发展平台。支持创新高新技术国际化发展平台，打造对外贸易发展共享平台，延伸自贸区国际经贸技术标准综合服务平台服务功能。

3. 促进外贸平衡发展。一是增强服务贸易竞争优势。继续扎实推进国家服务贸易创新发展试点建设，进一步优化服务贸易空间格局，加快培育服务贸易市场主体，促进服务贸易重点领域集聚发展，提升服务贸易规模和质量。二是促进进出口贸易平衡发展。进一步多渠道扩大进口，优化进口结构，充分发挥全球商品贸易港进口功能，继续深化与“一带一路”共建国家和地区的合作，推动全球商品、服务、高新技术等进入中国市场。

（二）不断提升国际交流合作层次，扩大城市影响力

1. 积极拓展对外交流渠道和形式。一是拓展国际交往平台，深度参与全球城市议题。以重大国际会议为抓手，吸引各领域领军人物到济南开展高规格的交流活动，强化济南高端会议品牌建设。尽快研究制定国际组织分类数据库，积极加入国际组织。二是推进海外网络铺设，构建海外交往力量矩阵。加强驻外机构联动机制，强化海外华侨华人联系网络，实施海外华侨华人人脉涵养计划，拓展侨务公共外交能力。三是广泛开展城市国际形象传播。研究城市形象国际传播战略，创新城市形象传播内容，提升“泉城济南”城市形象立体性。深挖“泉城”在“好客山东”中城市文化的差异化特征与城市形象的独特魅力，把济南建成向世界展示黄河流域文化的“示范区”与“亮丽名片”。四是整合旅游资源，打造国际旅游目的地。

2. 全方位拓展友城务实交往合作。一是发展高能级的全球伙伴。以世界城市体系第一层、第二层级城市为重点对象，拓展友好城市关系，优化国际友城布局。二是拓展友城合作网络。推进国际友城“百城计划”，制定实施“一城一策”精细化策略，构建服务双循环新发展格局的国际友城工作体系。三是凸显综合软实力，拓展友城务实合作。

将国际友城合作从经济领域等扩展到居民生活质量提升的全领域，实现对环境、经济、空间、民生等领域的城市全面统筹协调和共建。四是切实加强友城间人文交流和民间交往。疫情后，应充分借助康养济南发展优势与成果，积极推动合作建设中医医疗机构，充分利用传统医学资源为友城人民健康提供帮助支持。

（三）建设交通枢纽型网络城市，畅通国际对接通道

1. 建设国际化航空枢纽。一是提升遥墙国际机场商务航空服务功能。以大型国际综合枢纽的全球通达性为目标，拓展国际及地区通航点，扩大航天网络覆盖面，吸引更多航空公司入驻，进一步完善机场立体化交通综合体系，不断强化国际航空枢纽功能。二是搭建国际化产业生态系统。完善现代临空产业体系，延伸拓展航空产业链，建设航空产业价值创新园区。积极把握疫情影响后世界航线调整机会，加强机场资源、空域资源配置，探索空港型自由贸易发展方式。

2. 构建区域性快速交通枢纽。一是加快打造链接国内外城市的纽带，促进济南与国外交通基础设施互联互通。坚持把建设通江达海、链接世界的国际性交通通信枢纽作为关键支撑。二是加强综合交通枢纽运营管理。完善大交通综合网络体系，编制面向2035年的交通发展战略规划，加快铁路枢纽、高快速路网和城市轨道交通建设，发展空铁联运等多式联运。

3. 建成国际重要的综合性物流枢纽。一是聚焦国际货运资源，着力建设国家物流枢纽。探索“航空＋保税＋贸易”开放模式，进一步实施“空、铁、公、水”四港联动，打造链接全球的一流空港型物流枢纽、泉城特色临空产业供应链服务平台。二是提升物流数字化服务水平。围绕网上运输交易，开发网上交易、合同确认、货物流转监管、网

上支付结算等交易相关功能，提供运输物流服务整体解决方案。

（四）构建国际资源互动平台，集聚国际高端要素

1. 建设国际科创中心，集聚国际创新要素。一是建设国际科技创新枢纽。进一步以开放态度主动融入全球创新网络，以全球视野主动引资、引智、引技，积极承接国际创新战略。二是瞄准科技前沿，进一步激发创新动能活力。加速推进综合性国家科学中心创建步伐，依托重点实验室及创新平台群，布局重大科技基础设施装置群，承担国家重大科技专项等重大创新工程。三是打造国际化高端人才队伍高地。

2. 打造重要的总部经济区，集聚国际决策要素。一是大力吸纳和培育总部企业。着力打造亚太地区重要总部经济区，增强济南在国际和国家区域的控制决策中心功能。大力吸纳跨国公司区域总部及分支机构、研发中心、营销中心、采购中心等落户济南发展，积极促进本土大企业大集团发展壮大，培育本土的跨国公司，增强济南对国际区域经济、政治事务和国内区域经济事务的决策影响力。二是大力发展金融总部经济。着重围绕区域产业升级，大力发展特色产业金融，开展金融创新研发，打造具有较高国际化水平的济南金融总部基地和金融创新基地。

3. 搭建国际交往平台，集聚国际组织要素。探索设立济南国际交流合作中心，举全市之力，吸引和鼓励国际组织、各国机构驻济办事处入驻，为境外机构在济进行投资贸易、技术转移、项目孵化等活动集中提供支持和服务，形成“吸引—落户—影响”的涟漪效应。加快推进中德中小企业合作示范区、国家“侨梦苑”等平台建设，加快推进中国（山东）自由贸易试验区济南片区建设，积极参与中国—中东欧国家地方经贸合作示范区建设，推进对外合作平台载体提质升级。

（五）加快推进品质化城市治理，增强国际化城市功能

1. 对标国际生态城市，建设生态友好的典范城市。一是推动绿色循环低碳发展。建设生态与可持续发展的典范城市，充分考虑从生产、消费到回收全周期的环境友好。鼓励企业绿色化转型，积极发展碳资产、碳基金等新兴业务，鼓励发展绿色金融，推广绿色消费，倡导绿色低碳生活方式，推动绿色企业、绿色社区、绿色学校、绿色家庭建设。二是加强生态空间管控。实施城市绿地工程，凸显济南建成区绿化覆盖率优势并长期保持。提高森林公园、山体公园、郊野公园、绿道建设和管养标准，有序新建城市公园、山体公园、湿地公园、主题公园等。加强水源地保护，疏通城市水系，打造绿色生态水网。

2. 加快对外交往重大基础和功能性设施布局。一是合理布局各空间板块国际交往功能。结合济南“东强、西兴、南美、北起、中优”城市发展格局，合理布局各空间板块的功能定位与任务分工。深入挖掘各板块国际交往特色场所，打造国际交往核心区，布局建设驻济外事外贸机构总部基地，建造承办国际性文化体育赛事的大型场馆等，实现地理集中、资源集聚，形成辐射效应。二是推动“类海外”与“无感知”环境设施布局。以需求为导向，在设施建设、服务平台搭建等多方面考虑中外居民急需解决的问题，努力提供高质量、精细化服务。加快国际学校布局，推进重点国际医院项目建设，扩大国际人才社区试点范围，打造一批标杆型、示范型、提升型国际化社区，进一步彰显济南社区的自身特质和特色。

3. 提升涉外工作服务管理能力。一是完善全市外事工作领导机制。借鉴北京、上海、武汉等城市经验，对相关职能部门进行整合，形成国际交往中心“大部制”，打造工作专班，成立协调办公室，形成推动黄

河流域国际交往中心建设的强大机制力量。二是集中突破重点领域制度创新。在供给侧结构性改革、“放管服”改革、科技创新改革、金融财税改革、打造对外开放新高地、推动区域协调发展等方面推出一批具有济南特色的改革事项，打造全国制度创新高地。三是增强对外交外事活动的服务保障能力。总结经验并细化重大国际活动服务保障常态化工作机制，积极探索打造全市外事接待资源体系，研判保障好重大主场外交活动。

（执笔：课题组成员）

加快推进济南市文体旅产业融合发展的调查研究

济南市人民政府研究室

摘　要： 文化体育旅游融合是产业发展的新趋势、产业演进的新模式、产业升级的新动能。推动文体旅产业融合发展是贯彻落实省委省政府对济南的新定位新要求，是加快建设“强新优富美高”新时代社会主义现代化强省会的重要抓手。本文全面总结济南市文体旅产业融合发展基础优势，认真梳理短板不足，深刻剖析制约因素，积极借鉴外地经验，研究提出优化融合制度安排、强化体育 IP 延伸、促进设施复合利用、注重重大活动综合统筹等对策建议。

关键词： 文体旅产业融合发展；资源融合

近年来，济南文体旅产业融合取得长足进步，但与“强新优富美高”新时代社会主义现代化强省会建设要求、与先进城市相比，文体旅产业融合方式单一、结构不优、质量不高等短板仍较突出。推动文体旅产业融合，提升城市软实力，要从顶层设计、资源融合、主体培育、品牌营销入手，优化协同推进的制度安排，强化体育资源的文旅延伸，促进场馆设施的复合利用，注重重大活动的综合统筹，形成以文化创意为引领、以体育赛事为助推、以旅游市场为载体的文体旅产业深度融合、良性互动的发展格局。

一、基础优势

近年来，济南市文化、体育、旅游经济快速发展，文体旅产业融合的形态创新活跃，形成了文旅集团等一批支撑文体旅融合发展的骨干企业，文化产业、体育产业、旅游产业从业人员数量稳步增长，旅游市场持续旺盛，旅游演艺、电子竞技、山地运动、冰雪运动、体育休闲等融合性业态快速发育，以特色街区、特色小镇、博物馆、产业聚集区等为支撑形成了一批在全国有影响的文体旅融合产品。

（一）产业实力联动提升

2021 年全市规上文化企业营业收入、从业人数分别达到 866.41 亿元、6.57 万人，2020 年全市体育总产出、体育产业增加值分别达到 480.81 亿元、148.83 亿元（2021 年数据未出），2021 年全市旅游收入、游客分别达到 983.9 亿元、8192.7 万人次，文体旅产业总体实力稳步提升。

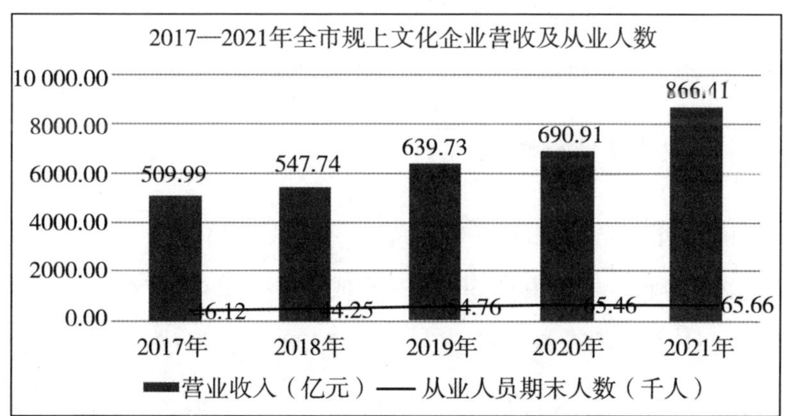

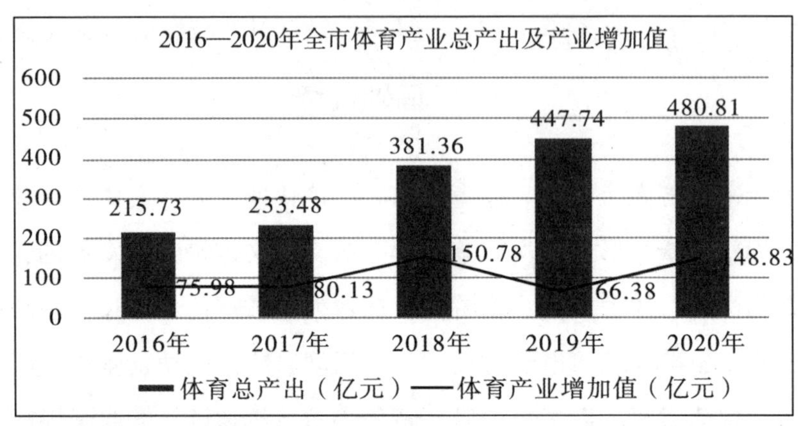

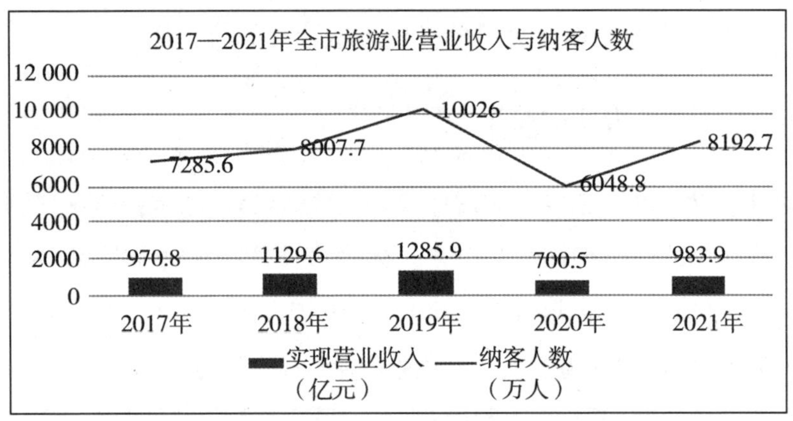

（资料来源：济南市历年统计年报）

（二）产业载体日益壮大

全市国有博物馆和纪念馆 62 个，国有美术馆 6 个，公共图书馆 14 个，文化馆 13 个，泉城书房 30 家，建成乡镇（街道）综合文化站 160 个、村居（社区）综合性文化服务中心 5208 个，形成了万达文体旅游城、华谊兄弟电影城、长清宋风古城小镇、雪野旅游区养生休闲度假特色小镇、华侨城绣源河文旅综合体等一批特色街区、文创园区。

（三）行业资源互动延伸

全市文化产业法人单位达到 2.45 万家，其中规上文化企业 521 家，营收 10 亿元以上的 10 家，过亿元的 115 家；全市旅行社 362 个，A 级景区 85 个，星级酒店 40 家，省级旅游度假区 2 个，工业旅游基地（示范点）25 个，中医药健康旅游示范基地（示范点）13 个，畜牧旅游示范区（点）18 个；体育协会 65 家、俱乐部 72 个，文化体育旅游产业呈现小集聚、大发展特点。

表 1　济南市文体旅公共服务设施情况

类　别		数　量
文化服务设施总量（个）		256
文化服务设施	公共图书馆	14
	文化馆	14
	文化站	160
	博物馆	62
	美术馆	6
体育服务设施总量（个）		21938
体育服务设施	人均体育场地面积（平方米）	2.49
	田径场地（个）	1890
	游泳场地（个）	110
	足球场地（个）	1056
	篮球场地（个）	5503
	排球场地（个）	721
	乒乓球场地（个）	3823
	羽毛球场地（个）	814
	网球场地（个）	288
	滑雪场地（个）	19
	滑冰场地（个）	3
	健身房（个）	896
	全民健身路径（个）	5813
旅游服务设施总量（个）		562

（续表）

类别		数量
旅游服务设施	A级景区数量	85
	星级饭店数量	40
	省级旅游度假区数量	2
	市级以上文保单位	435

（资料来源：相关统计数据）

（四）品牌打造初见成效

全国马拉松游泳冠军赛、中国网球巡回赛等国内外高端赛事相继落户济南，国际旅交会、泉城马拉松、国际冬泳赛、国际定向寻泉大赛、国际龙舟赛、泉水运动嘉年华等文体旅节事活动影响力不断扩大。济南入选2022年“东亚文化之都”“中国夜经济十大影响力城市”，获评首批国家文化和旅游消费示范城市，“泉城夜宴”成为国家文化和旅游部优选项目，被评为“全国十大工业旅游目的地城市”。

二、短板不足

（一）总体实力仍然偏低

市场主体活跃度不高，在全国全省处于中游水平，与头部城市差距不断扩大。

1. 从旅游业总收入来看，济南属于旅游客源地城市，未达到旅游目的地城市水平，对外地游客吸引力不够强。在2021年中国旅游城市吸引力排行榜中，济南仅列全国第40位，而成都、杭州、广州、武汉、西安均位于前10位，苏州、南京、长沙、郑州位于11—20位左右。文体旅产业整体实力仍然偏弱，2021年全市旅游总收入983.9亿元，而郑州、合肥达到1200亿元，青岛、无锡都在1400亿元左右，武汉、成都在3000亿元左右。

2. 从市场主体来看，目前，全市旅游特征企业700多家，旅游休闲及相关产业法人单位和个体工商户22.6万家，文化产业法人单位2.45万家，其中规上文化企业521家。作为文旅产业重要核心元素之一的五星级酒店，济南仅5家，而重庆有28家，苏州有28家，杭州有24家，深圳有23家，宁波、广州均有22家，南京有21家，厦门有18家。

表2　济南与部分国内先进城市旅游业相关数据对比

城市	排名	旅客总人数		旅游总收入		旅游业收入占GDP比例		交通便利程度		旅游基础设施	
		分值	排名	分值	排名	分值	排名	分值	排名	分值	排名
杭州	4	0.4607	9	0.9663	2	0.1785	19	0.6034	8	0.3361	4
武汉	5	0.7030	2	0.8286	6	0.1573	22	0.8175	4	0.1095	33
成都	6	0.5312	5	0.8604	4	0.1407	24	0.6708	6	0.2561	8
广州	7	0.4267	10	0.7557	7	0.0776	32	1.0000	1	0.2764	6
西安	8	0.4853	7	0.5001	12	0.1591	21	0.3741	12	0.1995	10
苏州	12	0.2236	28	0.5595	9	0.0730	34	0.5405	9	0.1353	25
长沙	15	0.3916	12	0.4292	15	0.1076	29	0.1867	23	0.1442	24
南京	17	0.2321	27	0.4810	13	0.0937	30	0.3052	14	0.1464	22
郑州	18	0.2786	21	0.3457	18	0.0874	31	0.4561	11	0.1122	31
济南	40	0.1259	37	0.1217	41	0.0396	47	0.1976	21	0.1710	15

（资料来源：界面新闻《2021年中国旅游业最发达城市》）

（二）品牌优势相对不足

品牌打造力度不足，产品项目偏少、层次较低，城市宣传推介力度亟须加大，特色产业集群较少，市场开发程度低，产业拉动力不强。

1. 从“文创+”IP看，不少游客反映，来济南看到的美景很多，但可值得带走的东西不多，说明我们城市的文创影响力确实还不够大，天下第一泉系列、兔子王系列、李清照系列等众多文创产品中“网红”仍是少数。文创产业集中度不够、布局分散，大型产业园区数量少，比如，济南有国家级动漫产业基地的牌子，却没有动漫企业集聚的园区，动漫企业分散在好几个区里，相互既不能形成支持合作，也不能配套形成上下游链条。

2. 从“体育+”IP看，虽然有国际足联俱乐部世界杯、全国马拉松游泳冠军赛等高端赛事，但仍缺少像成都“王者荣耀”等线上级体育赛事，缺少重大顶级赛事和相关企业的布局和落地。

3. 从“旅游+”IP看，济南旅游方式较为传统，以观光型旅游为主，强调“泉文化”和传统名胜古迹，但是泉水文化与当地历史和风俗文化结合不够密切，推广渠道较弱，宣传方式相对单一，更多省外国外游客群体将济南作为海滨城市旅游的“中转站”，且主要到主城区内景点旅游。

（三）布局结构不够优化

济南市文体旅产业布局、产业结构、地域发展、市场供需、策划设计等不充分、不平衡。

1. 从布局定位来看，缺乏市级层面统筹布局，对全市文体旅资源的特色发展、错位发展规划布局不够，同质化竞争较为突出，各区县既各有特点又协作互补的产业发展格局尚未形成。

2. 从内部结构来看，文化、体育制造业基础薄弱，产能低、转型升级滞后，规模以上企业少。比如，电子竞技、体医融合等新兴体育产业，受政策支持不足、相应人才缺乏、传统观念束缚等因素制约，发展缓慢，与发达地区发展水平差距持续加深。

3. 从策划设计来看，大型文化活动，在策划设计上更多突出文化的主题、内容和项目，缺少对体育、旅游内容和产品的植入、整合、带动。

（四）文体旅融合深度不够

济南市文化、体育、旅游业态集聚属于浅层相加，消费潜力释放不足、水平偏低、“合”而不“融”。

1. 从融合产品来看，特色旅游小镇和特色街区业态从“吃住行游购娱”传统要素向“商学养闲情奇”新要素转型还比较缓慢，融合性业态发育不足，体育、旅游活动过程的文化体验性不强，游客文化参与性不够，特色街区、特色小镇等融合载体普遍存在停留时间短、人均消费少、重游率低等问题，融合发展的质量和效益不高。

2. 从产业贡献来看，2021 年济南市旅游业总收入占 GDP 比重为 8.61%，仅列全国第 47 位，不仅远落后于武汉（16.49%，全国第 22 位）、成都（15.49%，全国第 24 位）、无锡（11.82%，全国第 40 位）、青岛（9.98%，全国第 41 位）等城市，也落后于合肥（10.94%，全国第 36 位）、郑州（10.03%，全国第 31 位）等 GDP 相近城市。

3. 从产业投资来看，文体旅大项目带动缺乏，产业资源释放不足，市场主体活力激发不够，数字类、科技类、创意类新兴产业项目偏少，文体旅产业结构布局有待进一步优化，新业态、新模式、新产品、新服务的比重有待进一步提升。

三、制约因素

（一）体制机制创新不足，协同发展有待深化

1. 引导作用发挥不够。济南市文体旅产业融合组织领导不够有力，协同推进文化体育旅游产业发展的合力不足。近年来，济南市出台了《创建国际旅游名城战略规划》《关于加快旅游业发展建设国际旅游名城的意见》等政策规划，但促进文体旅融合发展的引导性政策尚未制定，协同发展的体制机制尚不健全，文体旅产业发展基本处于自发成长、惯性增长状态。

2. 协调统筹机制不畅。缺乏高位推进、区域统筹、系统整体谋划的机制，整体协作性较差。比如，电子竞技产业从传统意义上讲属于体育部门职能管理范畴，但电竞 + 文旅、电竞 + 文创，又与文旅产业契合度很高，需要体育部门与文旅部门加强合作，减少体育、文化、旅游资源的行政责权归属问题影响。比如，南部山区横跨长清、南山、历城、章丘、莱芜等多区，山脉连绵而资源开发、线路设计未能有效整合贯通。

3. 开发模式创新不足。部分区县文体旅融合开发模式存在跟风模仿现象，文体旅项目融合形态相似、模式雷同，无法发挥地方特色、区域优势。比如，长清区黄家峪万亩杏园基地、章丘区紫缘香草园花海观光等项目，受自然气候和季节影响，淡旺季差异巨大，旅游吸引力较低，在娱乐、餐饮设施及服务方面配套落后，游客停留时间短，旅游功

能难以拓展。

（二）金融支持力度不足，投融资机制创新有待完善

1. 金融支持水平不高。在全市文体旅产业融合发展中，民间资本的潜力尚未充分挖掘，文体旅产业政策引导基金的支持力度、支持周期和覆盖程度明显不足，亟须构建金融支持文体旅企业“白名单”制度，加快完善文体旅产业投融资方面的具体制度安排。

2. 投融资渠道单一。目前全市针对文体旅企业的金融产品供给不足，大部分集中于银行信贷，多数是以抵押贷款为主的短期流动资金。由于文体旅产业普遍具有投资大、风险大、投资回收期长的特点，相对其他产业，文体旅中小企业在借贷担保环节难以得到上级部门的支持，融资难度较大，融资成本较高。

3. 金融对接平台缺乏。济南市文体旅产业融合尚处于起步阶段，社会资本参与度不高，缺乏文体旅产业融合发展的专业投融资对接平台，市场投融资信息交流不畅，企业资金融通、资本与项目对接的效率有待提升。

（三）市场主体优势不突出，整体竞争力不强

1. 龙头骨干企业少。济南文旅集团在资产规模、融资能力、营收能力等方面，与国内头部企业有不小差距。民营文体旅企业普遍小弱散，缺乏骨干支柱企业，且全国化程度低。目前全市旅行社 362 个，相比杭州、南京等城市，旅行社力量和能力明显不足，难以支撑济南文体旅产业的快速发展。

2. 数字化转型差距明显。济南市文体旅企业信息化程度不高，基本是线下经营模式，至今没有本土线上电商文体旅企业，而南京有途牛

网，苏州有同程网等，这些电商文体旅企业覆盖面广、垄断性强、市场占有率高，济南市文体旅企业难以与其竞争。

3. 高层次专业人才缺乏。济南市文体旅产品研发设计、高水平体育赛事运营管理、旅游节事活动策划、文化创意等高端人才比较缺乏，文体旅人才供给远不能满足文体旅产业快速发展需求。比如，驻济高校体育学院在体育专业型人才培养方面较为成熟，但体育经济、体育产业方面的复合型人才培养偏少，而上海体育学院、华东师范大学、同济大学足球学院等大学每年可为上海培养大批体育产业复合型人才，为上海体育产业发展提供了有力人才支撑。

（四）公共服务体系不完备，产业配套服务有待提升

1. 专业文体场馆设施短缺。以体育场馆为例，全市现有体育场馆无论是数量和功能，均无法满足产业融合发展的需要，尤其是缺少能够举办大型综合性赛事、国际 A 级赛事以及功能复合、具有带动作用的高能级体育场馆。比如，全市没有 C 级以上电子竞技场馆，多数赛事只能租用场地，重复布置组装拆除导致经费浪费严重、资源有效利用率低。

2. 配套服务产品供给不足。适合当前发展阶段市场需求的产品类型发育严重不足，比如，城市休闲供给不足，尚无真正意义上的城市休闲度假酒店，而杭州 1/5 的酒店都是休闲度假酒店。同时，作为省会城市，济南酒店业商务会议类餐饮住宿业务量稳定、占比大，不以游客为主要客源，酒店对于服务游客积极性不高。

3. 文体旅设施统筹布局不够。文体场馆设施布局分散，旅游设施和服务配套不足，对文体旅产业融合的推动作用有限，特色街区、特色园区等重点区域建设中对文体旅产业融合的考虑不充分。大型文体场馆

的建设缺乏布局整合与功能复合，已经建成的一般文体场馆受场地结构和服务设施的限制，功能转型的弹性较小。比如，苏州等地均已出台意见，推动建设旅游景区、度假区、旅游风情类特色小镇等，增加体育设施、丰富体育内容，目前济南市在这方面仍缺少相关政策指导。

四、 对策建议

（一）加强顶层设计，优化融合制度安排

文体旅产业融合涉及的不仅是单一产业的发展问题，需要文体旅产业资源的整合，要求文化、体育、旅游发展在管理上的协同。

1. 理顺体制机制。建议成立由市级领导牵头的文化体育旅游产业发展领导小组，建立高位推进、区域统筹、系统整体谋划、多部门协同配合的工作协调机制。

2. 明确发展重点。立足于“文化提炼品牌、体育打造形象、旅游落地发展”，综合考量济南市产业基础和资源禀赋，明确区域文体旅产业融合发展重点，积极引导和推动文体旅产业在各区县、各功能区的差异化发展，突出产品特色，打造地域品牌，形成聚集效应，构建布局合理、功能互补、协同发展的文体旅产业融合发展新格局。

3. 加强资源统筹。建立工作专班，加强对全市文化、体育、旅游资源资产的梳理统计、分析评估，统筹谋划文体旅资源资产整合开发、管理运营、包装策划、项目建设、招商合作等工作，解决文化体育旅游资源资产底数不清、碎片化分布、多头管理、同城无序竞争、低水平重复建设等问题。

（二）注重资源融合，强化体育IP延伸

当前，济南市文化与旅游融合发展具有一定基础，但体育与文化、旅游的融合有待提高，需要进一步强化体育资源与文化、旅游资源的多场景融合，形成文体旅优势互补、相互促进的发展模式，从而获得资源优化配置的红利效应。

1. 加快赛事培育。把举办国际国内重大体育赛事作为推动文体旅融合的突破口，借助国际足联俱乐部世界杯承办契机，加快建设黄河体育中心等地标级大型体育场馆和公共体育设施，完善旅游接待设施，以体育赛事快速吸聚大量游客。同时，考虑到顶级赛事培育周期长、资源耗费较大、可替代性较低、短期内难有大规模增量的特点，探索建立以国际大型体育赛事、职业体育赛事和地方特色赛事为支撑的赛事品牌体系，以竞赛表演为牵引，实现文体旅在客源市场的融合。

2. 做强产业支撑。推动体育用品制造业、文化制造业高端化，支持体育用品制造企业提升产品科技含量和个性化设计水平，结合可穿戴式设备、虚拟现实技术、物联网管理平台等，研发多样化、智能化的体育产品。支持企业积极参与高新技术企业认定，融入“齐鲁科创走廊”布局，建设文体旅产业创新园区和孵化基地，争创国家级产业创新示范区。

3. 扩大社会影响。将优质文体旅产品服务项目纳入山东文博会济南会场，依托山东国际会展中心、济南国际会展中心引进国际国内知名文化体育用品展会，鼓励济南本土企业参加中国国际文化体育用品博览会、中国体育文化博览会、中国体育旅游博览会等，扩大展会对文体消费的带动力。

（三）注重主体培育，强化资源配置

1. 大力培育企业市场主体。一方面，扶持市文旅集团做大做强。按照市属国企改革重组要求，加快推进市属文旅类资产划转，重点抓好奥体中心、第一泉景区等“园区化、平台化、证券化”发展模式改革，积极解决由于资产注入、资源整合不到位等带来的投融资发展难题及资产管理运营的体制机制障碍。另一方面，实施文体旅企业梯次培育工程，鼓励九如山景区、世纪开元等龙头骨干企业通过收购兼并、股权合作等方式，积极拓展创意创作、生产制造、营销推广等产业链条，促进产业整合、多产融合、集群发展，打造一批拥有原创品牌、辐射带动力强的旗舰式领军企业。

2. 健全投融资机制。进一步加强促进文体旅产业融合发展的投融资机制建设，健全中小企业的金融担保机制，建立文体旅产业市场主体的“白名单”制度，鼓励引导政策性金融机构加大信贷支持力度。用好济南文创股权投资基金等文体旅产业政策引导基金，创新投资方式、提高支持力度，积极引导金融资源向创新型成长型企业倾斜。鼓励和支持社会资本对文体旅产业的投入，建立市场信息服务平台，协调指导文体旅融合项目推进，提高社会资本对接效率和资本回报率，优化文体旅产业资源利用效能，着力解决各类文体旅产业市场主体融资不足的问题。

3. 抓好人才队伍建设。健全与市场需求紧密衔接的文体旅产业人才培养体系，用好山大、山师大、山财大、济大等高校旅游管理专业和体育专业，建立校地企合作的文体旅人才培养机制，培养“适销对路”的文体旅人才、细分领域专门人才，特别是文旅产品研发设计人才、高水平景区运营管理团队、旅游节事活动策划运作团队、优质导游队伍。

提升文体旅产业从业人员整体素质，依托市属职业院校，为从业人员提供全生命周期、学时灵活的专业培训、再教育、终身教育。同时，吸引留住专业人才，丰富针对文体旅人才的专门政策，吸引本地相关专业毕业生留下来、吸引外地文体旅人才流过来，逐步增强高素质人才支撑。

（四）注重品牌营销，强化资源统筹利用

杭州、成都提出“办赛营城”，苏州争创国家文化和旅游产业融合发展示范区。济南市要积极对标先进城市，高度重视宣传推介工作，打响知名度、提升美誉度。

1. 鼓励支持品牌创建。全面推进国家级、省级文化产业示范园区及全域旅游示范区创建工作，积极争创“国家体育消费中心城市”“运动康养名城”等特色体育名城，力争到2025年，建成3—6家省级体育旅游示范基地，争创2项中国体育旅游精品赛事，打造5—10条体育旅游精品线路，培育3—5家具有较高知名度和市场竞争力的文体旅企业与知名品牌。

2. 创新宣传推介模式。充分利用济南市举办各类型展会的有利条件，在文化类、经济类、旅游类、学术类、体育类、产品制造类等大型展会中补充关于文体旅产业融合发展的产品与服务的相关内容。充分利用微博、微信、手机App、微视频和旅游网站，搭建网络及自媒体营销平台，增强与知名社交网站、主流媒体网站合作，丰富济南市文化体育旅游游记、攻略及点评，增加济南市体育旅游、体育赛事、文化旅游的搜索量。

3. 深入研究细分市场。精准开发客源市场，针对细分客群做好精准营销。依托大数据分析系统，境内以东北、京津冀豫、珠三角等地区为重点，境外以直航航线通达的美国、俄罗斯、韩国、日本、东南亚及

中国港澳台地区为重点，通过优化提升精品线路产品、建设持续性宣传渠道、参加旅游专业展会、举办旅游推广活动和互联网线上营销等形式，拓展境内外客源市场的广度、深度。

参考文献：

［1］周春波．文化与旅游产业融合动力机制与协同效应［J］．社会科学家，2018（2）：99－103.

［2］臧彤，王海坤．体育、文化、旅游产业融合发展的困境与思考［J］．长春大学学报，2019，29（12）：82－85.

［3］尹宏，眭海霞．文化体育旅游产业融合的发展路径——以成都为例［J］．开放导报，2020（3）．

（执笔：课题调研组成员）

以一流营商环境推动城市软实力提升的济南实践与思考

济南市行政审批服务局

摘　要： 城市软实力是建立在城市文化、生态环境、政府服务、居民素质等非物质要素之上，形成的对外影响力与吸引力的总和，是一座城市综合实力的重要标识。营商环境是企业生存发展的生态土壤，更是城市保持持久竞争力的“杀手锏”。由此可见，两者密不可分、相辅相成，作为城市软实力的重要体现，持续优化营商环境是济南开启万亿时代新征程的关键变量。本文旨在分析挖掘建设一流营商环境与提升城市软实力的内在联系，从济南市优化营商环境、推动城市软实力提升的工作实践和存在问题出发，探索以一流营商环境助推城市软实力提升的实现路径，为下一步工作提供参考。

关键词： 营商环境；城市软实力；社会治理；路径

党的十八大以来，以习近平同志为核心的党中央着眼“两个大局”，围绕提升国家软实力发表了一系列重要论述，强调“软实力是实力之基础，是根本性的东西”，“哪个地方软实力强大，哪个地方就是真正的强大”。城市软实力是建立在城市文化、生态环境、政府服务、居民素质等非物质要素之上，形成的对外影响力与吸引力的总和，是一座城市综合实力的重要标识。济南市第十二次党代会报告中明确提出，硬实力让城市强大，软实力让城市伟大。济南作为山东省省会城市，全面提升城市软实力是实现高质量发展的题中应有之义，也是必须扛起的重大责任使命。

一、建设一流营商环境与提升城市软实力的内在联系

优化营商环境与提升城市软实力的内涵外延高度契合，优化营商环境是提升城市软实力的重要方面，其以无形的感染力与凝聚力吸引着人力资源、金融资源和信息资源的汇聚，为城市软实力提升提供了有力支持。

（一）建设一流营商环境是提升城市软实力的有力支持

1. 营商环境是城市软实力的助推器、晴雨表。一方面，营商环境体现的是一座城市惠企便民的社会氛围，展示的是城市政府的服务效能，彰显的是社会治理的法治水平，弘扬的是一座城市的人文魅力，是经济社会高质量发展的核心竞争力。良好的营商环境是激发市场活力、增强发展内生动力的必要条件。通过提高市场化、法治化、国际化、便利化水平，营造良好营商环境，一座城市就可以吸引信息交互、资金流入、人才汇聚，推动创新驱动、转型升级的源头活水充分涌流。另一方面，营商环境也是反映一座城市软实力的晴雨表。营商环境可以直观反映在一座城市经营企业的难易程度。营商环境就像晴雨表一样，是城市软实力的重要指征，营商环境优良，就能集聚丰富的人流、物流、资金流和信息流；营商环境差，企业家就会望而却步，经济发展就会受

影响。

2. 营商环境与城市软实力相互促进、相辅相成。一方面，良好的营商环境可以吸引更多的企业和投资者进驻济南，促进经济的发展和创新。政策支持、投资环境、人才优势等都是济南优化营商环境的重要方面，这些优势吸引了众多企业和投资者的目光，促进了济南经济的发展和创新。另一方面，城市软实力的提升可以为企业提供更多的商业机会和优越的营商环境，文化底蕴、城市形象、品牌影响力等都是影响营商环境持续优化的因素，也间接影响城市软实力的提升。

3. 营商环境为提升城市软实力提供新动能。实践表明，营商环境越来越成为城市综合实力竞争的关键因素。2021 年 11 月，北京、上海、重庆、杭州、广州、深圳 6 个城市成为首批营商环境创新试点城市。2023 年，北京市发布营商环境改革 6.0 版，提出了 31 个方面、237 项改革任务。上海市提出 195 项改革举措，标志着上海在营造市场化、法治化、国际化一流营商环境上又迈出重要一步。上述试点城市之所以呈现出产业体系完备、市场规模较大、主体活跃度高的发展优势，正是得益于其优良的营商环境、持续的改革创新，从而吸引了人才、科技、资本等高端要素的集聚，为城市软实力的提升蓄势赋能。

（二）以一流营商环境助推城市软实力提升的宗旨理念

在高质量发展大势中，济南要担当“走在前，开新局”的重任，而在城市软实力提升过程中争当表率、争做示范、走在前列，必须要以营商环境涉及的方方面面为引领，着力解决优化营商环境过程中的重大问题、人民群众反映强烈的突出问题、企业期盼解决的紧迫问题，强化提升济南城市软实力的内生动力。

1. 必须坚持党的领导。优化营商环境、提升城市软实力必须构建形成党委领导、政府负责、部门协同、上下联动、社会参与、齐抓共管的工作格局。一是坚持党委和政府“一把手工程”。优化营商环境、提升城市软实力事关综合竞争力和长远发展，贯穿立法、执法、司法等法治建设全过程，涉及党委、政府、社会方方面面，只有发挥党总揽全局、协调各方的领导核心作用，才能凝聚各方力量，统筹各项工作，实现整体提升。二是强化部门协同配合。优化营商环境工作点多、面广，牵一发而动全身，仅靠一个部门单打独斗是不行的，需要部门统筹协同、同向发力，共同研究新情况、总结新经验、出台新举措、解决新问题，协同配合，整体推进。三是充分发挥地方积极性、创造性。持续推进“放管服”改革，主动创新，积极探索，推动形成“你追我赶、争先创优、竞相发展”良好态势，以创造性举措的不断实施，带动营商环境的整体改善。四是调动社会力量广泛参与。优化营商环境责任在政府，活力在社会，潜力在市场，要充分调动社会各界共同参与意识，探索建立营商环境协商共建机制，解决营商环境的痛点堵点难点。

2. 必须践行以人民为中心的发展思想。优化营商环境、提升城市软实力目的就是要不断解决人民群众最关心最直接最现实的利益问题，在更高水平上满足人民日益增长的美好生活需要。一是必须始终坚持从群众最关心的问题入手，推动改革成果更多更公平惠及全体人民。只有以人民为中心优化环境、以问题为导向狠抓整改，明确标靶、有的放矢，才能改到问题关键处，让群众有更多、更直接、更实在的获得感。二是必须始终坚持群众路线，充分激发人民群众的积极性和创造性。无论是制定政策、出台规范，还是开展评价、推广经验，都要注重企业和人民群众的评价，增加群众和企业的话语权、评判权，确保各项举措始终体现群众意愿，经得起实践检验。

3. 必须处理好政府与市场的关系。优化营商环境是涉及发展的体制性、制度性安排，实质是重塑政府和市场的关系。一是充分发挥市场在资源配置中的决定性作用。近年来，优化营商环境坚持深化行政审批制度改革，大幅削减行政审批事项，实行权力清单、责任清单管理；坚持不断放宽市场准入，全面改革商事制度，实行全国统一的市场准入负面清单制度；坚持“放管服”改革与大规模减税降费，最大限度给企业松绑减负、提供服务，持续激发市场主体活力和社会创造力。二是更好发挥政府作用。做好优化营商环境工作，要加强公正监管，健全公开透明的监管规则和标准体系，切实管出公平。要大力优化政府服务，加快创新服务方式，不断提升政务服务质量和效率。三是要用法治来规范政府和市场边界。2020 年 1 月 1 日实施的《优化营商环境条例》就是推进营商环境法治化的重大成果，将实践证明行之有效、人民群众满意、市场主体支持的改革举措用法规制度固化下来，得到了社会各方面的充分肯定，也得到了包括世界银行在内的有关国际组织的高度评价。

二、以一流营商环境助推城市软实力提升的济南实践

近年来，济南市委市政府聚焦城市软实力建设，抢抓全国新旧动能转换综合试验区、中国（山东）自由贸易试验区、黄河流域生态保护和高质量发展战略三大国家战略交汇叠加的发展优势，主动融入黄河战略，发挥强省会作用，实施优化营商环境创新突破行动，市场活力得到了有效释放。济南市在 2020 年国家营商环境评价中位列第九，14 个指标成为全国标杆，获评中国国际化营商环境建设标杆城市；2019 年、2020 年蝉联省营商环境评价第一，并持续在省考核中保持第一；2020 年获中国政商关系健康指数全国第五；在香港中外城市竞争力研究院等联合发布的“2021 中国最优营商环境城市排行榜”中位列第五；获评

中央广播电视总台“2022 城市营商环境创新城市”；据中国经济体制改革研究会发布的《2023 年第一季度改革热度第三方评估报告》显示，济南市在 31 个直辖市及省会城市中排名第一，城市影响力持续扩大。

（一）高位推动，构建“1 +4 +19 +N”工作体系

坚持将优化营商环境作为“一把手”工程，成立市持续深入优化营商环境和推进政府职能转变领导小组，市委书记、市长任双组长，市领导担任各领域优化营商环境专班组长，下设 4 个综合专班和 19 个指标专班，各级各部门主要负责同志靠前指挥，各区县同步完善组织架构，形成“1 +4 +19 +N”的工作体系。建立常态化调度督导、对标学习、工作协同、多元参与机制，2022 年以来，各级各部门开展实地调研 100 余次，梳理全国标杆城市改革经验做法 1200 余条，借鉴外地经验做法制定改革举措 300 余项，组织云课堂各类座谈会、研讨班、培训班等，近 3500 人次参与，集中聘任 120 名营商环境社会监督员市民体验官，促进全市营商环境优化提升。

（二）顶层设计，构建“条例 + 规划 + 方案 + 清单”一张蓝图

2022 年 3 月正式实施《济南市优化营商环境条例》，印发宣传手册 3 万余册、宣传材料 80 余万份，利用新媒体推送相关讯息 1 万余条。2023 年 2 月正式印发《济南市“十四五”时期优化营商环境规划》，提出打造市场、政务、法治、人文、区域发展“五大环境”350 条措施。自 2018 年起，每年出台全市优化营商环境实施方案，明确了 1000 余条改革任务，实现 1.0 到 5.0 迭代升级。梳理国家、省、市、区县新出台优化营商环境政策清单 300 余项，梳理国家、省营商环境评价反馈问题清单 134 项，构建起“四位一体”制度体系。

（三）创新突破，营造“市场化+法治化+国际化+便利化”发展环境

1. 市场化改革深入推进。深化商事制度改革，全省首推“代位注销”模式，率先落地“歇业备案”制度，率先开展新业态食品经营许可备案试点，探索市场主体住所标准化登记。实施全流程工程建设项目审批制度改革，分段限时联合验收、“多测合一”、项目管家等创新改革案例全国推广，工程建设项目“极简审批”模式在全省复制推广。2021年度工程建设项目审批制度改革评估全国第六，其中便利度位列第二。全国首创规范系统的“带押过户”登记济南模式，持续推进不动产登记规范化标准化数字化。探索开展电热水气暖“一码交费”。创新打造“济南人才·就业云聘e码通”。推出“济担—纾困贷”专项贷款，惠及市场主体7万余户。全国首创“码上办”线上办税新模式、确认制服务举措，退税受理审核平均时长缩短75.4%。

2. 法治化建设步伐加快。持续深化“双随机、一公开”监管，联合抽查比例提高至30%以上。全省率先实施招标计划提前发布制度，已发布工程类项目招标计划900余条。创新制定“评定分离”办法，电子营业执照下载应用量居全省首位。通过省、国家水利工程建设项目电子招标投标监管试点城市验收。建立“一站互联”劳动法律监督协作机制。强化知识产权全链条保护，成功入选首批国家知识产权强市建设示范城市、知识产权纠纷快速处理试点城市，建设12个高价值专利培育中心和33项高价值专利组合培育项目，全市质押登记517笔，融资金额30.55亿元。升级智慧法院4.0版本，超过20%的诉讼案件通过互联网进行审理。

3. 国际化水平显著提升。全国率先探索实施“链上自贸”保税展销模式，实现“货物出区便利化、一物一码可追溯、展销商品可退回、交易完成才缴税”。全面推广“提前申报”“两步申报”通关模式改革，泉城海关“提前申报”占比达到50%以上。深化“单一窗口”建设，“单一窗口”主要业务应用率稳定保持在100%。开展“智慧旅检”项目，实现入境旅客与关员办理业务不见面“云办理”。济南海关、青岛海关签署“铁海E通”监管模式合作备忘录，将港口功能延伸至济南国际陆港，济南国际陆港发展初见成效。

4. 便利化举措广泛推行。打造“泉惠企”平台，汇集中央、省、市、区（县）惠企政策3500余条，主动推送惠企政策3050万余次。发布“免申即享”惠企政策清单104项、政策兑现服务指南308项，推进政策兑现事项“一站通达”，惠及企业近90.1万户（次），兑现资金31.8亿元。做优做强“智惠导服”平台，完善6.07万条标准化问答知识库，实现3200余项政务服务事项24小时的线上咨询引导。上线全市统一的预约服务平台，实现市区两级2800余项依申请政务服务事项“一网通约”。提升网上政务服务能力，6800余个事项实现电子证照证明“免提交”。推行住建领域资质“全e办”新模式运用，住建资质办理所需材料压减85%，办理时限压缩94.4%。启用全国首个大数据保险服务云平台“政保通”数据服务平台，赋能保险业数字化转型。“e警通”便民服务平台实现15类170项服务“全时即享”。

三、当前济南营商环境建设存在的问题

尽管济南市坚持全面深化改革，着力调整优化政府职能，全面实施“双随机、一公开”监管，着力优化政务服务，营商环境建设取得显著成效，城市软实力和吸引力大大增强，但在部分重要领域和关键环节上

的改革举措有待推进。

（一）持续创新深化改革的力度还不够，市场主体活力有待进一步激发

一是与实现高质量发展的要求相比，市场体系还不健全、市场发育还不充分，政府和市场的关系没有完全理顺，还存在市场激励不足、资源配置效率不高、经济活力不强等问题。二是金融行业的市场化改革稳步推进，但分业制、跨区域经营、强调经营业绩考核等都会指引银行偏好于向国有企业、大企业提供资金，中小微的“融资难、融资贵”问题未能从根本上得到改观。三是要素基础设施建设还不够完善，要素供给与产业发展尚不完全匹配，要素跟进机制还不够健全，要素供给渠道还不够畅通。

（二）社会治理现代化智慧化水平还较低，惠民便民效率有待进一步提高

一是数据共享不够充分。数据资源分散，有些散落在不同层级、不同部门、不同系统的数据因权力壁垒、标准不齐或技术障碍无法实现数据共享，层级、部门、区域间的数据共享标准尚待进一步研究和完善，线上政务服务、审批流程、信息管理的应用有待进一步拓展和整合。二是系统衔接不够顺畅。各部门系统之间信息互联共享不足，许多信息在系统中能进不能出，导致为了让“群众少跑腿”而推进的“数据多跑路”改革，一定程度上依赖于在不同系统中重复录入，费时费力、可靠性低、安全性差。

（三）运用法治思维解决问题的能力还不强，公平竞争的市场规则有待进一步完善

一是监管力度有待进一步加强。随着“放管服”改革持续深化，我们在下放行政权限、放开市场准入限制、优化审批流程等方面取得了明显效果，事中事后监管面临更大的压力，当前监管还存在着监管力量薄弱、智慧化监管技术手段不足等问题，公平竞争市场环境和社会氛围仍待提升。二是政企沟通渠道还需进一步畅通。常态化政企沟通联系机制不够完善，联系不够紧密，特别是在规范性文件起草和涉企政策制定过程中，社会公众参与度还不高、意见表达还不足。

（四）品牌效应发挥还不明显，城市吸引力有待进一步增强

一是养老、医疗教育、人才等领域发展还有较大提升空间，存在养老照护软硬件设施发展不充分、医疗服务区域分布不均衡、高质量教育资源和文体设施供给不足、人才吸引力较弱、对多元文化包容性不强等问题。二是城市品牌效应不明显。城市宣传力度不够、频率不高、主动性不强，宣传形式创新不足，品牌效应发挥不充分，更加难以提升对市场主体的吸引力。

（五）协同改革对外开放力度还不足，新的增长潜力有待进一步挖掘

在职能部门层面，营商环境建设重视部门间任务分解与责任分工，当前部门的改革仍以内部改革为主，多方协同治理的力度仍有待进一步加强，需要促进单项政策单项改革向政策集成效应转变。在区域发展层面，需进一步加强与省会经济圈、胶东经济圈、鲁南经济圈等统筹发展，全面提升黄河流域中心城市辐射带动作用，积极对接京津冀、长三角、粤港澳大湾区等国家战略，扩大改革的联动效应。

四、以一流营商环境助推城市软实力提升的实践路径

当前，济南要建设“强新优富美高”的新时代社会主义现代化强省会，就要发掘自身优势，打造市场化法治化国际化一流营商环境，构建具有特色的城市软实力。

（一）打造公平便捷的市场环境，持续提升市场主体活力

把市场主体的难点痛点作为改革的发力点，探索营商环境动态监测预警机制，及早感知发现和解决市场主体面临的突出困难和问题。深入推进商事主体登记改革，落实“非禁即入”的市场准入制度，建立便易有序的市场退出机制，构建更加完善的要素市场化配置体制机制，构建多元优质的产业体系，推出精准可及的助企措施，维护公平、公正、安全、有序的市场经济秩序。

（二）打造舒心满意的政务环境，持续提升社会治理能力

坚持以群众和企业舒心满意为目标，加快建设场景牵引、数据驱动、智能高效的数字政府。充分发挥数据的基础资源和创新引擎作用，加快推动政务数据和公共数据与其他社会数据精准高效共享应用，深化重点领域的数字化应用，持续推出更多新的应用模式，以数字化转型驱动政务服务流程再造，打造高效便捷的政务服务体系。加强政务服务标准化建设，推动更多事项无差别受理、同标准办理。

（三）打造公正规范的法治环境，持续提升宜商宜业吸引力

坚定“法治是最好的营商环境”理念，严格规范行政许可行为，深入实施行政许可清单管理制度，不断提高许可实施的规范性。把加强和创新政府监管摆到更加突出的位置，创新监管方式，大力推行跨部门的综合监管。全面规范公正文明的执法行为，不断提高司法服务、公共法律服务和纠纷解决服务质效，依法保护市场主体合法权益，打造最优法治环境。

（四）打造诚信包容的人文环境，持续提升社会服务保障供给

增强服务意识，着力培育“亲”“清”新型政商关系。进一步改善基础设施和市容市貌，完善现代公共文化服务体系，提高城市治理精细化水平，推进全国文明典范城市建设，创建重信践诺的信用环境，营造招商稳商营商的城市环境。健全企业群众全生命周期服务体系，聚焦医疗、教育、养老等领域，持续拓展公平普惠的民生服务，不断增进民生福祉。

（五）打造协同联动的区域发展环境，持续提升城市融合发展效应

发挥省会济南比较优势，不断强化在黄河重大国家战略中的示范引领作用，加强服务资源整合共享，推动济泰、济淄、济德同城化发展，破解区域协调联动深层次体制机制障碍，促进创新链产业链资金链人才链深度融合，推动省会经济圈一体化发展，全面提升黄河流域中心城市辐射带动作用，全面提升营商环境国际化水平。

（六）打造营商环境共同体，持续提升城市品牌影响力

继续完善济南市持续深入优化营商环境和推进政府职能转变领导机

制，健全市领导分工牵头、各部门协同推进工作机制。认真贯彻《济南市优化营商环境条例》，发挥《济南市“十四五”时期优化营商环境规划》引领作用，制定《济南市2023年营商环境创新提升行动实施方案》，不断推动全市营商环境提质升级。充分发挥市民体验官、营商环境社会监督员等渠道作用，完善营商环境问题反馈和督办解决闭环机制，提高改革精准度和企业获得感。组织开展优化营商环境工作联合督查，优化全市营商环境考核评估工作。将营商环境宣传推介纳入全市宣传工作重点，力争更多“济南经验”在全国推广，更多“济南品牌”在全国叫响。

（执笔：马莹）

新时期济南加快提升科技创新软实力的路径探索

济南市科学技术局　济南市科学技术情报研究院

摘　要： 科技创新软实力是强化城市软实力的重要方面。在新一轮科技创新高水平发展、区域科技创新中心蓬勃建设浪潮中，提升城市科技创新软实力，推进科技势能加速催生新发展动能的意义深远。本文聚焦科技创新发展现实基础，精准选取对标城市，系统阐述科技创新竞争态势，结合有利形势分析提出强化济南市科技势能催生新发展动能、增强全市科技创新软实力的济南路径，助力国家区域科技创新中心建设，为高水平推动“强新优富美高”新时代社会主义现代化强省会建设提供“科技方案”。

关键词： 创新能力；竞争态势；区域科技创新中心；基础优势

习近平总书记强调要以科技创新催生新发展动能，指出高质量发展必须依靠创新驱动内涵型增长，要求大力提升自主创新能力，加快突破关键核心技术。近年来，济南市坚持把科技创新摆在现代化建设全局的核心位置，走出具有济南特色的创新驱动发展之路，在全国城市竞争格局中的“前列”地位日益凸显。面临日益复杂的国际国内环境形势及新一轮科技革命和产业变革带来的颠覆性变化，济南必须与国家发展战略同频共振，以更高站位、更宽视野在科技强国、创新强省战略中勇担使命责任，勇攀科技高峰，永葆“头雁风采”。

一、济南市科技创新现实基础

济南市深入实施创新驱动发展战略，在加快区域科技创新中心建设领域取得重大突破，位列“自然指数全球科研城市”第36位，在国家创新型城市中排名第13位，首次成为“创新策源地”城市。

（一）原始创新攀高峰，高能级创新平台建设实现重大突破

济南建成的世界首个电磁推进地面超高速试验设施创造了全球最高速度纪录，获批环境领域唯一国家级基础科学中心项目，植物基因编辑“卡脖子”技术实现突破。“齐鲁科学城”科创母基金规模达到62亿元，完成签约。此外，济南市11家全国重点实验室获科技部认定，3家省实验室运行机制和治理架构日趋完善，新备案市重点实验室97家，三级实验室体系日趋完整。高水平建设省级技术创新中心、省级新型研发机构，数量居全省第一。

（二）企业创新迸活力，高新技术企业培育创下历史新高

2022年，济南市7613家企业进入国家科技型中小企业库，同比增长31.43%，入库数量居全省第一。全市高新技术企业数量突破5772家。入选省科技领军企业36家、科技小巨人企业94家，分别占全省总量的18%、16%。实施科技计划项目“揭榜挂帅”，被市委组织部认定为全市“工作创新突破”项目。承担省重大科技创新工程项目23个，争取省拨资金2.42亿元，立项数和资金额连续4年居全省第一；391个项目获批2022年度山东省科技型中小企业创新能力提升工程计划。

（三）成果转化见成效，科技成果转移转化取得全新进展

实施“新高校 20 条”，推动驻济高校建设成果转化应用平台，加速双创和成果转化工作，成功召开了全市校地融合工作座谈会暨驻济高校科技成果发布会。深化与高校院所战略合作，新注册“中科系”研发机构 4 家，吸引国内外知名高校院所、科研机构或企业在济设立研发或成果转移转化机构 21 家，累计总数达 218 家。大力发展技术交易市场，持续打造济南科技成果转化平台，建设黄河技术转移中心，培育技术经纪人队伍，全年备案省科技成果转化贷款资金 23. 71 亿元，全市技术合同登记 16223 项，技术合同成交额 614. 52 亿元。

（四）创新生态更优化，引进高端创新创业人才获得显著成效

优化提升创新创业环境，高质量建设科技企业孵化器 64 家（国家级 14 家），众创空间 139 家（国家级 34 家），获批建设省级“众创空间—孵化器—加速器”科技企业孵化链条试点 2 家，起步区获批建设省级开放式大学科技园。持续开展创新创业活动，积极参加第 11 届中国创新创业大赛，46 家企业晋级，数量居全省第一，其中，16 家企业被评为“科创之星”、17 家企业被省科技厅推荐参加国赛。组织实施系列人才工程，20 人入选泰山产业领军人才工程项目，创历史新高。超额完成国家高层次人才计划申报推荐工作。稳步推进全省唯一国际顶尖科学家工作室建设，新引进两个俄罗斯院士团队。

二、 济南市科技创新竞争态势分析

（一）竞争对手选取

2023 年，市政府工作会议、市科技工作会议明确济南建设国家区

域科技创新中心目标。全国目前已建立北京、上海、粤港澳大湾区、成渝、武汉和西安等6个国家区域科技创新中心。从区位来看，华北地区拥有北京1家中心；华东地区拥有上海1家；华中地区拥有武汉1家；华南地区拥有粤港澳大湾区1家，涉及广东、香港和澳门；西南地区拥有成渝1家，涉及重庆和成都；西北地区拥有西安1家；东北地区未有布局。从分布密度来看，华东地区新增1家存在可行性、合理性，因此华东地区的江苏省、浙江省、江西省、福建省均有建设可能，其省会和核心城市皆可能成为济南的竞争对手。此外，东北三省、华中地区的湖南省和河南省、华北地区的山西省省会和核心城市亦可能成为济南建设区域科技创新中心的竞争对手。

表1　国家区域科技创新中心分布

所属区域	省区市省会、核心城市及数量	区域科技创新中心
华北地区	北京、天津、河北（石家庄）、山西（太原）、内蒙古（呼和浩特）（5）	北京
东北地区	辽宁（沈阳、大连）、吉林（长春）、黑龙江（哈尔滨）（4）	—
华东地区	上海、江苏（南京）、浙江（杭州）、安徽（合肥）、福建（福州）、江西（南昌）、山东（济南）、宁波、厦门、青岛、台湾（台北）（11）	上海
华中地区	河南（郑州）、湖北（武汉）、湖南（长沙）（3）	武汉
华南地区	广东（广州）、广西（桂林）、海南（海口）、香港、澳门（5）	粤港澳大湾区
西南地区	重庆、四川（成都）、云南（昆明）、贵州（贵阳）、西藏（拉萨）（5）	成渝
西北地区	陕西（西安）、甘肃（兰州）、青海（西宁）、宁夏（银川）、新疆（乌鲁木齐）（5）	西安

究竟谁是济南市真正的竞争对手，依照区位特征进行逐一分析：

从华北地区来看，有北京双中心坐镇，亦有京津冀城市圈发展国家战略对天津、河北两省市的协同创新布局，其辐射引领和示范带动作用覆盖华北地区，同时考虑到山西和内蒙古的经济和科技发展地位，在两地新增区域科技创新中心的概率不大。因此，华北地区没有对济南构成竞争威胁的城市。

从东北地区来看，这里属于区域科技创新中心、综合性科学中心留白之地，沈阳、大连建设区域科技创新中心和综合性科学中心的呼声较高。从区域均衡发展和东北振兴战略实施角度来说，国家进行针对性布局，牵引东北地区创新发展实有可能，因此东北地区单一城市或多城市联盟进行争创皆有可能。鉴于此，东北地区城市是济南的竞争对手。

从华东地区来看，南京提出要打造国家区域科技创新中心，并制定了相关计划方案，计划方案覆盖目标设想到落地环节全过程，体现了争夺这一称号的决心，南京是济南强有力的竞争对手。合肥 2018 年获批综合性科学中心，重新加冕科技创新中心可能性偏小。宁波、杭州同属浙江省，杭州市提出建设综合性科学中心的战略构想，与之相比，宁波获批概率较小。福州和厦门同属福建省，厦门创新能力和城市核心竞争力优于福州，厦门获批是大势所趋。青岛和济南同属山东，虽然山东省对济南的定位是打造国家区域科技创新中心，对青岛的定位是国际海洋创新城市，但两者创新能力相当，竞争一直存在。南昌虽非副省级城市，但属于江西省，从强省会的战略定位来看，发展潜力不可小觑。由此来看，华东地区能与济南构成竞争的城市有南京、杭州、厦门、青岛、南昌。

从华中地区来看，郑州作为河南省省会，位居中原腹地，经济形势发展向好，科技实力逐渐增强，同济南处境相似，是国家重大科技战略覆盖空地，与西安及不远处对望的武汉相比，面临提速发展、强势崛起的压力，加之这几年发展势头强劲，是济南不可小觑的竞争对手。长沙虽非副省级城市，但科教资源丰富、创新禀赋优渥，创新能力挺进全国前10，是济南强有力的对手。郑州、武汉、长沙虽地缘相近、毗邻而居，但新增区域科技创新中心或综合性科学中心的概率仍然有，尤其是长沙提出实施“强省会”战略以及依托创新型城市高水平建设国家区域科技创新中心的口号，发展路径与济南大同小异。由此来看，华中地区的长沙、郑州是济南的主要竞争对手。

从华南地区来看，广东、香港、澳门联合建设粤港澳大湾区国际区域科技创新中心，且创新能效显著，综合创新能力超越老牌京津冀，位居全国首位，展现了雄厚的发展实力。桂林、海口与之相比，创新能力处于中后梯队，处于粤港澳大湾区辐射范围，因此华南地区新建区域科技创新中心的概率极低。由此来看，华南地区没有济南的竞争对手。

从西南地区来看，其具有与华南地区相似的发展境遇，该地区的龙头城市成都、重庆强强联合，剩下的昆明、贵阳、拉萨创新能力偏弱，在西南地区异军突起，形成另一创新高地的概率较小。因此，西南地区没有济南的竞争对手。

西北地区与西南地区、华南地区相似，西安向来是西北地区经济、科技核心城市，其他城市与之相比，实力悬殊，独立建设创新中心的可能性较低，加之西北地区城市相距较远，抱团建设的优势并不明显，因此短期来看，西北地区新增创新中心的概率很小，所以没有与济南形成竞争的城市。

综上所述，在区位方面，与济南形成竞争的城市有东北地区的沈阳、长春、大连、哈尔滨；华东地区的南京、杭州、厦门、青岛和南昌；华中地区的长沙、郑州。区位因素决定了这些城市具有竞争的可能性，但能否成为现实中的竞争对手，要依创新实力进行判别。2023年1月，中国科学技术信息研究所发布《国家创新型城市创新能力评价报告2022》，从研究结果来看：南京、杭州在创新型城市中排名显著领先济南，位于第一梯队，两个城市的行动举措，展现了其势在必得的志气，是济南市强悍的竞争对手。长沙未列入副省级城市，济南与之对比分析的机会较少，但从该研究排名来看，长沙是一位隐藏的“实力型选手”，其登上国家创新型城市前10名榜单，实力非同小可，一定有很多可取之处值得济南学习和借鉴，因此要对长沙进行深入分析。青岛作为计划单列市，与济南经常处于你追我赶的角逐状态，创新实力并驾齐驱，但与南京、杭州差距悬殊，与长沙也存在较大差距。

与长沙同处华中地区的郑州创新实力在济南之后，短期内未构成竞争优势，因此暂不列为关键竞争对手。与济南同处华东地区的厦门，在创新实力上比济南略逊一筹，但这两年科技创新发展迅猛，展现了强劲发展势头，与济南差距逐渐缩小，是济南不可小觑的竞争对手。南昌创新实力不敌济南，暂不列为竞争对手。东北地区沈阳、大连、长春、哈尔滨位居济南之后，与济南相差不多，但近几年位次变动较小，呈现相对稳定的状态，虽然短期内不作为主要竞争对手，但长期不可轻敌。

综上所述，考虑区位分布、创新实力和战略布局，济南市的关键竞争城市为南京、杭州、长沙、青岛。

表 2　有区位竞争可能性的城市创新能力比较

序号	城市	创新指数	创新型城市排名	全国城市创新能力排名
1	济南	66.25	13	16
2	南京	79.26	2	4
3	杭州	78.3	3	5
4	厦门	66.13	14	17
5	青岛	67.24	10	13
6	南昌	60.83	21	25
7	长沙	71.07	8	10
8	郑州	61.2	20	24
9	沈阳	62.43	18	22
10	大连	62.44	17	21
11	长春	59.71	23	27
12	哈尔滨	57.54	29	33

资料来源：《国家创新型城市创新能力评价报告 2022》

（二）南京、杭州、长沙、青岛创新能力对比分析

根据相关文献可知，创新能力可依据若干指标进行评价，结合现有研究成果，本文考虑数据可得性、准确性，将从创新资源、成果产出、创新环境三个角度选取并设置指标对南京、杭州、长沙、青岛、济南 5 市科技创新能力进行直观描述和分析比较。创新资源是科技成果产出的基础保障，也是科技创新的根基。选取全社会研发经费支出占地区生产总值比重（研发投入强度）、国家实验室和国家技术创新中心数量、211 院校和 985 高校数量 3 个指标来表征。科技成果是创新能力最直观的体现，特别是重大原创成果，是城市科技创新能力的象征，选取每万人发明专利拥有量、技术合同成交额占 GDP 比重来表征。创新环境在创新资源配置与成果转化中发挥重要作用，是科技创新的动力，选取高新技术企业、国家级众创空间数量、有研发活动的企业占比来表征。

1. 科技资源供给

表 3　科技创新资源供给指标

城市 指标	南京	杭州	长沙	青岛	济南
全社会研发经费支出占地区生产总值比重（%）	3.7%	3.68%	2.77%	2.51%	2.68%
国家实验室 + 国家技术创新中心数量	1 +2	0 +0	0 +2	1 +1	0 +0
211 院校数量 +985 高校数量	8 +2	2 +2	4 +3	2 +1	1 +1

资料来源：各城市国民统计公报、科技局网站、新闻媒体

从表 3 可以看出，在科研经费投入方面，南京和杭州研发投入强度逼近 4%，仅次于北京、深圳、上海 3 个一线城市，在同级城市中处于领跑地位，且增幅保持在 20% 以上。济南与之相比，研发投入差距较大，按照 2022 年研发强度增幅，济南赶超南京和杭州将会遥遥无期。在高端创新平台方面，全国共启动建设国家实验室 20 家，国家领域类技术创新中心 16 家。青岛同时拥有 1 家建成的国家实验室和 1 家国家技术创新中心，南京拥有 2 家国家技术创新中心，1 家国家实验室处于筹建状态；长沙拥有 2 家国家技术创新中心。国家实验室、国家技术创新中心是科研平台的“天花板”，南京、青岛和长沙在高端科研平台方面领先于济南和杭州。在科教资源方面，长沙坐拥中南大学、湖南大学、国防科技大学 3 所 985 高校，数量上仅次于北京和上海，居全国前三名，但 211 院校总量仅是全国四大科教城市之一的南京的一半。杭州有 2 所 985 院校，济南和青岛各有 1 所。从高校科研实力来看，杭州的浙江大学位列全国前 5，济南的山东大学在 20 名附近徘徊，青岛的中国海洋大学位列全国 20 名开外，高校科研实力悬殊，同时青岛、杭州的 211 院校多于济南。综合来看，南京在优质科教资源上拥有绝对优势，长沙次之，杭州和青岛随后，济南则比较遗憾位居末位。

2. 科技成果转化

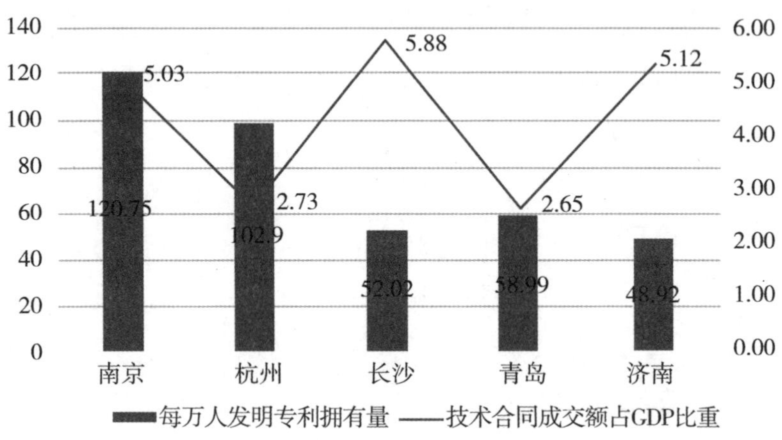

图1　科技成果转化情况

从上图可以看出，在成果产出方面，济南每万人发明专利拥有量为48.92件，在省内低于青岛，位居全省第二，但不足南京和杭州的一半，与长沙也存在少许差距，表明在科创成果产出方面，济南偏弱。在成果转化方面，长沙出乎意料，技术合同成交额占GDP比重远高于其他城市。济南不敌长沙，领先于南京、杭州和青岛，这表明在成果转化方面，济南实施成果转化行动取得显著成效。

3. 创新环境营造

表4　创新环境指标

城市	高新技术企业数量（家）	国家级众创空间数量（家）	有研发活动的企业占比（%）
南京	9068	60 *	52.10
杭州	12700	85	44.45
长沙	6600	33	53.03
青岛	6680	70	51.54
济南	5772	34	38.5

资料来源：各城市国民统计公报、科技局网站、统计年鉴，标 * 的为2021年数据

从表4可以看出，代表科技型企业成长环境的高新技术企业数量，杭州首屈一指，展现了其经济发展水平和科技创新实力。南京数量未突破万家。长沙和青岛旗鼓相当，均多于济南。有研发活动的企业占比代表企业创新活力，是创新环境建设的间接体现，济南占比在省内排名偏后，低于全省平均水平，与南京、长沙、青岛相比，较为落后。代表创新活跃度的众创空间，杭州、青岛和南京的数量是济南和长沙的2倍。可见，在推动创新的环境营造和政策引导方面，重点是对企业为创新主体的引导支持方面，济南尚有较大提升空间。

综上所述，济南不仅科技创新综合实力不及南京、杭州、长沙和青岛，在细分领域也并未表现出领先优势，多个单项指标均呈现明显劣势和短板。由此来看，济南与南京、杭州和长沙竞争国家区域科技创新中心面临较大压力，唯有变道换向或另辟蹊径方可突破。

三、 增强全市科技创新软实力的对策建议

（一）有利条件

1. 省级层面强有力的战略支撑。山东省北临北京和京津冀城市群，南部与江苏和长三角经济圈毗邻相望，资源集聚的虹吸效应及发展的制度性落差导致山东省优势特色产业梯度转移态势受到一定影响。济南和青岛两市与山东命运相连、休戚与共。山东省加强科技创新战略布局，一方面在省级层面强化与河南省的合作交流，2021年提出鲁豫共建国家区域科技创新中心的宏伟蓝图，另一方面对济南和青岛两个龙头城市进行系统布局，提出推动济南青岛建设区域科技创新中心的发展路径，并对济青一体化发展给出一系列支持政策。比如省委组织部牵头搭建济

青科技人才一体化发展平台，促进科技人才交流汇聚；省委科创委设立专项，组织专家队伍开展济青一体化发展路径探索，等等。从创新能力来看，济南和青岛单独与南京、杭州和长沙竞争，均有弱项和短板，短期内赶超希望渺茫，但两者抱团，建立协同创新机制，释放“1+1>2”的效应，不失为破除当前困境的有效途径。

2. 成渝、粤港澳大湾区的成功经验提供思路。成渝综合性科学中心批复建设以前，两者发展战略对接不充分，在科创平台和建设方面竞争大于合作，加之行政级别不对等，联合建设跨省（直辖市）国家科技创新中心困难重重。但成渝以建设合适的空间载体和开放共享的区域性协同创新战略平台为突破口，协同成都、重庆周边城镇，建设成渝科创走廊，以“点—线—面”的构建模式，建设“两极一廊多点”西部科学城，形成有全国影响力的科技创新中心建设方案。粤港澳大湾区国际科技创新中心战略的提出早于成渝，自实施以来，以现有科技力量为基础，整合科技资源特别是科技人才，加快区域协同创新体系建设，融合借势共建共享推动高端科创平台落地生根，塑造开放性区域协同创新共同体，综合创新实力于2022年赶超京津冀，跃居全国第一位，对我国实现高水平科技自立自强和建设科技强国形成巨大推动力，也为区域协同创新发展提供了示范参考和路径指引。

3. 济南与青岛创新能力匹敌，两者结合形成“1+1>2”的效应势不可挡。多年来，青岛和济南一直是山东的创新资源和成果产出大户，年均发明专利授权量占据全省的一半以上，高新技术企业几乎占据全省的半壁江山，省里仅有的985和211高校均分布在这两座城市，青岛和济南集聚全省近半数的创新资源，成为两股支撑山东省综合科技能力的核心力量。加快区域性科技创新中心建设，全面提升技术创新能力，推动区域生产方式向柔性、智能、精细转变，从根本上改变依靠资源环境和廉价劳动力的竞争秩序，有助于培育以技术、标准、品牌、质量、服务为核心的经济新优势，赢得区域竞争优势。同时，济南和青岛两市的辐射能力和带动效应也会相应提升，为威海、日照、淄博、潍坊、东营、泰安、聊城、滨州等市集聚创新资源、发展特色产业以及建设创新型城市提供先进经验和模式示范，有助于辐射带动全省创新发展水平的提升。

（二）相关对策

1. 省际层面。坚持统一规划、分步实施、突出重点，强化济青区域协同创新布局和全域创新发展。一是优化创新资源配置机制。强化资源开放共享和人员交流平台建设，推动济青国家实验室、国家级创新平台等重大科技基础设施和大型科研仪器等科技资源合理流动与开放共享。探索建立让渡和补偿机制，避免科技创新资源投入结构雷同，促进创新要素在区域内合理配置、自由流动。支持发展创新资源市场平台，形成良好的市场环境，让市场在创新资源配置中起决定性作用，打破地区创新资源的行政保护和垄断。二是高站位谋划区域协同创新发展。充分发挥市场在资源配置中的决定性作用，依托济青高速、济青高铁等复合型交通要道，着力集聚创新人才、科技成果、创新型企业，打造济青科技创新走廊，推进济南、青岛与沿线城市抱团发展，形成主动融入京津冀城市群、中原经济群、环渤海经济群、长三角经济群的创新合力。强化产业集聚效应，促进优势产业链逐次、梯级转移，逐步在省内形成布局合理、错位发展、协作紧密的区域生产体系。三是扎实推进科技创新合作。支持济南和青岛积极承接北京、天津、南京、大连的优质产业、资金、人才资源的转移，形成抱团发展合力，积极发展“大湾区”经济，促进全省发展能级的跃升。

2. 市际层面。保持战略定力，坚持问题导向，抓重点、扬长板、强弱项。一是推动创新资源汇聚升级。围绕大学生就创业、科技人才评价、事业单位绩效改革等领域制定差异化明显、亮点突出的有吸引力且详细可行的实施细则，打造活力竞相迸发、保障日益完善的人才资源新格局。发挥国内外高端研发机构在培育新兴产业方面的作用，从资金与土地资源供应、评估监督、政策优惠等方面给予支持，鼓励贴合城市发展实际的原创成果产业化。建立长期稳定的基础研究经费投入增加机制和大学青年研究群体评价激励机制，充分激发求知欲和创新精神，开展交叉学科研究和协同创新，改变核心技术受制于人的尴尬局面。二是凝聚合力推进协同创新。围绕新兴产业建立国家级、省级高端开放式协同创新攻关平台，通过线上线下、网内网外的有机融合，丰富成果技术交易平台，壮大复合型科技成果转化人才队伍，鼓励全资技术转移机构建设，推动科技成果转移转化。持续深入推进科研项目管理，强化出台科研人员及干部容错免责管理办法，强抓医疗、教育、交通、通信等基础设施建设，优化城市创新环境。三是提升企业创新能级。支持龙头企业加大对关键共性核心技术和前沿技术的研发力度，参与国际、国家产品技术标准的制定，引导社会力量参与新产品研发及专利转化。鼓励龙头企业凭借技术优势和产业整合能力，开展新一代信息技术、智能装备、生物医药等新兴技术领域的产业孵化、培育一批具有前沿技术和全新商业模式的创业企业。四是做大做强优势产业。推进成长快发展劲头迅猛的单个或多个产业，争创国家级产业创新中心或综合性国家新兴产业创新中心，为产业发展赢取更大的发展空间。出台细化产业发展行动计划，鼓励高端智库开展重点领域技术创新路线研究，引导社会资本和资源向重点领域汇集，形成产业创新中心资源集聚优势。聚焦主导产业，持续加强上、中、下游企业的引进和培育，充分利用初步形成的产业发展格局，加强与内地省市合作，延长产业链，扩大经济辐射面。

参考文献：

［1］岳海鸥，陈静．山东省区域性科技创新中心建设路径研究［J］．科技与产业，2018，18（12）：31－35.

［2］中共成都市委党校课题组．成渝地区双城经济圈背景下成都科技创新策源路径研究［J］．成都行政学院学报，2022（02）：94－105＋120.

［3］周倩．经济高质量发展背景下郑州市科技创新路径研究——基于成都、武汉、西安等城市的比较分析［J］．商业经济，2022（04）：26－27＋30.

［4］王博，江洪，叶茂，等．沿海城市建设区域科技创新中心实施路径研究——以青岛市为例［J］．科技管理研究，2020，40（16）：86－93.

［5］汤一鹏，李廷，吕月珍．基于指标分析的科技创新驱动杭州高质量发展研究．［J］．今日科技，2022（07）：35－37.

［6］杜金珉，吴非，杨贤宏．深圳科技创新的典型经验及对广州的启示［J］．城市观察，2020（03）：50－58.

［7］刘冬梅，赵成伟．成渝地区建设全国科创中心的路径选择［J］．开放导报，2021（03）：72－79.

（执笔：岳海鸥）

提升省会城市法治软实力
推动济南核心竞争力跃升

济南市司法局法治研究中心

摘　要：随着全面依法治国战略向纵深推进，法治作为治国理政的基本方式，作为一种重要的城市软实力，日益成为城市发展的重要核心竞争力。济南全面落实省会城市战略定位和使命任务，在新征程上彰显省会担当，高度重视城市法治软实力建设，筑牢党对法治建设的政治统领，打造重大战略法治引擎，全面优化法治化营商环境，高位推进全国一流法治城市建设，持续提升人民群众法治获得感、幸福感和安全感，使法治软实力成为省会城市重要核心竞争力，为"强新优富美高"新时代现代化强省会建设提供有力的法治支撑。

关键词：法治；法治软实力；核心竞争力

济南市学深悟透习近平法治思想，坚定不移走中国特色社会主义法治道路，把法治作为最重要的制度供给、最基本的治理方式，全力推进建设更高水平的法治济南。

一、打造法治济南“金招牌”，使城市法治软实力成为省会城市核心竞争力

（一）强化政治统领，凝聚法治济南建设力量

济南以强有力的组织领导不断深化全面依法治市实践，扎实推进法治济南建设。

1. 筑牢党对法治工作的领导。健全完善党领导法治建设工作领导机制，在法治轨道上推进现代化，把法治建设纳入全市经济社会发展总体规划，制定法治建设“一规划两方案”，明确五年法治建设“路线图”。第十二届市委全面依法治市委员会召开第一次会议，审议了《中共济南市委全面依法治市委员会2023年工作要点》《关于进一步加强法治济南建设的实施意见》《关于持续优化法治化营商环境的实施意见》，聚焦有效制度供给，坚持依法治市、依法执政、依法行政共同推进，为强省会建设提供高质量法治保障。市县两级党委全部成立依法治市（县）委员会及其办公室协调小组，构建起全面依法治市工作体系。紧盯“关键少数”，压实法治建设责任，将领导干部遵法、学法、守法、用法情况纳入党政班子年度综合考核，考核结果作为选拔任用的重要依据，形成法治建设“一级抓一级、层层抓落实”的良好局面。

2. 推动习近平法治思想入脑入心、走深走实。把学习宣传习近平法治思想作为重要政治任务，成立全国律师行业首个习近平法治思想“济南律师宣讲团”，深入企业、学校、乡村、社区开展巡回宣讲。把习近平法治思想学习列入各级党（工）委、党组理论学习中心组学习计划，市委、市政府理论学习中心组先后举办习近平法治思想专题讲

座，在全省率先开展市委常委学法交流。开展习近平法治思想学习培训，在具体工作中践行深化。组织法律明白人、村居（社区）法律顾问、普法志愿者等法治工作队伍，深入村居（社区）开展宣讲活动。深入实施“八五”普法规划，全面落实“谁执法谁普法”责任制，构建“泉晓法”新媒体普法矩阵，打造富有泉城特色的普法阵地。

3. 压紧压实法治建设责任闭环。制定市、区县两级党政主要负责人法治建设第一责任人职责清单，开展各级领导班子成员年终述法，以述法促履职，常态化开展领导干部集体学法。发挥督察考核“杠杆”作用，建立法治督察与纪检监察监督协作配合机制及常态化法治督察工作机制，创新打造“1+5”法治建设考核体系，将法治建设考核结果纳入全市高质量发展综合绩效考核、模范机关建设评比、省市法治政府建设示范创建评比工作。

（二）扛起省会担当，高位推进全国一流法治城市建设

发挥省会优势，奋力实施“强省会”战略，为服务全省重大战略勇担当善作为，认真落实市委市政府系列决策部署，聚力打造全国一流法治城市。

1. 以打造立足山东、影响全国的一流法律服务高地为目标，高标准建设济南中央法务区。全面对接区域金融中心和总部经济区，吸引更多名优法律服务机构入驻，集律师、仲裁、公证、司法鉴定、商事调解、知识产权维护、劳动争议维权、公共法律服务、行政复议等于一体，集聚一批全国全省全市“规模大所”“品牌强所”“高精专所”，打造高能级、高水平、高承载能力的优质法律服务聚焦区，引领带动法律服务业集成化、规范化、高端化发展，打造立足山东、对接京津冀和长三角、服务黄河流域和“一带一路”倡议的法治高地。

2. 以打造省内领跑、全国一流的数字先锋城市为牵引，高起点建设智慧化法治城市。推进数字法治政府信息化平台建设，实现本省本市现行有效地方性法规、规章、行政规范性文件统一公开查询。开展运用大数据辅助决策、行政立法、行政执法工作。推动智慧监管系统建设，深入推进“互联网＋”监管执法，提升事中事后监管规范化、精准化和智能化水平，实现智慧监管执法，探索推行“远程监管、移动巡查、预警防控”的非现场执法监管方式。建设数字依法治市、数字政府法治、数字执法监督、数字执法办案、数字公共法律服务、数字多元调解、数字监狱、数字矫正、数字法律援助、数字法治乡村等数字司法行政“十大平台”。建设全国一流的市级公共法律服务中心、多元调解中心、法律援助中心等“十大中心”，打造融公共法律服务、矛盾纠纷化解、全民普法宣传等多功能于一体的区域法治服务新高地。深入推进“济南微警务‘e警通’”“空地一体化智慧警务建设”，加速推进“全业务智慧办案、全要素智慧管理、全方位智慧服务、全领域智慧支撑”的智慧检务体系建设，加快智慧服务、智慧审判、智慧执行、智慧管理的智慧法院体系建设，推动大数据、人工智能等现代科技与各项法治工作深度融合。

3. 以贯彻落实党的二十大精神为动力，高规格推进全国法治政府建设示范市创建。习近平总书记在党的二十大报告中指出，法治政府建设是全面依法治国的重点任务和主体工程。全国法治政府建设示范市是全面推进依法治市的标志性成果，是优化营商环境、提升城市美誉度的金字招牌，是城市软实力和核心竞争力的重要体现。济南市高起点谋划、高标准开展、高质量推进法治政府示范创建工作，召开第十二届市委全面依法治市委员会第一次会议，部署创建全国法治政府建设示范市动员推进工作，明确创建任务，凝聚创建合力。在组织领导方面，成立了由市委、市政府主要负责同志任组长，9 名市领导任副组长的高规格创建领导小组，充分发挥掌舵定盘作用。在压实创建责任方面，市委依法治市委员会印发《济南市创建全国法治政府建设示范市工作实施方案》，细化分解 140 项具体创建任务，明确了市直部门单位、各区县（功能区）责任分工。在推进重点突破方面，围绕市民群众关心关注的行政执法领域突出问题，组织开展“规范执法、惠企利民”专项行动。在凝聚创建合力方面，组织市直部门、各区县（功能区）积极参与全省法治政府建设示范创建，在全省率先开展市级层面的示范创建活动，调动各级各部门创建积极性。

（三）坚持法治先行，聚力打造重大战略法治引擎

围绕重大战略实施，全面落实省会城市战略定位和使命任务，用法治推进济南重大战略实施。

1. 推进济南新旧动能转换起步区法治建设。济南新旧动能转换起步区，是实施国家创新驱动发展战略、带动引领新旧动能转换综合试验的起步示范区。济南积极推进起步区在创新发展、城市治理、生态环境保护、节水示范、公共服务等制度建设方面率先突破，推动《济南新旧动能转换起步区条例》列入济南市 2022—2026 年立法规划，协调向起步区下放市级行政复议职权，起步区成为全省首个被赋予市级行政复议职权的功能区，建立健全与起步区功能定位相适应的管理体制和开发运营机制，构建“1＋4＋16＋N”规划体系，推进起步区规划法治化、规范化建设。完善起步区公共法律服务体系，高水平打造起步区公共法律服务中心，推动公证、鉴定等法律服务机构入驻。全力打造起步区法治化营商环境，实行“新区特办”机制，打造市场化、法治化、国际化营商环境。

2. 推进黄河重大国家战略法治保障体系建设。第十二届市委全面依法治市委员会召开第一次会议通过《关于加强黄河流域生态保护和高质量发展法治保障的若干措施》，为进一步深入推进黄河流域生态保护和高质量发展重大国家战略实施提供法治保障。推动开展黄河流域法治协作，牵头签署沿黄河省会（首府）城市黄河流域生态保护和高质量发展法治协作、行政执法监督协作、律师协会合作框架协议。推动黄河流域商事登记跨省通办，牵头建立黄河流域生态保护和高质量发展审批服务联盟，率先推动黄河流域省会（首府）城市商事登记“跨省通办”。推动黄河流域信用信息共享共用，建立完善信用信息共享机制，实现信用积分和信用报告互认，探索建立跨地区的联合奖惩工作机制，促进黄河流域各城市信息共享、监管共为、市场共育、品牌共铸。

3. 推进省会经济圈一体化发展法治协作。发挥省会经济圈牵头城市作用，推进省会经济圈一体化发展法治协作。建立省会经济圈法治协作机制，牵头签署省会经济圈 7 市黄河流域生态保护和高质量发展一体化法治协作框架协议，明确省会经济圈法治协作“八项重点任务”。开展省会经济圈城市联合执法，与省会经济圈城市多次举行地区交界处联合生态执法行动，打造共保联治的“绿色生态圈”。建立黄河流域（山东）司法协作机制，积极服务和融入黄河重大国家战略，综合运用立法、执法、司法等方式，全方位保障市域生态保护和高质量发展。

（四）聚焦中心大局，全面优化法治化营商环境

法治是最好的营商环境。济南把优化营商环境作为“一把手”工程顶格推进，从立法、执法、司法、普法多方面协同发力，第十二届市委全面依法治市委员会召开第一次会议审议通过《关于持续优化法治化营商环境的实施意见》，聚焦落实市委市政府“项目突破年”任务要

求，全面加力提速法治化营商环境建设，在国家发改委营商环境评价中位列全国第九。

1. 加强营商环境法律制度体系建设。开展涉及营商环境地方性法规、政府规章和规范性文件清理工作，畅通市场主体参与涉营商环境立法渠道，使法规制度准确反映营商领域需求。推动政府年度立法计划落实，积极开展“小快灵”“小切口”立法，推动解决城市治理中的难点堵点问题。推动出台《济南市行政审批与监督管理协同联动规定》《济南市数字经济促进条例》等地方性法规，制定《济南市推进行政执法精准化规定》《济南市促进多元调解纠纷办法》《济南市公共法律服务规定》等政府规章。健全规范性文件审查工作机制，对行政规范性文件管理制度进行全面优化升级，确定了“一审核、一备案、两评估、三统一”的行政规范性文件管理模式，推进审核党政联合发文及各级、各部门政府规范性文件，对涉市场主体的规范性文件全部进行公平竞争审查，做好与优化营商环境相关的法规、规章和规范性文件的清理工作。

2. 优化法治化政务环境建设。市委常委会专题研究行政执法监督工作，市政府出台《关于全面加强和改进行政执法监督工作的意见》，配套5个工作规范，构建具有泉城辨识度和引领性的行政执法监督体系。加大关系群众切身利益的重点领域执法力度，优化行政处罚“四张清单”（即不予处罚、减轻处罚、从轻处罚和从重处罚清单），推进包容审慎精准监管，确定轻微违规“首次不罚”事项242项，全面落实行政执法“三项制度”，规范涉企行政检查。积极创优创新，推出“在泉城·全办成”“极简审批”、行政处罚“四张清单”等特色品牌。全面推广证明事项告知承诺制，深化“无证明城市”建设，持续推行证明事项告知承诺制，有力推进减证便民。强化合法性审查，编制市政府年度重大行政决策目录，依法审查重大行政决策、政府协议，规范备案审核规范性文件制度。加强和规范行政应诉工作，涉企行政案件涉案部门负责人100%出庭应诉。

3. 强化对市场主体依法平等保护。激发市场主体活力，维护市场主体合法权益，让企业家专心创业、放心投资、安心经营。健全知识产权纠纷多元化解机制，强化知识产权全链条保护。加大中小微企业发展保护力度，强化公平竞争审查刚性约束。规范涉企执法办案，依法审慎使用各类强制和处罚措施，组织开展行政处罚法实施情况专项监督。依法平等保护各类市场主体合法权益，最大限度降低执法办案对市场主体生产经营的不利影响。严厉打击破坏市场经济秩序犯罪，严格规范执法司法，维护企业正常生产经营秩序。

4. 发挥职能优势破解营商环境中梗阻。围绕助企纾困、服务高质量发展，制定出台“惠企业、保民生、促发展”12条措施，深入落实“减、免、缓、优、招”政策。成立“民营企业法治护航团”，开展涉企法律法规政策宣讲233场，为1500多家企业提供免费“法治体检”。全省首推金融纠纷“调解＋公证”解纷模式，设立金融调解中心，公证机构参与在全国首次创新推出二手房“带押过户”登记新模式，成为全国有影响力的惠民生、稳经济的创新亮点。深化金盾“护企”，开展涉企案件“攻坚行动”。

5. 多维度保障市场主体依法诚信经营。成立重大项目律师服务团，围绕十大领域重大项目开发“一对一”精准化、定制化高端法律产品。聚焦企业关注的法律热点问题，开展法律宣传和政策解读。结合“法治体检”活动和“万所联万会”机制，推动企业合规建设。

（五）勇于守正创新，开拓省会城市市域社会治理现代化新格局

1. 打造济南社会治理新品牌。济南加快市域社会治理现代化，实

现全国文明城市创建“四连冠”，在全国公共安全满意度测评中，连续5年位列前十，获评“全国最安全城市”。济南将市域社会治理的重大项目、重大举措纳入“十四五”规划，纳入强省会建设重要内容，着力构建党委领导、政府负责、民主协商、社会协同、公众参与、法治保障、智治支撑的市域社会治理体系，坚持资源整合、力量聚合，实现了大事全网联动、小事一格处理，初步形成了基层社会治理“大联动”工作格局，抓住“网格化服务管理”这个基础，完善网格化服务管理工作体系，健全“2+1+N+X”联动机制，打造格群共治微服务应用系统，培育“全科网格”“网格学院”“智慧安防小区”等治理典型，实现了“区县有品牌、部门有亮点、街镇有特色”。打造法治保障、综合治理、数字服务等“八大平台”，提升基层治理法治化水平。建立公证调解程序前移解纷新模式，扩大“诉前调解+赋强公证”覆盖范围，推动矛盾纠纷源头预防、前端化解，形成了一批具有泉城特色的治理品牌。

2. 打造新时代法治乡村建设新高地。三十年来，济南市持续深化依法治村，创新法治实践，不断赋予“章丘经验”新的时代内涵。面对新时代法治建设新形势，创新深化新时代法治乡村建设，制定《关于加强新时代法治乡村建设的意见》，打造以“党的领导、现代治理、法治为民”为内核的新时代法治乡村建设济南实践，获司法部、省司法厅高度肯定。

3. 打造济南律师党建工作新名片。律师队伍是全面依法治国的重要力量。济南强力推进律师党建工作，把党的领导作为律师工作的“根”和“魂”，市委组织部、市委统战部、市司法局党委联合出台了《关于在全市律师行业坚持党的全面领导加强党的建设的意见（试行）》，把全面实现党对律师工作的绝对领导作为必须始终坚持的政治原则和政治规矩，坚定不移把党对律师工作绝对领导落实到位，把加强党的领导与推动律师事业高质量发展统一起来，充分发挥行业党委的关键性作用，把建设更高水平的基层党组织作为行业党委的首要任务，把发展党员工作作为重要的基础工作来抓，提升党员教育培训质效，强化“智慧”赋能推动实现党对律师工作的全面领导、绝对领导。

4. 打造法治建设示范区新样本。市中区、济阳区获评全省第二批法治政府建设示范区，“创新打造政府部门制度建设济南样本”获评全省法治政府建设示范项目，选树24个市、区县政府部门以及12个街道（镇）为市级法治政府建设先进单位，发挥示范带动作用。

（六）践行法治为民，大力提升省会城市人民群众法治获得感、幸福感和安全感

1. 加强民需民求民生领域制度供给。推动出台《济南市工程建设领域保障农民工工资支付办法》等政府规章，加快完善相关法律制度，补齐监管漏洞和短板，回应群众关切。完善线上立法工作机制，发挥门户网站、微信微博公众号、公告栏、电子屏等平台作用，将立法意见建议、立法计划、立法项目草案及意见反馈渠道等进行公开，充分听取人民群众的立法意见建议，汇聚立法需求。

2. 提升公共法律服务供给的普惠性和实效性。推进公共法律服务体系化、多元化、均衡化。创新公共法律一体化综合性服务的模式，整合优势法律服务资源，打造便捷高效、智能精准的现代公共法律服务体系。因地制宜，调配公共法律资源配置，注重城乡及不同地区间的公共法律资源供给的均衡性。

3. 加强关系群众切身利益的重点领域执法。提高行政执法能力，勇于创新实践，构建“11345”（即出台一个意见，建设一个平台，健

全三级体系，强化四维联动，创新五项制度）工作体系，全面加强和改进行政执法监督工作。加强食品药品、公共卫生、自然资源、生态环境、安全生产、劳动保障、城市管理、交通运输、金融服务、教育培训等重点领域日常监管和执法巡查，开展专项整治，做到规范公正文明执法，让执法既有力度又有温度，确保人民群众的生命财产安全。

二、济南法治软实力建设的新机遇新挑战

尽管法治济南建设取得了显著成效，但面对新形势新任务新要求，仍需要聚焦制约法治建设发展的短板弱项，进一步明确努力方向。

（一）统筹推进全面依法治市工作仍需加强

对照中央决策部署和“一规划两纲要”任务要求，全面依法治市统筹协调作用发挥得还不够明显，党政主要负责人履行法治建设第一责任人职责落实力度不够，“谁执法谁普法”责任制落实不够到位，各区县、各部门法治政府示范创建工作不平衡。

（二）公共法律服务普惠性和实效性仍有待提高

公共法律服务资源分布还不够均衡，公共法律服务体系尤其是基层公共法律服务体系还不够完善，一线法律服务人员素质能力还需要进一步提高。

（三）基层法治建设仍存在不足

对照中央强化社会治理新任务新要求，基层法治保障能力相对不足，法治力量薄弱，一人司法所占近半数，专业人才比例较低。

（四）智慧司法行政建设尚需提速。

司法行政数字化建设比较滞后，欠账比较多，尤其是基层数字化建设还不能满足工作要求，在提升数字化水平、强化智慧司法行政建设上仍有大量工作要做。

三、 进一步提升济南法治软实力的对策建议

（一）健全党对法治建设统领的制度机制

充分发挥党委在全面推进法治建设中的领导核心作用，高度重视法治建设运筹谋划、整体部署，将党的领导、党的建设与法治建设同步推进，发挥好党总揽全局、协调各方的作用。持续提升党政主要负责人履行法治建设第一责任人职责的意识和水平，抓住“关键少数”，强化领导干部法治意识和法治能力。

（二）强化公共法律服务供给的普惠性和实效性

一方面，推进公共法律服务法治化、体系化、多元化、均衡化；另一方面，强化村居法律顾问工作制度化、规范化建设，从村居法律顾问的来源、服务模式、监督和评价考核机制下功夫，提高村居法律顾问工作质效，推动基层法治建设进程。

（三）提升基层治理水平

一是创新发展新时代“枫桥经验”，健全党的领导下多元主体分工合作的社会治理体制，深化多元共治。二是整合和优化诉讼、仲裁、人

民调解、行政调解、司法调解、行业性专业调解等各类矛盾纠纷解决资源，形成全方位多层次的社会矛盾纠纷化解格局。三是建立社会参与基层依法治理机制，引导居民参与基层依法治理，充分发挥公众在社会治理中的作用。

（四）深化智慧司法行政建设

一是加快数字平台建设，高标准打造覆盖司法行政全领域各层级的智慧司法行政数字平台。二是加快资源整合，推动政府法治、法律服务、社区矫正等业务平台端口、数据、处理“三整合”，打造司法行政“智慧云”。三是要推进信息化协同，推动跨部门数据共享和业务协同，用数字化为司法行政工作现代化加速，助力司法行政事业高质量发展。

（执笔：马振强）

“泉·城文化景观”宣传推广与济南城市软实力提升

济南市旅游宣传推广中心

摘　要： 济南因泉而兴，“泉水”“泉城”是济南重要的形象标志，也是济南文旅宣传推广的独特符号。“济南泉·城文化景观”于2019年被列入《中国世界文化遗产预备名单》，彰显出济南城市软实力的重要影响力，有利于发挥济南黄河流域中心城市和国家历史文化名城引领作用，推广泉水文化名片，打造黄河流域文化高地。本文将围绕济南城市软实力提升，分析“泉·城文化景观”的宣传推广路径，并探讨两者之间的相互关系。通过加强宣传推广，积极建立济南“泉·城文化景观”申报世界文化遗产工作与各利益相关者的联系与互动，将进一步扩大社会参与、凝聚社会共识，形成古城保护合力。

关键词： 泉·城文化景观；城市软实力；宣传推广

一、引言

2019年，“济南泉·城文化景观”成功进入《中国世界文化遗产预备名单》，成为目前山东唯一进入该名单的文化景观。①“济南山水甲齐鲁，泉甲天下”，济南“泉水申遗”的想法很早就曾萌生。2009年，“济南名泉”项目就曾被国家住建部列入第二批《中国国家自然与文化双遗产预备名录》。2012年，济南紧跟申遗形势发展，将泉水申遗方向由“自然与文化双遗产”转为“世界文化景观遗产”类型，正式由“泉水”申遗转为“泉城”申遗。泉水、泉城相融合，“泉·城文化景观”正成为济南走向世界的一张崭新名片，也是城市软实力的重要体现。

济南因泉而名，依泉而建、伴泉而生是鲜见少有的现代城市景观。在古时，趵突泉和黑虎泉两大泉群的地理位置直接决定城门的位置，如今老城区的人们依旧延续着千百年来与泉共生的生活方式，“山泉湖河城”的立体构筑，勾勒出一幅“人与自然和谐共生”新时代城市美好生活的愿景。历史的深刻与厚重，为城市文明的沉淀创造了最大条件，八千多年的考古史、四千六百年的文明史、两千六百年的建城史，泉水文化、黄河文化、龙山文化、齐鲁文化、红色文化等多元文化体系在这里荟萃交融，赋予了济南积厚流光的城市文化底蕴，蕴生了蔚为大观的城市人文气质。因此，以“泉·城文化景观”申遗为抓手，依托现代媒介手段借力蓄势，加强宣传推广，建立并夯实泉城济南的“泉水文化”印记，由各利益相关者的联系与互动扩大为更大程度的社会参与，正是提升城市软实力的题中之义。

---

① 国家文物局关于将“济南泉·城文化景观”列入《中国世界文化遗产预备名单》的函［EB/OL］. 中国政府网，https：//www.gov.cn/zhengce/zhengceku/2019－09/26/content_5433343.html.

二、"泉·城文化景观"宣传推广的发力点

"泉""城"一体化空间格局的有机演化和历久弥新的历史遗存，让济南"泉·城文化景观"尤显独特。将宣传推广的发力点定于深化"泉·城文化景观"与城市软实力的内在联系，以申遗为契机，进一步强化软实力对于城市发展的引领作用。这也将有利于激发城市新的经济增长点，释放潜在活力，让软实力成为城市高质量发展的强硬支撑。

（一）打造"泉·城文化景观"的核心目标在于提升城市软实力

世界文化景观遗产在1992年被联合国教科文组织增加为世界遗产名录新类别，评定标准采用文化遗产的评定标准，同时也参考自然遗产。文化景观是社会发展的产物，见证了人类历史在漫长的时间和空间中，不断地积累、发展、有机进化，和周边的环境有着密不可分的共生关系。① 文化景观遗产作为文化遗产和自然遗产的"共生项"，是"自然与人的共同作品"，不仅是世界遗产的独特类别，反映着世界遗产发展的新趋势，也为世界遗产的传承、保护提供新的视角。在中国现有的56项世界遗产中，庐山国家公园、五台山、杭州西湖、红河哈尼梯田和左江花山岩画是其中仅有的五项文化景观。②

文化景观申遗之路，道阻且长，不会一蹴而就。经过不断地雕琢和打磨，"泉·城文化景观"不仅承载了济南独一无二的自然优势和历史

---

① 单霁翔．文化景观遗产保护的相关理论探索［J］．南方文物，2010（01）：1－12.

② 中国的世界遗产名录［EB/OL］．中国世界文化遗产监测预警总平台，https：//www.wochmoc.org.cn/channels/20.html.

底蕴，更肩负着济南泉水保护传承、文化创新发展的时代使命。泉水及泉水文化是济南核心竞争力的体现、城市软实力的彰显，独特的泉水城市建构和丰富的人文遗迹是济南这座城市的积淀。申遗的过程及成功，有利于获得更大的世界影响力和国际知名度，进而投入更多去保护与传承文化景观，最终实现文化遗产的可持续发展。因此，打造“泉·城文化景观”的核心目标应紧紧围绕提升城市软实力，进一步优化开放包容的城市品格，不断探索文明城市建设新路径，用国际视野发挥城市文化优势，申遗也将水到渠成。

（二）让文化“软实力”成为城市高质量发展“硬支撑”

硬实力让城市强大，软实力则让城市伟大。济南既是黄河流域中心城市，也是国家历史文化名城。置身于国家发展大局，一方面，要提升城市高质量发展“硬实力”。济南承担着引领推动黄河流域生态保护和高质量发展的时代使命，进一步优化城市产业体系、激发城市消费需求、提升城市治理水平，将对周边城市产生很强的辐射带动作用，充分发挥济南作为黄河流域城市经济发展的“火车头”作用。另一方面，要提升城市软实力，让文化“软实力”成为城市高质量发展“硬支撑”。党的二十大报告指出，要“加大文物和文化遗产保护力度，加强城乡建设中历史文化保护传承”。战略交汇叠加的重大机遇，为文旅发展构筑了千载难逢的发展窗口，济南在做好新时代历史文化保护传承工作方面优势突出、责任重大。

济南市关于“提升城市软实力，创建文明典范城”工作，提出“提升城市文化驱动力、提升城市创意创新创造力、提升宜居宜业宜游吸引力”等“十力”，全面推进“建设底蕴深厚的文化之城、建设闻名中外的天下泉城、建设品牌荟萃的魅力之城、建设创新创意的活力之城”等“十城”，这为济南城市软实力的提升指明了方向。城市软实力是推动地方经济发展的重要途径，但软实力对于济南的重要性不能仅仅满足于单纯经济层面的探索和带动，更要在文化、环境、制度等方面带头探路，让泉水名片更加闪亮，让文化底蕴全面彰显，让城市高质量发展的地基更牢、更深，广纳天下英才、广聚振兴动力。

三、“泉·城文化景观” 宣传推广的切入点

讲好泉城故事，并非完全依赖“一城山色”“泉水叮咚”，在提升城市软实力的过程中，人人都是软实力！泉水保护和文化传承是泉城故事的主要篇章，讲好泉水故事应由人来讲，讲的是人的故事。能让泉城故事更加吸引人、让泉城故事走向世界的，是泉城济南的风景里有生活、生活里有文化、文化里有生态。

（一）保护泉水：让泉水成为城市的“持续性景观”

济南素有“泉城”“泉都”之称，“山泉湖河城”互相融合，是济南独特的城市资源禀赋。宋代著名文学家曾巩说：“齐多甘泉，冠于天下。”拥有泉水的城市不在少数，为什么济南能够独步天下，成为“天下之最”呢？这在于济南泉水数量之多、形态之美、水质之优、历史文化之厚、科研价值之大。2021 年的泉水普查工作中，济南一跃成为“千泉之城”，全市现有泉水 1209 处，① 以“七十二名泉”最负盛名。时至今日，古时流传的“趵突腾空”和“月牙飞瀑”两大盛景依旧；

---

① 305 处名泉拟列入《济南市名泉名录》［R/OL］. 济南市人民政府网，http：//www. jinan. gov. cn/art/2022/7/9/art_ 1861_ 4921914. html.

“天下第一泉”趵突泉拔地三窟、势若鼎沸，实为壮观。

从城市建筑角度看，古城冷泉利用系统是“泉·城文化景观”的基础，对于水资源利用传统的延续是其价值体现。城市景观将多元化的泉水利用模式、城市水利系统、文化审美表达以及富有地域特色的泉水生活集于一体，为泉水和古城相融相生的可持续发展提供保障。近年来，为做好“泉·城文化景观”申遗和保护工作，济南启动了核心区遗产要素点整治设计，完成了钟楼寺台基、西城墙遗址、起凤桥街等遗产要素的修缮保护；无论是将“回灌补源”措施与海绵城市改造工程相结合，还是针对泉水补给区和出漏区的重新规划建设，以及围绕泉水保护开展的一系列文化建设、宣传教育、考古、立法等工作，都下足了力气。此外，还出台完善了全方位保护景源的详细规章及措施，特别是对水体、植物等自然资源和文物、建筑、园景、风物等人文资源的保护。只有泉水的可持续发展，济南才有可持续推广的泉水名片，独特的城市风貌和深厚的历史底蕴才可以愈发熠熠生辉。

（二）传承文化：厚植城市的“精神植被”

济南是国家历史文化名城、“东亚文化之都”，凭借“泉·城文化景观”列入中国世界文化遗产预备名单，城子崖遗址入选全国“百年百大考古发现”，济南的文化底气足以彰显。济南皮影戏、莱芜梆子等13项被列入国家级非遗目录，中国非遗博览会永久落户济南，黄河文化博物馆、齐长城保护开发列入全国国家文化公园建设重点项目；同时，济南也是国内最早创立共产党早期组织的六个城市之一，全市革命遗址遗迹、革命博物馆红色文化资源丰富。文化是城市精神的传承与根脉，多形式、多载体、多赋能的文化宣传推广，有利于彰显城市品格、推进古城保护，让文化资源转变为城市发展的动力源泉。

从1985年加入《世界遗产公约》算起，中国的"申遗之路"已走过30多年，与改革开放的时代潮流相伴，拥有五千年不断流文化的中国人，对这片土地上的文化遗产，不断加深着认识和理解，加大着保护与传承的力度。目前，除了56处世界遗产，我国还有140多个国家历史文化名城、300多个历史文化名镇。这些数字的背后，是从中央到地方、从政府到社会为文化遗产倾注的努力，是全社会赓续文脉、珍视文化的普遍共识。在城市文化传承中，保护是永恒的课题，济南的城市文化有其不可复制性和非再生性，申遗的过程就是保护、活化、传承的过程，保护应该始终放在第一位。

（三）泉城故事：人人都是城市软实力

济南老城区分布着趵突泉、珍珠泉、黑虎泉、五龙潭四大泉群，走进济南老城区会发现，多数名泉不是被圈起来的付费景点，而是流淌进人们的生活，融入了洗衣、做饭、煮茶、游泳等的生活构成，这才是真正的城市生活美学，是济南这座城市真正动人的风景所在。没有一座城市能像济南这样，泉水和人们的生活能联系得这么紧密、共生得这么融洽；没有一座城市会像济南这样，因为泉水水位的高低而牵动整座城市的心。

深厚的历史文化底蕴，淬炼出济南人厚重淳朴的精气神。济南连续多年获得全国文明城市年度测评榜首，城乡环境面貌、社会公共秩序、公共服务水平、居民生活品质明显改善，市民思想觉悟、道德水准和城市文明程度持续提升，群众获得感、幸福感、安全感切实增强，古城在发展中焕发新生，更具人文魅力。一座城市能够被广为熟知、被游客向往，除了物质层面的体量、规模、能级之外，能够产生持久影响力、带动力的是城市本身的精神、品格和风范。有个性鲜明的文化，有开放包容的环境，有充满活力、创造力、向心力的人，济南处处散发城市软实力、人人都是城市软实力。

四、“泉·城文化景观”宣传推广的落脚点

站在以“泉·城文化景观”宣传推广促城市软实力提升的新起点，济南拾级而上，用好宣传媒介，把握推广契机，活化文旅业态，强化公众参与，让申遗宣传推广真正能够“落脚”，让城市在申遗路上焕发新的光彩。让世界了解济南的泉之美、城之美、人之美，是新时代赋予泉城济南的创新发展课题。

（一）用好宣传媒介，提高舆论引导

当下，文化建设是国家经济发展新常态下的重要战略，“泉·城文化景观”申遗的宣传报道应把握站位高度。主流媒体是宣传主阵地、舆论引导的主力军，在申遗宣传中不可或缺，起到凝聚人心、汇聚力量的主心骨作用。申遗的远景目标在于通过长期的城市管理、自然与文化保护，实现遗产所在空间大环境的极大改善，使遗产可持续发展与城市高质量发展形成良性互动。在申遗宣传的过程中用好宣传媒介，一是发挥主流媒体主导作用。强化主流媒体的政治担当，树立“一盘棋”思想，提高媒体间资源分发能力和互动能力。二是强化新媒体宣传。读屏时代，新媒体更是软实力比拼的赛道，主流媒体要自觉适应媒体形态和传播业态的新变化，用好新媒体平台、融媒体渠道，不断提升融合传播能力，筑牢主流媒体舆论宣传阵地。此外，对于媒介传播规律的把握还要依托大数据分析，大数据是宣传推广持续迭代升级的主引擎。微博、微信、抖音等新媒体平台的受众主体和内容偏好存在差异，意味着宣传

要针对不同媒介精准化产出、精细化运营，实现宣传推广的最大效能。

（二）把握推广契机，让城市“出圈”

城市软实力的背后是城市竞争力和文化力，其提升是一个不断蓄力和积累的缓慢过程。城市发展与软实力提升，需要循序渐进、辨证施策，从多方位、多角度进行审视和着手，既要拥有“小火慢炖”的匠心，更要具备“出圈爆火”的能力。城市只要有实力和基础，凭借强大的网络传播力，成功“出圈”只是把握住推广契机的问题。2023 年上半年，大明湖超然楼和起凤桥街两处地标，通过网络迅速走红，让泉城济南在全网迎来了高光时刻。傍晚时分，超然楼亮灯后摇身一变，白日里的气势恢宏、碧瓦飞甍在灯光的辉映下平添了几分妩媚与轻柔，“湖光山色”的牌匾在飞檐斗拱之间熠熠生辉，引人驻足观望。起凤桥街是济南老城里最质朴无华的街巷代表，因“一桥担两泉”的优美韵致而得名。起凤桥长不足 3 米，相传却是古代文人学子赶考的必经之地，桥上青石光亮，桥下清泉潺潺，原始的生活气息随着泉水荡漾开来。两者的走红都不是偶然，实则是城市软实力积蓄的势能得以爆发。超然楼作为“明湖新八景”之一、“超然致远”景观的核心建筑，其根脉连绵着城市千百年的深厚历史；起凤桥更是将人间烟火的都市气息与清新自然的历史古韵相连相通。

（三）活化文旅业态，点亮城市形象

国家战略的交汇叠加带给济南城市文明建设新的高度、广度和宽度，“泉·城文化景观”申遗也让济南加快了构筑区域文化高地、国际知名文化旅游目的地的步伐。泉水，是济南的，更是世界的！随着城市软实力的提升，让泉水文化走出去，对带动城市文旅发展起到至关重要

的作用。针对活化文旅业态，济南近年来作出一系列行动，先后出台多项政策措施，如《济南市旅游企业奖励办法》《关于在新旧动能转换中做大做强文化产业的若干政策措施》等，进一步激活消费潜力，放大消费能级。在业态打造上持续创新，济南文旅积极适应新发展格局，推动文旅产业向体验式、沉浸式、休闲式转型，融创文旅城、华侨城欢乐荟、华谊兄弟电影小镇、开心麻花等一批新兴项目成为城市文旅新地标，推动文旅商体产业高质量发展。在品牌塑造上聚焦深化，着力建造济南地域文化鲜明的特色打卡地如老商埠、579 百工集等，打造胡同游、泉水游等精品研学线路，引入知名展览演出等多元文旅体验元素。济南正在不断扩大文旅产业链条，通过“文旅 +”有机融合，文化软实力提升和文旅高质量发展双向赋能，让城市形象更加鲜活、更具吸引力。

（四）强化公众参与，凝聚社会共识

近年来，“泉・城文化景观”申遗由政府层面、学术层面渐渐延伸到社会层面，引发越来越多的社会关注。让申遗过程融入公众生活，申遗成果全民共享，必将会凝聚成一种社会共识。一方面，凝聚生态保护的共识。泉与城共鸣、人与泉共生，“城市生活共同体”的搭建和完善从未规定必须自上而下，而是合力共建、人人可为。通过分批分类修缮提升 72 名泉，济南的泉水景观以及老城区风貌得以优化提升，百花洲、芙蓉街、曲水亭街等老城片区泉水文化资源得以整合，而持续发挥好泉水循环利用效应，还需久久为功。另一方面，凝聚文化传承的共识。习近平总书记指出：“文化自信是一个民族、一个国家以及一个政党对自身文化价值的充分肯定和积极践行，并对其文化的生命力持有的坚定信心。”放眼当今世界文化遗产保护领域，强调公众参与已然成为一种趋势，吸纳

更广泛群体共同参与泉城文化的宣传推广，旨在通过引导，培养公众对文化遗产的关注，进一步增强文化自信。增强城市软实力，在于人与人美美与共、人与城相互成就，既需要大处布局又需要细处落子。

迎着新时代的春风，济南城市软实力的提升正在发展成为全民参与的公众事业，"泉·城文化景观"的宣传推广也必将凝聚起全面发动、全域联动、全民行动的强大合力。

参考文献：

[1] 赵付科，孙道壮．习近平文化自信观论析［J］．社会主义研究，2016（05）：9－15.

[2] 李程骅，任航．中国特色城市软实力体系建构与路径提升［J］．江苏行政学院学报，2023（02）：72－80.

[3] 吴文治，赵斌，郭林娜．城市软实力视域下南京西路历史文化风貌区美学特质研究［J］．东华大学学报（社会科学版），2023，23（01）：77－87.

[4] 舒伯阳，冯婉怡．基于旅游业协同促进的文化软实力建设［J］．文化软实力研究，2023，8（01）：57－69.

[5] 刘刚，刘剑，袁赟．"济南泉·城文化景观"价值探析及其环境整治策略研究［J］．中国文化遗产，2021（03）：13－20.

[6] 史嘉民．济南"泉·城文化景观"申报世界遗产策略研究［D］．山东大学，2018.

[7] 中国的世界遗产名录［EB/OL］．中国世界文化遗产监测预警总平台，https：//www. wochmoc. org. cn/channels/20. html.

（执笔：叶玉琦）

附录 1

2023 年中国百强城市排名济南列第 14 位：软实力增光添彩

2023 年中国百强城市排行榜 7 月 18 日在上海发布。山东省会济南以 60.85 的分值排名全国第 14 位、山东第 1 位（榜单如下），济南继 2022 年后再度占据中国百强城市第 14 位。

中国百强城市榜单，由华顿经济研究院连续九年编制发布。华顿经济研究院前身为上海经济发展研究所，是中国首家对全国范围内宏观经济、区域经济和企业发展进行全方位、综合性研究的咨询机构。中国百强城市排行榜以 GDP 总量排名前 110 位的地级及以上城市作为年度入围城市，按照其硬经济指标（权重 0.618）和软经济指标（权重 0.382）综合得分进行排序，取前 100 位作为年度上榜百强城市，较为客观地反映了中国城市的综合实力。

根据中国统计年鉴，中国大陆共有地级行政区 333 个，县级市 397 个。2023 年，全国百强城市实现地区生产总值 84.87 万亿元，占国内生产总值的 70.16%。百强市以不到三分之一的城市数量，贡献了 70% 的 GDP，常住人口 7.69 亿人，占全国人口的 54.43%。从这一角度，可以窥见中国百强城市排名的价值意义。

百强城市位次一直处于你争我夺的激烈角逐状态。从 2023 年全国各省百强城市数量看，江苏以省域全部 13 个百强城市独占全国鳌头，山东紧随其后，位居第二，12 个城市榜上有名，显示出山东综合实力的快速上升和各地市均衡良好的发展格局。

随着时代进步和社会发展，以“GDP 论英雄”的片面发展观和以 GDP 作为判断城市综合实力唯一数据的时代渐行渐远，而更能让人们直观感知一座城市温暖美好的软实力，如城市环境、科教、文化、卫生等，已然成为城市综合实力的重要因素。

济南市在此次排名中表现突出，尤其是文化分值领先软经济指标其他项目，赢得软经济指标总分值排名全国第 10 位，成为不少城市观察员的热议焦点，济南城市软实力的显著提升已备受国人瞩目。近年来，济南经济社会发展在取得全方位、开创性成效的基础上，城市环境、科教文卫、治理方式、精神风貌等大为改善，底蕴深厚的优秀传统文化“两创”实践成效显著。2018 年以来，济南连续四年在全国文明城市省会、副省级城市组别测评中获得第一名的骄人成绩，足以说明济南城市软实力建设迈上新台阶，取得新优势，开创新局面。

2023 年 2 月，济南再创新亮点，与北京大学签署战略合作协议，双方在济南共建北京大学城市软实力研究院，致力于打造引领全国提升城市软实力的核心引擎和示范样板。充分发挥软实力对城市高质量发展的强势赋能作用，必将开掘中国式现代化济南实践更大潜力，赢得山东强省会更大发展空间。

2023年中国百强城市排行榜

排名	城市	综合分值	硬经济指标					软经济指标					
			GDP分值	储蓄分值	财政分值	总分值	排名	环境分值	科教分值	文化分值	卫生分值	总分值	排名
1	北京市	92.46	90.84	100.00	90.11	92.95	1	76.64	98.26	99.50	92.24	91.66	1
2	上海市	89.47	90.68	94.15	96.24	92.94	2	66.79	89.75	96.67	82.28	83.87	2
3	深圳市	78.95	85.18	87.38	83.51	85.31	3	85.86	64.49	82.25	42.04	68.66	12
4	广州市	74.99	78.32	74.16	60.21	72.75	6	80.31	85.24	76.85	72.00	78.60	3
5	杭州市	74.15	69.92	77.24	75.34	73.10	5	69.44	77.62	79.36	77.01	75.86	5
6	南京市	72.80	72.35	72.17	66.78	70.91	7	77.56	79.14	78.55	68.15	75.85	6
7	苏州市	70.71	79.91	65.56	73.14	74.63	4	68.46	63.86	70.97	54.17	64.37	15
8	武汉市	67.26	67.38	56.40	59.46	62.66	10	68.57	83.41	75.24	71.66	74.72	7
9	成都市	65.60	60.10	60.11	55.91	59.06	13	65.00	79.20	78.48	82.09	76.19	4
10	天津市	64.77	60.99	60.09	65.51	61.89	11	59.36	78.50	74.12	65.68	69.42	11
11	重庆市	64.52	64.27	50.89	54.64	58.52	16	70.93	73.14	73.52	79.28	74.22	8
12	宁波市	63.47	68.64	58.83	68.73	66.21	8	78.03	52.24	68.79	37.14	59.05	23
13	无锡市	62.97	72.82	56.13	61.62	65.85	9	75.50	52.20	66.28	39.27	58.31	24
14	济南市	60.85	57.10	53.84	54.13	55.54	18	66.05	70.95	73.11	67.62	69.43	10
15	青岛市	60.49	64.36	51.14	59.48	59.83	12	76.10	65.45	43.75	60.88	61.55	18
16	长沙市	59.21	61.15	54.13	57.68	58.53	15	52.24	72.14	52.74	64.09	60.30	20
17	合肥市	57.84	56.42	50.12	50.96	53.48	22	70.83	73.72	57.84	57.21	64.90	14
18	郑州市	57.25	52.08	52.03	52.35	52.14	25	67.00	64.13	59.99	71.01	65.53	13
19	福州市	57.02	61.06	50.05	45.58	54.44	19	80.39	53.64	64.38	46.44	61.21	19
20	西安市	56.13	46.34	53.99	43.36	47.51	30	64.23	79.92	69.13	67.01	70.07	9
21	常州市	53.73	61.73	49.70	50.42	55.90	17	74.76	48.78	52.78	24.54	50.22	41
22	佛山市	53.38	59.17	51.12	47.29	54.19	20	80.37	49.67	52.64	25.66	52.08	35
23	东莞市	52.67	53.26	50.65	46.01	50.79	26	82.86	51.89	65.58	22.52	55.71	26
24	厦门市	52.52	52.85	50.35	60.31	54.09	21	89.64	57.14	35.05	18.08	49.98	43
25	大连市	52.30	47.11	48.82	46.42	47.37	31	79.24	60.41	60.38	41.15	60.29	21
26	南通市	52.10	59.83	47.28	43.29	52.56	24	69.98	44.42	54.25	36.78	51.36	38
27	鄂尔多斯市	51.94	61.56	37.60	73.96	58.67	14	82.16	14.17	49.46	18.45	41.06	76
28	烟台市	50.19	54.20	37.67	45.91	47.99	29	77.32	45.38	57.10	35.20	53.75	30
29	绍兴市	50.18	49.91	46.78	45.93	48.13	28	76.68	45.68	63.07	28.51	53.48	31
30	沈阳市	50.12	37.59	48.12	44.84	42.03	39	66.84	63.69	53.46	68.78	63.19	16

2023年中国百强城市排行榜

排名	城市	综合分值	硬经济指标					软经济指标					
			GDP分值	储蓄分值	财政分值	总分值	排名	环境分值	科教分值	文化分值	卫生分值	总分值	排名
31	嘉兴市	47.91	44.99	44.86	48.18	45.75	33	72.46	42.12	64.92	26.08	51.40	37
32	泉州市	47.44	58.96	30.38	36.58	46.22	32	78.36	45.37	51.60	22.38	49.43	45
33	太原市	46.94	36.91	53.46	39.58	41.72	40	73.27	50.07	50.71	47.56	55.40	28
34	南昌市	46.74	43.61	46.61	37.73	42.89	37	70.04	53.05	43.91	44.90	52.97	32
35	唐山市	46.71	48.81	38.54	39.85	44.00	35	68.49	41.88	50.32	43.71	51.10	39
36	昆明市	46.25	38.33	44.83	35.91	39.35	43	79.70	52.82	46.62	50.51	57.42	25
37	珠海市	46.12	43.50	54.66	52.98	48.66	27	87.86	42.76	25.18	12.30	42.02	71
38	榆林市	46.00	55.17	33.80	68.23	53.09	23	67.02	7.29	41.84	21.96	34.53	105
39	温州市	45.73	38.00	44.68	37.58	39.56	41	72.60	46.30	68.83	35.10	55.71	27
40	长春市	45.06	31.77	42.15	32.24	34.48	54	70.17	60.23	58.85	59.42	62.17	17
41	扬州市	43.81	52.54	36.29	33.95	43.83	36	67.00	40.44	46.60	21.11	43.79	63
42	泰州市	43.54	48.27	38.74	41.37	44.16	34	66.88	37.29	42.73	23.26	42.54	69
43	台州市	43.05	35.05	42.10	36.28	37.12	46	80.55	35.75	65.87	28.37	52.64	33
44	潍坊市	42.86	34.45	32.65	40.19	35.43	49	68.86	45.98	61.78	42.92	54.89	29
45	镇江市	41.78	46.21	37.03	41.54	42.75	38	64.88	39.93	43.69	12.35	40.21	80
46	石家庄市	41.53	28.43	44.36	40.37	35.40	50	63.24	53.06	41.08	48.37	51.44	36
47	盐城市	41.30	42.21	32.36	37.06	38.46	44	69.68	37.38	43.77	32.74	45.89	55
48	贵阳市	41.06	28.16	44.76	35.17	34.06	55	80.75	47.04	38.70	43.02	52.38	34
49	湖州市	41.04	32.63	37.61	44.00	36.72	47	81.03	32.95	54.46	23.69	48.03	49
50	金华市	40.55	29.55	41.56	38.18	34.71	52	75.31	42.11	51.91	30.61	49.98	42
51	徐州市	40.51	42.26	29.08	35.79	37.35	45	60.95	43.21	41.81	36.53	45.62	56
52	东营市	39.58	41.54	34.10	40.51	39.42	42	69.61	27.59	39.95	22.17	39.83	84
53	芜湖市	39.23	37.35	27.48	42.58	36.19	48	72.96	42.73	33.76	27.17	44.15	61
54	宜昌市	38.66	45.13	25.62	25.06	35.24	51	72.26	32.91	44.31	27.29	44.19	59
55	淄博市	38.47	30.09	28.01	37.66	31.46	57	67.68	38.85	56.74	35.93	49.80	44
56	哈尔滨市	37.58	20.16	40.03	14.58	23.73	77	49.60	65.35	59.40	65.60	59.99	22
57	乌鲁木齐市	37.52	28.33	46.35	34.96	34.49	53	65.00	35.05	32.02	37.66	42.43	70
58	威海市	37.02	31.31	31.96	31.00	31.40	58	83.32	37.53	41.40	22.19	46.11	54
59	洛阳市	36.79	30.65	22.87	32.35	29.13	63	54.72	40.52	63.52	38.00	49.19	46
60	惠州市	35.79	32.55	29.32	37.99	33.10	56	76.70	37.70	31.28	14.88	40.14	81

2023年中国百强城市排行榜

排名	城市	综合分值	硬经济指标					软经济指标					
			GDP分值	储蓄分值	财政分值	总分值	排名	环境分值	科教分值	文化分值	卫生分值	总分值	排名
61	呼和浩特市	35.43	24.97	36.39	28.37	28.67	64	74.60	38.15	44.44	28.28	46.37	51
62	兰州市	34.54	19.31	40.16	23.46	25.56	69	68.51	52.88	39.74	35.11	49.06	47
63	济宁市	34.12	23.44	22.73	33.04	25.66	68	65.04	34.89	51.79	39.47	47.80	50
64	南宁市	33.91	20.71	35.44	28.06	26.23	67	57.25	43.59	46.52	38.00	46.34	52
65	漳州市	33.64	39.88	13.84	24.67	29.57	61	79.79	31.87	30.40	18.85	40.23	79
66	九江市	33.56	26.90	19.62	32.01	26.36	66	82.01	34.85	47.27	16.68	45.21	57
67	淮安市	33.44	34.36	23.94	31.71	31.09	59	57.99	33.53	38.59	18.88	37.25	94
68	包头市	32.89	37.34	23.05	24.56	30.57	60	73.94	27.80	15.35	29.42	36.63	96
69	龙岩市	32.71	31.97	12.90	23.32	25.04	71	89.41	20.91	40.13	29.96	45.10	58
70	襄阳市	32.65	39.76	17.81	20.35	29.42	62	63.34	28.44	35.82	23.96	37.89	92
71	廊坊市	31.30	16.34	31.29	32.24	24.05	75	76.67	36.00	30.40	29.00	43.02	66
72	中山市	31.21	22.96	34.36	33.66	28.49	65	57.78	32.96	40.54	11.22	35.63	100
73	江门市	30.86	22.43	26.32	26.92	24.53	72	81.22	34.21	36.22	12.84	41.12	74
74	宿迁市	30.75	25.49	19.06	27.33	24.35	73	70.05	25.80	30.78	37.77	41.10	75
75	临沂市	30.22	17.24	21.78	24.88	20.29	86	65.72	35.10	49.27	35.03	46.28	53
76	沧州市	29.83	18.08	25.58	25.22	21.74	80	71.07	30.05	33.47	37.10	42.92	67
77	连云港市	29.78	26.40	20.97	21.60	23.84	76	70.41	30.31	36.45	20.40	39.39	85
78	株洲市	29.77	26.41	17.66	21.40	22.97	78	62.74	37.00	36.51	26.82	40.77	77
79	滁州市	29.55	25.11	15.57	31.48	24.32	74	70.14	29.07	33.58	19.28	38.02	90
80	岳阳市	29.47	31.44	9.51	16.08	22.12	79	68.77	26.37	42.99	27.30	41.36	73
81	保定市	29.10	6.50	28.00	21.27	15.56	96	69.63	43.07	38.24	53.02	50.99	40
82	宁德市	29.10	31.11	17.15	21.10	25.12	70	75.01	18.88	41.54	6.69	35.53	101
83	赣州市	28.75	13.93	18.48	20.68	16.75	93	81.37	37.81	44.56	28.95	48.17	48
84	绵阳市	28.70	20.21	24.69	12.23	19.34	89	66.17	46.37	32.67	30.22	43.86	62
85	邯郸市	27.58	11.00	24.56	24.28	17.71	92	70.97	34.28	30.30	38.66	43.55	64
86	宜春市	27.46	17.85	17.63	27.95	20.32	85	80.00	28.29	28.59	19.10	39.00	87
87	三明市	27.10	31.80	9.41	13.60	21.65	81	68.14	19.45	40.84	15.21	35.91	99
88	柳州市	26.83	18.76	19.35	14.17	17.76	91	59.81	29.48	50.81	25.90	41.50	72
89	常德市	26.82	26.00	13.70	19.03	21.18	83	59.80	25.13	32.24	26.65	35.95	98
90	泰安市	26.72	11.87	19.76	20.18	15.92	94	69.55	35.87	43.88	27.47	44.19	60

2023年中国百强城市排行榜

排名	城市	综合分值	硬经济指标					软经济指标					
			GDP分值	储蓄分值	财政分值	总分值	排名	环境分值	科教分值	文化分值	卫生分值	总分值	排名
91	遵义市	26.44	21.00	18.75	22.98	20.93	84	48.62	20.93	32.46	39.37	35.34	103
92	衡阳市	26.30	17.74	14.56	12.97	15.75	95	72.51	33.15	34.89	32.92	43.37	65
93	许昌市	26.21	24.69	8.15	21.19	19.68	87	65.03	25.78	33.69	22.60	36.78	95
94	德州市	26.06	16.81	18.24	21.20	18.26	90	67.39	33.02	31.89	22.37	38.67	89
95	宜宾市	25.36	19.23	17.25	29.03	21.19	82	60.28	18.69	21.93	27.52	32.11	106
96	南阳市	24.61	12.43	14.40	14.46	13.43	99	62.63	32.18	34.77	41.19	42.69	68
97	莆田市	24.16	24.77	10.51	17.89	19.49	88	83.98	17.48	17.55	7.89	31.73	108
98	新乡市	24.02	11.94	12.50	18.47	13.71	98	63.56	40.02	27.45	31.78	40.70	78
99	上饶市	23.58	8.72	15.65	20.63	13.43	100	79.24	25.12	30.07	25.54	39.99	83
100	菏泽市	23.23	11.54	15.36	19.66	14.53	97	60.48	20.42	32.38	35.91	37.30	93

备注：

1. “2023 年中国百强城市排行榜”由华顿经济研究院设计、编制。

2. 本排行榜以上年度 GDP 总量排名前 110 位的地级及以上城市作为年度入围城市，按照其硬经济指标（权重 0. 618）和软经济指标（权重 0. 382）综合得分进行排序，取前 100 位作为年度百强城市。硬经济指标由 GDP、储蓄和财政组成，软经济指标由环境、科教、文化和卫生组成。各单项指标分值由其总量分值（权重 0. 5）和人均量分值（权重 0. 5）综合而成。

3. 原始数据来源于《中国城市统计年鉴》及相关省市统计年鉴和统计公报。

4. 如有任何问题或建议，请联系华顿经济研究院中国百强城市课题组（021 - 64077255；bqcs@ cbt100. com）。

（本文根据陈博每日观察《2023 年中国百强城市大排名》整理。《2023 年中国百强城市排行榜》图片源自华顿经济研究院官网）

附录 2

2023 数字百强市济南位列第 15 名

近日召开的2023中国国际数字经济博览会上，赛迪顾问对外发布了2023数字百强市和《2023中国数字城市竞争力研究报告》。

2023数字百强市中，济南位列第15名。

山东济南、青岛、烟台、潍坊、临沂、威海、淄博、德州、菏泽、济宁、聊城、滨州、泰安、东营、日照等15市上榜，山东成为入选数字百强市最多的省份（2022数字百强市，山东上榜城市数量为12个）。

2023数字百强市

排名	城市	排名	城市	排名	城市	排名	城市
1	北京市	26	大连市	51	中山市	76	连云港市
2	上海市	27	温州市	52	兰州市	77	廊坊市
3	深圳市	28	哈尔滨市	53	威海市	78	乌鲁木齐市
4	广州市	29	福州市	54	唐山市	79	沧州市
5	成都市	30	厦门市	55	泰州市	80	镇江市
6	重庆市	31	长春市	56	湖州市	81	周口市
7	杭州市	32	烟台市	57	湛江市	82	常德市
8	武汉市	33	南宁市	58	保定市	83	南充市
9	天津市	34	南昌市	59	宜宾市	84	新乡市
10	南京市	35	南通市	60	洛阳市	85	宜昌市
11	青岛市	36	泉州市	61	淄博市	86	芜湖市
12	苏州市	37	潍坊市	62	曲靖市	87	滨州市
13	郑州市	38	惠州市	63	德州市	88	襄阳市

2023数字百强市

排名	城市	排名	城市	排名	城市	排名	城市
14	西安市	39	太原市	64	荷泽市	89	宿迁市
15	济南市	40	临沂市	65	赣州市	90	淮安市
16	宁波市	41	常州市	66	长治市	91	茂名市
17	长沙市	42	绍兴市	67	江门市	92	银川市
18	沈阳市	43	珠海市	68	济宁市	93	呼和浩特市
19	无锡市	44	嘉兴市	69	汕头市	94	泰安市
20	合肥市	45	徐州市	70	扬州市	95	东营市
21	东莞市	46	绵阳市	71	南阳市	96	商丘市
22	佛山市	47	台州市	72	德阳市	97	衡阳市
23	昆明市	48	金华市	73	漳州市	98	岳阳市
24	贵阳市	49	盐城市	74	邯郸市	99	包头市
25	石家庄市	50	遵义市	75	聊城市	100	日照市

当前，数字化已成为全球重要的共识，数字经济在国民经济中的地位更加稳固、支撑作用更加明显。数字化是实现中国式现代化的必由之路。党的二十大报告强调，要加快建设数字中国。数字城市建设作为数字中国建设的重要内容，是数字中国建设的先行实践。

全面推进数字济南建设，是济南走好中国式现代化的必答题。近年来，济南将数字济南建设确定为建设强省会的重点工作和战略任务。2022年9月，数字济南建设推进大会召开，提出“打造全省领跑、全国一流的数字城市，率先建成数字先锋城市”的目标，作出数字济南建设“一年夯实基础、两年重点突破、三年全面提升、四年示范引领”的工作部署，数字济南建设由此全面铺开。近一年来，数字济南建设蓬勃发展，构建起“1+4+N”总体框架体系，数字机关、数字政府、数字经济、数字社会一体化统筹推进。

在济南，数字化转型已逐步渗入城市发展的各领域各环节。数字机关建设“123”工作体系全面构建、全速推进，数字政府治理服务效能不断增强，数字经济蓬勃发展，数据应用基础持续提升，数字化发展环境显著改善……

2023 年 7 月 19 日，数字济南建设重点突破大会召开。这是继 2022 年9 月全市数字济南建设推进大会之后，在不到一年时间里再次召开的重磅会议，为数字济南建设未来发展举旗定向。大会上提出，作为数字济南建设的“重点突破年”，要在体系定型、系统重构、数据同享、产业升级、场景拓展等五个方面实现重点突破。

在体系定型方面突破，完善“1 +4 + N”框架体系中 17 个专项应用，搭建好数字济南整体智治框架；在系统重构方面突破，全面完成各级各部门内部系统优化整合，做到统一入口、“一件事”集成办理，推动政务效能大幅提升；在数据同享方面突破，全量汇聚各级各部门数据资源，基本建成全市通用共享的“数据湖”，进一步增强一体化大数据平台的支撑能力；在产业升级方面突破，持续壮大软件、人工智能、工业互联网等标志性数字产业，推动集成电路、量子信息、空天科技等未来产业取得新突破；在场景拓展方面突破，打造一批具有全国影响力和济南辨识度的应用场景，擦亮数字济南建设品牌。

可以看到，从“推进”到“突破”，全面推进数字济南建设提质发展的导向更加鲜明。这也意味着数字济南建设步入了“两年重点突破”的新阶段。济南这座数字之城，正踏着活力奔涌的数字化浪潮，在全新征程上阔步向前。

（本文源自《济南时报》2023 年 9 月 10 日）